DICTIONNAIRE

TOPOGRAPHIQUE,

STATISTIQUE, HISTORIQUE, ADMINISTRATIF,

COMMERCIAL ET INDUSTRIEL,

DES

VILLES, BOURGS ET COMMUNES

DU

DÉPARTEMENT DE L'OISE,

Par Victor TREMBLAY,

MEMBRE TITULAIRE DE L'ATHÉNÉE DU BEAUVAISIS.

PREMIÈRE PARTIE.

BEAUVAIS,
Chez Emile TREMBLAY, Libraire-Editeur,
PARIS,
MM. LEDOYEN et Paul GÉRET, Libraires, quai des Grands-Augustins, 7;
M. DUMOULIN, Libraire, quai des Augustins, 15.
Compiègne, chez M. DUBOIS, Libraire.
Noyon, chez M. COTTU-SOULAS, Imprimeur-Libraire.
Clermont, chez Mme Ve DANICOURT.
Senlis, chez M. REGNIER, Imprimeur-Libraire, rue de Beauvais.
Et chez les autres Libraires du département.

1846.

Ordre adopté pour la formation de ce Dictionnaire.

Les 700 communes que renferme le département de l'Oise, seront divisées par arrondissemens, et subdivisées ensuite en 55 cantons.

Les villes, bourgs et communes seront traités, d'après leur importance, dans l'ordre alphabétique, en commençant par le chef-lieu de canton.

Les détails concernant chaque commune seront rapportés sous les titres : TOPOGRAPHIE, STATISTIQUE, COMMERCE, INDUSTRIE, ÉTABLISSEMENS DIVERS, ADMINISTRATIONS ; ORDRE CIVIL ET JUDICIAIRE ; ORGANISATION RELIGIEUSE ET INSTUCTION PUBLIQUE ; SCIENCES ET ARTS ; HISTOIRE ET ANTIQUITÉ.

Ce Dictionnaire, du format grand in-8°, sera divisé en 6 parties, savoir :

Prix.

La 1re partie comprendra la ville et les communes qui dépendent des deux cantons de Beauvais......... 3f »c

La 2e, les communes des dix autres cantons du même arrondissement.................................. 2 »

La 3e, les huit cantons de l'arrondissement de Clermont.. 1 50

La 4e, les villes, bourgs et communes des huit cantons de celui de Compiègne...................... 2 50

La 5e, les sept cantons de l'arrondissement de Senlis..... 1 50

La 6e consistera en une nouvelle carte de l'Oise, éditée par M. Emile *Tremblay* (1) : elle sera du prix de.... 2 »

12f 50c

(Chaque partie sera payée séparément.)

Lors de la mise en vente, il sera prélevé 25 centimes sur le prix de chaque exemplaire vendu (jusqu'au nombre de mille *constaté*), et le montant en sera versé dans la caisse municipale de Beauvais, savoir : la première *moitié* pour être employée, par les soins de M. le Maire, à secourir les indigens ; l'autre *moitié* pour former la part de la *souscription* de *l'Auteur*, dans les frais d'érection, sur la place de l'Hôtel-de-Ville, d'une fontaine, surmontée de la statue de *Jeanne-Hachette*.

---

(1) Cette carte, qui a 1 mètre 5 centimètres de largeur, sur 75 centimètres de hauteur, indique les villes, bourgs, communes et hameaux, les routes, et les différentes stations des chemins de fer.

DICTIONNAIRE

TOPOGRAPHIQUE,

STATISTIQUE, HISTORIQUE, ADMINISTRATIF,

COMMERCIAL ET INDUSTRIEL,

DES

VILLES, BOURGS ET COMMUNES

DU

DÉPARTEMENT DE L'OISE,

Par Victor TREMBLAY,

MEMBRE TITULAIRE DE L'ATHÉNÉE DU BEAUVAISIS.

BEAUVAIS,

CHEZ ÉMILE TREMBLAY, LIBRAIRE-ÉDITEUR.

1846.

BEAUVAIS. — IMPRIMERIE D'ACH. DESJARDINS.

AVERTISSEMENT.

En publiant cet Ouvrage qui, sous la forme de Dictionnaire, renferme de nombreux documens, fruit de longues et minutieuses recherches, nous n'avons pas la prétention d'avoir surmonté les difficultés réelles que présente un travail de ce genre : quelques lacunes s'y feront sans doute apercevoir, quoique nous nous soyons attaché à les éviter. C'est avec une vive reconnaissance que nous recevrons l'avis des personnes qui voudraient bien nous signaler celles qu'elles auraient remarquées.

Nous exprimons ici toute notre gratitude au premier Magistrat du département, pour les encouragemens

qu'il a daigné donner à notre publication. Nous re-
mercions aussi sincèrement les hommes instruits qui
se sont plu à l'enrichir de renseignemens pleins d'intérêt, regrettant que les convenances nous em-
pêchent de mentionner ici leurs noms. Quelle que soit
à cet égard la retenue que nous avons été contraint
de nous imposer, nous ressentons moins ce qu'elle a
de pénible, en faisant cette réflexion, que « le génie
» et les talens les plus modestes ne peuvent être mé-
» connus, encore moins se voir oubliés : le tems les
» révèle et les immortalise! »

Victor TREMBLAY.

DICTIONNAIRE

TOPOGRAPHIQUE,

STATISTIQUE, HISTORIQUE, ADMINISTRATIF,

COMMERCIAL ET INDUSTRIEL,

DES

VILLES, BOURGS ET COMMUNES

DU

DÉPARTEMENT DE L'OISE.

PREMIÈRE PARTIE.

TOPOGRAPHIE DU DÉPARTEMENT.

Les détails que contient ce Dictionnaire présentant l'ensemble du département par arrondissemens, par cantons et par communes, nous dispensent d'en donner une description très-étendue, et ce n'est que sommairement que nous procéderons à cette description.

Dénomination. — L'on sait que le département de l'*Oise* est ainsi nommé de la principale *rivière* qui le traverse dans la direction du nord-est au sud-ouest, dans une étendue d'environ 7 myriamètres et demi.

C'est un des plus fertiles et des plus industrieux de la France. Il offre de riches aspects et de beaux points de vue. On peut le considérer comme un jardin immense, où l'imagination est agréablement frappée de la merveilleuse variété qu'on y rencontre.

Ce département, avant la nouvelle division géographique de la France, dépendait de différentes provinces, et particulièrement de l'Ile-de-France, qui renfermait en outre du Beauvaisis, une partie du Valois, du Noyonnais, de la Picardie, de l'Amiénois et du Santerre. (*Voyez ci-après la division du territoire, par ordre d'arrondissemens et de cantons.*)

Position. — Ce département est situé dans la partie nord-ouest de la France, entre la quatrième et la quarante-neuvième minute du quarante-neuvième degré de latitude. Il est coupé par la méridienne de Paris, s'étendant à l'est jusqu'à la quarante-cinquième minute, et à l'ouest jusqu'à la trente-huitième.

Limites. — Il est borné au nord par le département de la Somme ; à l'est, par celui de l'Aisne ; au sud-est, par celui de Seine-et-Marne ; au sud, par celui de Seine-et-Oise ; au sud-ouest, par celui de l'Eure ; et à l'ouest, par celui de la Seine-Inférieure.

Etendue. — Sa plus grande longueur, de l'est à l'ouest, est d'environ 10 myriamètres, et sa plus grande largeur, du nord au sud, d'environ 7 myriamètres. Quant à sa surface approximative, elle est de 60 myriamètres carrés, dont près des deux tiers en bois et forêts.

Météorologie. — Le point le plus élevé du département se trouve dans la commune du Coudray-Saint-Germer (arrondissement de Beauvais) ; il est de 263 mètres au-dessus du niveau de la mer. Les eaux de l'Oise, vis-à-vis *Chambly*, ne présentent qu'une élévation de 27 mètres.

La *température* est ordinairement froide et humide pendant les mois d'octobre, novembre et décembre ; elle devient sèche en janvier et février ; elle ne devient chaude et sèche qu'à la fin de juin.

Le *climat* est généralement tempéré ; il est rare que le thermomètre s'élève en été au-dessus de vingt-deux degrés, et qu'il descende en hiver au-dessous de dix degrés.

Géognosie. — Le sol du département est coupé par plusieurs chaînes de grandes montagnes, et arrosé par un grand nombre de rivières et ruisseaux. Il est, en général, formé de craie, de silex, d'argile, de sables, de grès, de bancs immenses de pierres calcaires, d'une quantité considérable de coquilles fossiles. La craie y compte plus de 100 myriamètres de tour ; elle y domine plus particulièrement dans l'arrondissement de Beauvais, où les terres sont froides et ne produisent qu'à force d'engrais.

Minéraux. — On remarque dans certains cantons du département des couches abondantes de lignites, de terres sulfureuses et pyriteuses, dont on extrait du sulfate de fer, ainsi que de l'alun. Il existe aussi aux environs de Beauvais, et notamment à Rainvillers et Saint-Germain-la-Poterie, des minerais de fer qui, anciennement, ont été exploités et traités dans des fourneaux, comme l'attestent les monceaux de laitiers et de scories qu'on trouve en divers endroits. Ces fourneaux, qui ont appartenu à l'enfance de l'art, ont été abandonnés dans le pays, probablement à cause de la cherté du bois. On rencontre dans différentes communes des tourbières d'un grand produit, notamment dans les marais de Bresles, de Goincourt, de Beaurains, de Guiscard, de Muyrancourt : celles de Bresles, les plus considérables, sont aussi reconnues les meilleures.

Carrières. — Le département est très-riche en carrières de pierres dures et tendres; on en compte plus de cent en état d'exploitation : on distingue surtout les curieuses carrières de Saint-Leu-d'Esserent. Au village d'Aumont, près de Senlis, existe la belle carrière de sable blanc-bleuâtre; ce sable, d'une finesse remarquable, est employé depuis fort long-tems par la manufacture des glaces de Saint-Gobin.

Eaux minérales. — On y voit aussi un grand nombre de sources d'eaux minérales et de fontaines d'eaux ferrugineuses, que nous aurons soin d'indiquer, ainsi que les carrières, à l'article de chacune des communes où elles existent.

Productions végétales. — Le département de l'Oise produit des céréales en quantité beaucoup plus que suffisante à la consommation des habitans. On évalue le surplus, année ordinaire, à 585,000 hectolitres de froment, méteil et orge, et l'avoine à plus de 400,000 hectolitres.

L'on peut dire que les vrais principes de l'agriculture sont à présent employés avec succès dans le département, ce qu'on doit aux soins que donnent à cette partie intéressante différens agronomes distingués, qui ont fait adopter les nouveaux instrumens aratoires, dont font usage presque tous les cultivateurs éclairés. Les engrais y sont bons et les semailles toujours faites en tems utile : il en résulte que les récoltes sont généralement bonnes et abondantes.

Les prairies artificielles se propagent tous les jours; mais nous devons faire remarquer que des cultivateurs prétendent que le plâtre qu'on répand sur ces prairies est nuisible aux bêtes à cornes et cause de fréquentes épizooties.

Parmi les agronomes les plus recommandables du département, on distingue particulièrement M. *Bazin*, de la commune du Mesnil-Saint-Firmin, qui dirige une exploitation agricole *perfectionnée* des plus considérables, dans laquelle on remarque une tuilerie, une brasserie, une sucrerie de betteraves, une fabrique de vinaigre, une distillerie et une épuration des huiles de colza, établissemens qui occupent un grand nombre d'ouvriers.

Les arbres fruitiers à cidre sont beaucoup cultivés dans le département, mais spécialement dans les arrondissemens de Beauvais et de Clermont, où le cidre supplée au vin, la population rurale n'ayant point d'autre boisson. Les arbres à fruits rouges s'y cultivent aussi avec soin et avec succès.

Vignes. — Il existe, dans le département, plusieurs vignobles qui ne fournissent, en général, à raison de leur position et par la manière dont ils sont cultivés, qu'un vin faible, peu généreux, qui, dépourvu du principe alcoholique, est de mauvaise garde.

Bois et Forêts. — Les forêts du département de l'Oise forment environ la septième partie de la superficie de son territoire. Les plus considérables se trouvent dans les arrondissemens de Compiègne et Senlis.

Botanique. — Les plantes remarquées dans le département sont généralement semblables à celles des environs de Paris. Le nombre de ces plantes observées jusqu'à notre époque s'élève à plus de trois mille. Les familles les plus nombreuses sont les composées, les légumineuses et les graminées. On trouve beaucoup de champignons dans les grandes forêts.

Règne animal. — Les animaux sauvages, carnassiers et malfaisans, sont assez multipliés dans le département, où les vastes forêts offrent de nombreux refuges : le loup, le renard et le blaireau y sont communs. Le cerf, le daim, le chevreuil, et même le sanglier, sont conservés dans les grandes forêts. La taupe, la loutre, la fouine, le putois et le mulot se multiplient partout d'une manière prodigieuse, ce qui est fort nuisible aux habitans de la campagne.

Le gibier, des diverses espèces, s'y trouve en grande quantité.

L'Oise et différentes rivières sont peuplées d'excellens poissons, tels que la truite, le brochet et les anguilles. L'écrevisse est très-abondante dans les petites rivières.

Productions animales. — Depuis plusieurs années, il se fait un certain nombre d'élèves de chevaux dans le département; mais ces chevaux sont en général de moyenne espèce. Les belles jumens que l'on voit au service de la culture, viennent presque toutes du département du Pas-de-Calais. La race des bêtes à cornes, élevée dans le département, est assez belle. Les veaux s'y élèvent en grande quantité, pour Paris, et donnent lieu à un commerce très-important, surtout dans l'arrondissement de Beauvais. On remarque dans le département de beaux et nombreux troupeaux de bêtes à laine. De riches propriétaires et cultivateurs ont cherché, depuis dix à douze ans, et ont trouvé les moyens de perfectionner les laines et de naturaliser les moutons de race espagnole. Les succès qu'ils ont obtenus, sont un encouragement puissant pour les entreprises de ce genre.

On y élève aussi un nombre considérable de porcs, dont une partie provient de l'excellente race de cochons, du mélange mâle de Java et la truie cauchoise.

La volaille y est estimée et offre une branche importante de commerce, par rapport à la proximité de Paris.

Rivières (1). — Les principales rivières qui arrosent le département, sont : l'*Oise* et l'*Aisne* (navigables), le *Thérain*, le *Petit-Thérain*, l'*Avelon*, la *Troëne*, la *Bresche*, la *Nonette*, la *Thève*, l'*Autonne*, la *Verse*, et le canal de l'*Ourcq* qui n'appartient que par un point au département de l'Oise.

L'Oise, rivière considérable, prend sa source près de Sologne (Belgique), à environ un myriamètre au nord-ouest de Roclibre, département des Ardennes. C'est un affluent de la Seine qui, après avoir traversé les départemens du Nord et de l'Aisne, entre dans celui de l'Oise, un peu plus bas que Chauny, où elle commence à être navigable; elle se divise au-dessous du village de Varesnes (canton de Noyon) en deux bras qui, se rejoignant un peu au-dessous de Sempigny (même canton), forment une petite île près de Carlepont (canton de Ribécourt); elle vient aboutir à Janville, passe ensuite à Compiègne, Verberie, Pont-Sainte-Maxence et Creil, sort du départe-

(1) Voyez la Notice détaillée sur l'importance des rivières qui arrosent le département de l'Oise, accompagnée du tableau méthodique de ces rivières, et de la liste alphabétique de tous les cours d'eau qui y existent; rédigée par M. Victor *Tremblay*, qui en a fait hommage à l'Athénée du Beauvaisis, dans sa séance du 15 juillet 1845.

ment, au-dessus de Précy-sur-Oise, se rend de là à Beaumont, l'Ile-Adam, Pontoise, et se perd dans la Seine, entre Andresy et Conflans-Sainte-Honorine. Son cours total est d'environ 24 myriamètres. C'est l'Oise qui établit la communication du canal de Saint-Quentin et de tous les canaux du nord avec la Seine.

Routes et Chemins. — Le département est traversé par treize routes royales, vingt-huit routes départementales, et vingt-neuf chemins vicinaux de grande communication. Peu de départemens en possèdent un aussi grand nombre. Ces lignes sont généralement bien entretenues. Il y a eu, depuis plusieurs années, des progrès fort importans dans la confection des chemins vicinaux. Ces progrès se remarquent surtout dans certains cantons où les chemins étaient impraticables pour se rendre dans les communes. Les chemins vicinaux ordinaires sont même l'objet de travaux fort bien exécutés, suivant l'excellent système introduit, depuis 1844, par l'habile administrateur, M. MERCIER, préfet du département.

Nous ferons connaître ces utiles communications à l'article des communes où elles existent.

Chemins de fer. — Le département est emprunté par deux chemins de fer : l'un, celui de Paris à la frontière de Belgique, qui parcourt les arrondissemens de Senlis et de Clermont ; l'autre s'embranche sur ce dernier à Creil, pour aller à Saint-Quentin, en traversant entre autres localités Compiègne et Noyon.

Population. — La population totale du département est, d'après le dernier recensement opéré en 1841, et arrêté par ordonnance royale du 25 octobre 1842, de 398,868 habitans. Elle est représentée, pour chaque arrondissement, ainsi qu'il suit :

BEAUVAIS, pour 132,522 habitans ; CLERMONT, pour 89,347 ; COMPIÈGNE, pour 92,224 ; et SENLIS, pour 79,775. L'on voit que la population est d'un tiers en plus pour le premier arrondissement, de moins d'un quart pour le deuxième, d'un quart pour le troisième, et de moins d'un cinquième pour le quatrième.

Constitution physique. — Les hommes sont généralement robustes et bien faits, quoique dans des proportions un peu fortes. La taille moyenne est de 1 mètre 675 millimètres. Les maladies qui affectent le plus habituellement la population sont dues, la plupart, à la construction vicieuse des maisons, à leur station dans des lieux humides et couverts, et à la malpropreté des rues. Des épidémies de fièvre muqueuse et de fièvre miliaire se manifestent assez fréquemment dans les villages environnés de vallées ombragées.

Habitations. — On remarque dans le département, particulièrement dans les arrondissemens de Beauvais, de Compiègne et de Senlis, de superbes châteaux et de très-belles habitations ; mais les maisons des villes sont généralement mal construites. Les habitations rurales, dont le nombre s'élève à près de 80,000, sont presque toutes en bois, et plus des trois quarts toujours couvertes en chaume, funeste résultat de l'insouciance des geas de la campagne, qui ne réfléchissent pas assez combien cet utile, mais dangereux combustible, contribue à la fréquence des incendies qui affligent le département.

Toutefois, différens bourgs, et même quelques communes rurales, ont des réglemens qui interdisent l'emploi du chaume pour les couvertures des bâtimens. Cette proscription avait été consacrée par d'anciens arrêts du parlement de Paris et par des réglemens émanés de l'intendance de Picardie.

C'est ici l'occasion de rappeler que les préfets ne peuvent, quoique supérieurs aux maires dans l'ordre hiérarchique de l'administration, défendre directement les couvertures en chaume, et que c'est aux maires seuls que cette faculté appartient, l'exercice de la police municipale leur étant exclusivement dévolu par la loi du 16-24 août 1790 ; l'article 3 du paragraphe 5 leur confie expressément le soin de prévenir les incendies.

Espérons qu'enfin les maires n'hésiteront plus à suivre l'exemple déjà donné par plusieurs de leurs collègues. Il est bien entendu qu'il ne s'agit pas de détruire les toitures en chaume actuellement existantes, ce qui livrerait à une extrême perplexité les propriétaires, et les obligerait à des dépenses que souvent ils ne pourraient supporter ; mais seulement d'empêcher, pour l'avenir, les nouvelles constructions de ce genre, et aussi la réparation de celles qui existent. On conviendra généralement qu'on peut maintenant, à bien moins de frais qu'il y a une quinzaine d'années, entreprendre des constructions et les établir solidement, car l'usage de fabriquer des briques à la houille, en plein air, selon la méthode flamande, est très-répandu dans notre département; comme d'ailleurs il est reconnu que le nombre des tuileries, qui déjà était considérable, s'est beaucoup accru depuis la même époque, il en résulte qu'il y a eu une baisse sensible dans le prix de ces matériaux.

Commerce et industrie. — Il existe peu de départemens où l'industrie soit aussi répandue que dans celui de l'Oise; elle y est bien comprise, on ne peut plus active, très-variée, et son importance se jugera par les détails que nous en donnerons à l'article de chaque commune, par l'énumération de tous les établissemens industriels qui y existent. On y trouvera également les foires et marchés qui se tiennent dans le département, et dont le nombre est considérable.

Mœurs et Usages. — On remarque plus particulièrement dans la population rurale des arrondissemens de Beauvais et Clermont des témoignages sensibles du caractère attribué aux habitans de la Picardie. Le patois picard y domine, surtout dans les communes qui avoisinent le département de la Somme, où il règne beaucoup d'ignorance, et où l'on admet encore les croyances absurdes et la pratique de préjugés ridicules; mais, en revanche, il est juste de dire que les habitans de ces contrées sont généralement très-laborieux. Les arrondissemens de Compiègne et de Senlis offrent des différences notables dans les mœurs et les usages. Les habitans y sont avides de nouveautés, et aiment par goût les innovations qui tendent aux améliorations des choses qui concourent au bien-être général.

Administrations civiles, religieuses, judiciaires, militaires; Instruction publique; Sociétés savantes, etc. (*Voyez* à chaque chef-lieu d'arrondissement.)

Antiquités. — Le département est riche sous le rapport des antiquités druidiques et romaines, etc. Nous ne parlerons pas ici des nombreux monumens du moyen-âge qu'il renferme : cette partie rentre dans le domaine de l'archéologie; mais nous en ferons mention, autant que possible, à l'article des communes auxquelles ils se rattachent, en renvoyant, pour les détails, à la *Notice archéologique du département de l'Oise*, publiée, en 1838, par M. *Graves*, ce savant archéologue, qui unit au talent de décrire les faits avec une précision vraiment artistique, le mérite d'appeler encore un intérêt réel sur chacun des objets dont il traite.

DIVISION DU TERRITOIRE.

Le département de l'Oise, dont le nombre des communes est à présent de 700, a été formé, en 1790, des anciennes provinces qui faisaient partie des généralités de Paris, de Soissons et d'Amiens.

Il a été divisé en quatre arrondissemens et en trente-cinq cantons. Nous allons en faire connaître la composition, avec l'indication des anciennes provinces, ou subdivisions politiques, dont chacun d'eux dépendait avant la formation des départemens, renseignemens auxquels on a souvent besoin d'avoir recours.

ARRONDISSEMENT DE BEAUVAIS.

Cet arrondissement comprend 12 cantons, qui renferment 242 communes.

NOMS des CANTONS.	Nombre de communes.	ANCIENNES PROVINCES.	
		Petits pays.	Gouvèrnemens généraux.
Beauvais (chef-lieu)....	11	Beauvaisis........	
Auneuil.............	15	Beauvaisis........	
	5	Vexin-Français ...	
Chaumont..........	37	Vexin-Français ...	Ile-de-France.
	13	Beauvaisis........	
Coudray-Saint-Germer.	5	Vexin-Français ...	
	3	Pays de Bray......	Normandie.
Formerie...........	11	Beauvaisis........	Ile-de-France.
	9	Amiénois.........	Picardie.
	8	Beauvaisis........	Ile-de-France.
Grandvilliers	15	Amiénois.........	Picardie.
Marseille...........	18	Beauvaisis........	
Méru...............	9	Beauvaisis........	
	11	Vexin-Français....	
Nivillers	21	Beauvaisis........	Ile-de-France.
Noailles...........	21	Beauvaisis........	
	1	Vexin-Français...	
Songeons	25	Beauvaisis........	
	3	Pays de Bray......	Normandie.
	242		

ARRONDISSEMENT DE CLERMONT.

Cet arrondisement comprend 8 cantons et 168 communes.

NOMS des CANTONS.	Nombre de communes.	ANCIENNES PROVINCES.	
		Petits pays.	Gouvernemens généraux.
Clermont (chef-lieu) ...	24	Beauvaisis	Ile-de-France.
Breteuil............	1	Amiénois	Picardie.
	21	Santerre	
Crevecœur	1	Amiénois.	Picardie.
	17	Santerre.	
	2	Beauvaisis	Ile-de-France.
Froissy	4	Beauvaisis	
	13	Santerre..........	Picardie.
Liancourt	23	Beauvaisis	Ile-de-France.
Maignelay..........	21	Santerre..........	Picardie.
Mouy..............	11	Beauvaisis	Ile-de-France.
	14	Beauvaisis	
Saint-Just-en-Chaussée.	1	Noyonnais.	Picardie.
	15	Santerre	
	168		

ARRONDISSEMENT DE COMPIÈGNE.

Cet arrondissement est composé de 8 cantons et 157 communes.

NOMS des CANTONS.	Nombre de communes.	ANCIENNES PROVINCES.	
		Petits pays.	Gouvernemens généraux.
Compiègne (chef-lieu) .	3	Beauvaisis	Ile-de-France.
	5	Valois	
	1	Soissonnais	
	3	Noyonnais.......	
Attichy	20	Soissonnais	
Estrées-Saint-Denis. ...	18	Beauvaisis	
Guiscard...........	16	Noyonnais.	
	2	Santerre.........	
	2	Vermandois	Picardie.
Lassigny	11	Santerre.........	
	11	Noyonnais.......	Ile-de-France.
Noyon.............	5	Soissonnais	
	18	Noyonnais.......	Ile-de-France.
Ressons...........	11	Noyonnais.......	
	13	Santerre.........	Picardie.
Ribécourt	2	Santerre.........	
	11	Noyonnais.......	Ile-de-France.
	5	Soissonnais	
	157		

ARRONDISSEMENT DE SENLIS.

Cet arrondissement comprend 7 cantons et 133 communes.

NOMS des CANTONS.	Nombre de communes.	ANCIENNES PROVINCES.	
		Petits pays.	Gouvernemens généraux.
Senlis (chef-lieu)......	11	Valois...........	Ile-de-France.
	6	Ile-de-France propre	
	2	Brie-Champenoise..	Champagne.
Betz...............	1	Soissonnais.......	
	22	Valois...........	
	1	Ile-de-France propre	
Creil...............	7	Valois...........	Ile-de-France.
	11	Beauvaisis.......	
Crépy...............	25	Valois...........	
	15	Valois...........	
Nanteuil...........	1	Ile-de-France propre	
	3	Brie-Champenoise..	Champagne.
Neuilly-en-Thelle.....	15	Beauvaisis.......	Ile-de-France.
Pont-Sainte-Maxence..	15	Valois...........	
	133		

Tableau présentant la force de la Garde nationale par arrondissement.

ARRONDISSEMENS.	Nombre de Compagnies.	Hommes armés.	Hommes habillés.	Effectif des Compagnies.
Beauvais................	299 ½	2,555	5,787	26,410
Clermont...............	190 »	1,904	2,442	16,675
Compiègne	175 ½	2,062	2,871	16,696
Senlis	154 ½	2,662	4,100	13,522
Total........	819 ½	9,183	15,200	73,303

Arrondissemens électoraux. — Conformément à la loi du 19 avril 1831, le département de l'Oise a été divisé en cinq arrondissemens ou colléges électoraux, pour la nomination de cinq députés, des membres du conseil général et des membres des conseils d'arrondissemens.

Tableau des Electeurs du département, par ordre d'arrondissemens et de cantons, tel qu'il a été dressé pour 1845.

Arrondissemens.	CANTONS.	Éligibles.	Électeurs non jurés.	Électeurs jurés.	Jurés non électeurs.	Électeurs supplémentaires.	Total.	Total par arrondissement.
BEAUVAIS.	Auneuil............	25	»	81	1	»	82	1,530
	Beauvais (nord-est) ...	50	5	162	5	»	172	
	Beauvais (sud-ouest)...	56	15	187	8	2	212	
	Chaumont.........	49	1	145	5	»	151	
	Coudray-Saint-Germer.	25	2	91	1	»	94	
	Formerie..........	15	5	106	»	»	111	
	Grandvilliers........	12	2	129	3	»	134	
	Marseille..........	26	3	115	1	»	119	
	Méru.............	31	4	103	3	»	110	
	Nivillers..........	16	5	121	2	»	128	
	Noailles..........	14	3	91	4	»	98	
	Songeons..........	24	3	111	5	»	119	
CLERMONT.	Breteuil...........	26	7	117	5	»	129	851
	Clermont..........	51	5	163	6	»	174	
	Crèvecœur.........	18	11	125	3	»	139	
	Froissy...........	18	2	61	1	»	64	
	Liancourt..........	10	1	60	5	1	67	
	Maignelay.........	19	2	65	3	»	70	
	Mouy.............	17	1	75	2	»	78	
	Saint-Just-en-Chaussée.	32	3	126	1	»	130	
COMPIÈGNE.	Attichy...........	22	5	81	3	»	89	903
	Compiègne.........	63	2	198	17	3	220	
	Estrées-Saint-Denis ...	15	»	81	3	»	84	
	Guiscard..........	19	2	80	2	»	84	
	Lassigny..........	13	4	75	5	»	84	
	Noyon...........	37	10	168	7	»	185	
	Ressons..........	22	3	91	2	»	96	
	Ribécourt.........	22	3	55	3	»	61	
SENLIS.	Betz.............	37	3	80	4	»	87	786
	Creil............	39	1	110	7	1	119	
	Crépy............	48	3	130	7	1	141	
	Nanteuil..........	37	4	101	3	»	108	
	Neuilly-en-Thelle.....	30	3	106	2	»	111	
	Pont-Sainte-Maxence..	10	4	66	5	»	75	
	Senlis...........	53	»	135	8	2	145	
		1001	127	3791	142	10	4070	4,070

Tableau des Electeurs politiques des cinq collèges électoraux.

Collèges.	LEUR CIRCONSCRIPTION.	Eligibles.	Electeurs non jurés.	Electeurs jurés.	Jurés non électeurs.	Electeurs supplémentaires.	Totaux.
1	Les deux cantons de Beauvais et le canton de Nivillers............	122	25	470	15	2	512
2	Les neuf autres cantons de l'arrondissement de Beauvais...........	221	23	972	23	»	1,018
3	L'arrondissement de Senlis...............	254	18	728	36	4	786
4	L'arrondissement de Clermont.............	191	32	792	26	1	851
5	L'arrondissement de Compiègne............	213	29	829	42	3	903
		1,001	127	3,791	142	10	4,070

CONTRIBUTIONS.

Les rôles des contributions directes, dressés en 1845, pour 1846, applicables aux 700 communes du département, s'élèvent, savoir :

CONTRIBUTIONS DIRECTES.	Principal.	Centimes additionnels.	Total.
Foncière...........	2,725;648 »	2,381,611 63	5,107,259 62
Personnelle et mobil.	462,110 »	363,674 62	825,784 75
Portes et fenêtres....	451,059 »	220,397 98	671,456 98
Patentes............	409,615 28	160,229 60	569,844 53
	4,048,432 38	3,125,913 60	7,174,345 88

Contributions indirectes.

Produits des Contributions indirectes du département de l'Oise, pendant l'année 1845.

Boissons.	Garantie.	Voitures publiques	Sucres.	Navigation.	Tabacs.	Poudres à feu.	Dixième des octrois et prélèvement pour frais de casernem.	Timbre.	TOTAL des PRODUITS.
1,448,847 42	1,989 56	88,020 47	179,841 28	383,352 63	1,259,493 76	37,376 50	39,905 59	49,850 20	3,488,647 43

Droits d'Enregistrement, etc.

Produits des Droits recouvrés dans le département de l'Oise pendant l'année 1845.

1° Enregistrement, greffes, hypothèques, etc 3,423,336 76
2° Timbre 492,764 64
3° Produit des Domaines 18,193 94
4° Prix de vente d'Objets mobiliers et immobiliers provenant des ministères 32,236 30
5° Produits des forêts et de la pêche 57,930 96

TOTAL 4,024,462 60

— XIII —

PRÉFETS.

Numéros d'ordre.	NOMS ET PRÉNOMS.	DATES de leur nomination.	Durée des fonctions.		
			Ans.	Mois.	Jours.
	MM.				
1	CAMBRY (Jacques)..............	16 ventôse an VIII. (7 mars 1800) ..	2	1	7
2	BELDERBUSCH (le comte Charles-Léopold de)..................	23 germinal an X.. (23 avril 1802)..	7	9	25
3	BRUSLÉ DE VALSUZENAY (le baron Claude-Louis).................	12 février 1810 ...	3	2	2
4	REGNIER (le c.te Nicolas-F.ois-Sylvestre de Grosnau), puis duc de MASSA...	30 septembre 1813.	1	6	10
5	BASSET (baron de Châteaubourg)..	16 avril 1815.....	»	3	»
6	TOCQUEVILLE (le comte Hervé-Louis-François-Jean-Bonaventure de) ...	12 juillet 1815....	»	6	19
7	CHOISEUL (le comte Maxime de).....	31 janvier 1816...	1	»	6
8	GERMINY (le comte Henri-Charles de).	5 février 1817 ...	3	5	14
9	VÉRIGNY (Anne-Félix Brochet de)....	19 juillet 1820 ...	1	8	4
10	BALSAC (le baron de)	23 mars 1822.....	1	3	4
11	BLIN DE BOURDON (le vicomte)	27 juin 1825 ....,	1	2	6
12	PUYMAIGRE (le comte de)..........	1er septembre 1824.	3	6	3
13	NUGENT (le comte de)............	5 mars 1828.....	2	5	»
14	FEUTRIER (le baron Alexandre-Jean).	4 août 1830.....	5	3	8
15	MEINADIER (Marc-Alexandre-Numa)..	12 novembre 1835.	»	7	27
16	BELLON (Guillaume), maître des requêtes	9 juillet 1836....	2	3	11
17	GERMEAU (Albert-Edouard-Pierre-Stanislas)..................	20 octobre 1838...	»	9	21
18	CREVECOEUR (Guillaume-Alexandre-Léonce Saint-John de)..........	10 août 1839.....	3	3	19
19	MERCIER (Thomas-Louis)..........	29 novembre 1842.	»	»	»

SECRÉTAIRES GÉNÉRAUX.

Nota. M. Poilleu (Antoine), secrétaire général des administrations départementales qui ont précédé l'établissement des préfectures (de 1795 à 1800), a été confirmé, à cette dernière époque, dans les mêmes fonctions.

MM.

Poilleu (Antoine), nommé secrétaire général de la préfecture, par décision du premier consul, en date du 26 avril 1800.

Leporquier de Vaux (Jean-Baptiste-Laurent), nommé le 10 novembre 1807, a cessé ses fonctions en vertu de l'ordonnance du 3 avril 1817, portant suppression des secrétaires généraux.

Leporquier de Vaux (Jean-Baptiste-Laurent), 6 septembre 1820, reprend ses fonctions; il a permuté avec M. Poilleu, qui est devenu conseiller de préfecture.

Chezel de la Rivière (Franck-Alexandre), nommé le 14 avril 1824; remplace M. Leporquier, admis à la retraite.

Buchère de Lépinois (Alexandre-Jean-Baptiste-Ernest), 22 avril 1827, remplace M. de La Rivière, nommé secrétaire général du Pas-de-Calais.

Solvet (Louis-Charles), 27 décembre 1829, remplace M. de Lépinois, nommé sous-préfet de Commercy.

Graves (Louis), 30 août 1830, appelé à d'autres fonctions.

1er mai 1832. — Ordonnance qui supprime les secrétaires généraux, et porte qu'un conseiller de préfecture en remplira les fonctions. (*Bulletin des Lois*, tom. 4, page 533.)

CONSEILLERS DE PRÉFECTURE.

MM.

Borel de Brétizel,
Camusat de Thony,
Le Porquier de Vaux,
Demonchy,
} nommés le 12 ventôse an 8 (3 mars 1800).

Dubout aîné, 3 floréal an 8 (23 avril 1800), a remplacé M. Borel de Brétizel, démissionnaire, nommé juge en cassation.

Borel de Favencourt, 18 ventôse an 12 (9 mars 1804), a remplacé M. Dubout, décédé le 5 ventôse an 12 (24 février 1804).

Delamarre (de Grandvilliers), 23 germinal an 12 (13 avril 1804), en remplacement de M. Demonchy, nommé président du tribunal criminel.

Poilleu (Antoine), 10 novembre 1807 : permutation de fonctions.

Derivière, nommé le 13 mai 1815, a remplacé M. Borel de Favencourt, démissionnaire.

Levavasseur, maire de Breteuil, 10 juin 1815; n'a pas été installé.

Borel de Favencourt, 7 juillet 1815; il reprend ses fonctions à la suite des *cent jours* de Bonaparte.

MM.

Danse des Aunois, 11 octobre 1815; remplace M. Camusat, nommé sous-préfet le 2 août 1815.

Camusat de Thony, 10 janvier 1816, reprend ses premières fonctions, en remplacement de M. Delamarre, démissionnaire.

D'Elbée, nommé le 18 avril 1819, pour remplacer *seul* MM. Danse et Camusat, en vertu d'une ordonnance du 6 novembre 1817, portant que le nombre des conseillers sera successivement réduit à trois. (*Bulletin des Lois*, tom. 5, pag. 321.)

Camusat de Thony, 1er août 1820, réintégré dans ses fonctions, par suite d'une ordonnance qui rapporte celle du 6 novembre 1817. (*Bulletin des Lois*, tom. 11, page 529.)

Danse des Aunois, 20 mars 1822, a remplacé M. Borel de Favencourt, nommé sous-préfet de Compiègne.

Motel, ancien avocat, nommé le 12 septembre 1830, en remplacement de M. Camusat, admis à la retraite.

Graves (Louis), 12 mai 1832, a rempli les fonctions de secrétaire général, M. d'Elbée étant admis à la retraite.

Duhautoy, avocat, nommé le 21 février 1834; a remplacé M. Motel, décédé le 15 décembre 1833.

De Place (de Paris), 10 septembre 1836; a remplacé M. Danse des Aunois, décédé le 28 mai 1836.

Jarry-Paillet, 10 avril 1838, a remplacé M. de Place, démissionnaire.

Sohier (Adrien-Hippolyte), 29 mai 1843, a rempli les fonctions de secrétaire général.

Carré-Lacrosnière, 15 mai 1844, devait remplacer M. Sohier; il n'a pas été installé.

Estienne (Charles), nommé le 2 août 1844 : les fonctions de secrétaire général lui sont attribuées. — Exerce en 1846.

SOUS-PRÉFETS.

MM.   ARRONDISSEMENT DE BEAUVAIS.

Boscary (Antoine-Charles-Pierre), nommé le 14 janvier 1811.
Laboulinière (Pierre), 30 juillet 1814.
Camusat de Thony (Jean-Claude), 2 août 1815.

(Cette sous-préfecture a été supprimée par ordonnance du 20 décembre 1815.)

MM.   ARRONDISSEMENT DE CLERMONT.

Le Riche, nommé en l'an 8 (1800).
De Larochefoucauld (Frédéric-Gaétan), 31 janvier 1806.
De Pommereuil (le chevalier Henri), 31 mai 1810.
Ducancel (Charles-Pierre), 6 novembre 1815.
Dedreuille (le comte Henri-Amable), 16 octobre 1816.
Lebeau de Montour (Pierre-François-Henri), 29 juin 1825.
Desplanques (Edouard), nommé le 31 août 1830.
De Plancy (le baron Charles), 13 septembre 1839 (en exercice en 1846).

MM. ARRONDISSEMENT DE COMPIÈGNE.

JARRY-MANCY (Louis-Antoine-Joseph), nommé le 26 ventôse an 8 (17 mars 1800).

DALMAS (François-Jacques), 4 septembre 1811 ; a cessé d'exercer pendant les *cent jours* de Bonaparte.

DAUDEBARRE-DEFERUSSAC, nommé le 10 mai 1815 ; a seulement exercé pendant les *cent jours*.

DALMAS (François-Jacques), 4 septembre 1811. — Réinstallé en vertu d'une ordonnance royale du 7 juillet 1815.

DE SÈZE (Paul-Emmanuel-Adolphe), nommé le 7 août 1815.

SULLEAU (le vicomte de), nommé le 1er mai 1821.

BOREL DE FAVENCOURT (Barthélemi), le 29 janvier 1822.

BONNELIER (Hippolyte), nommé le 19 août 1830.

GOUILLART-MARTINE DE FONTAINES (Robert), le 1er octobre 1830.

SERS (Louis), 27 octobre 1830 ; a remplacé M. Gouillart, démissionnaire.

THIESSÉ (Léon), 9 mars 1831, n'a pas été installé.

BOULLAY (Pierre-Eugène), nommé le 16 août 1831.

BLANC (Théodore-François), nommé le 4 février 1833.

DE MALHER (le comte Auguste-Pierre-Georges), nommé le 13 septembre 1839. (En exercice en 1846.)

MM. ARRONDISSEMENT DE SENLIS.

JUÉRY (Pierre), de Senlis, nommé en l'an 8 (1800).

LECARON-FLEURY (Charles-Hyacinthe), 25 frimaire an 12 (1804), démissionnaire.

STÉVENOTTE (Bernard), 19 mai 1815.

VATIN (Charles-Paul), 10 juin 1815.

BOITEL (Jean-Louis-François-Elie), 20 juillet 1815.

LECARON-FLEURY (Charles-Hyacinthe), a repris ses fonctions en vertu de l'ordonnance du 7 juillet 1815.

BOITEL (Jean-Louis-François-Elie), 6 novembre 1815.

GOUILLART-MARTINE DE FONTAINES (Robert), 24 mai 1821.

MARTIGNY DES ROCHES (Pierre-Alexandre), 1er octobre 1830.

CHAVE (Jean-Joseph-Auguste), 16 octobre 1832.

GERMEAU (Albert-Edouard-Pierre-Stanislas), 23 juillet 1834.

DEGOVE (Pierre-Philippe-Jules), 18 août 1834.

RIVIÈRE (Philibert), nommé le 9 janvier 1843.

PERTHUIS DE LAILLEVAULT (le vicomte Léon-Hector-Louis de), 14 mai 1845. (En exercice en 1846.)

CANTONS DE BEAUVAIS.

NOTIONS PRÉLIMINAIRES

SUR LA SITUATION GÉOGRAPHIQUE DES ONZE COMMUNES DES DEUX CANTONS.

Canton du midi et de l'occident.
- Au sud-est...........Allonne.
- Au sud ....,Saint-Martin-le-Nœud.
- Au sud-ouest.........Goincourt.
- Au centre............Beauvais.

Canton du nord et de l'orient.
- Au nord-ouest.......
  - Savignies.
  - Pierrefitte.
  - Fouquenies.
  - Herchies.
- A l'ouest.............Saint-Just-des-Marais.
- Au nord ....,.Notre-Dame-du-Thil.
- A l'est., ...Marissel.

Le peu d'étendue de la partie rurale de ces deux cantons, divisés en deux justices de paix, nous a engagé à traiter les onze communes qui en dépent dent comme ne formant qu'un canton, car on ne peut guère les considérer isolément que sous certains rapports administratifs ou judiciaires.

TOPOGRAPHIE.

Situation et étendue. — Les deux cantons de Beauvais, situés vers le centre de l'arrondissement, sont bornés au nord-ouest par le canton de Marseille, au nord et à l'est par celui de Nivillers, au sud-est par celui de Noailles, au sud et à l'ouest par celui d'Auneuil.

Ils se composent de la ville de Beauvais et de ses sept faubourgs; de dix communes rurales, de vingt-cinq hameaux et de vingt-cinq écarts. Ces communes faisaient autrefois partie du gouvernement général de l'Ile-de-France, dépendaient de l'élection de Beauvais et de la généralité de Paris.

Ils ont ensemble 15 kilomètres de long, de l'est à l'ouest (ou du hameau de Bracheux à Savignies), et 10 de large, du nord au sud (ou du hameau du Plouy-Saint-Lucien à celui de Sénéfontaine).

(*Voyez*, après la ville de Beauvais, les détails concernant chacune des communes des deux cantons.)

Aspect des environs de Beauvais. — Rien de plus pittoresque que les pays limitrophes de Beauvais, lorsqu'on parcourt la route de *Paris* à *Calais*, la plus fréquentée; celle d'*Amiens*, qui se dirige dans une vaste plaine; la route de *Clermont*, d'où se découvrent, avec des plantations d'arbres fruitiers et de vignes, de riches jardins légumiers; celles de Gisors et de Gournay, dont les coteaux élevés, dominant sur la ville, offrent à l'œil des points de vue multipliés et une variété de paysages enchanteurs.

Routes. — Les routes royales, départementales, et les chemins de grande communication qui passent dans ces cantons, sont au nombre de huit, savoir :

1° La route royale de Paris à Calais, de première classe, et désignée sous le n° 1, passe à Beauvais et à Notre-Dame-du-Thil.

2° La route royale de Rouen à Reims, de troisième classe, portant le n° 31, connue sous le nom de route de Clermont ou de Gournay, traverse Saint-Just-des-Marais, Beauvais et Marissel.

3° Une troisième route royale est celle d'Evreux à Breteuil, de troisième classe, portant le n° 181; elle rejoint la route royale n° 31 un peu avant Saint-Just-des-Marais, après avoir parcouru les territoires de Goincourt et de Saint-Martin-le-Nœud, et passe à Beauvais.

4° La route départementale n° 5, de Beauvais à Pontoise, commençant sur la route royale n° 1er, au territoire d'Allonne;

5º La route départementale nº 9, de Beauvais à Mantes, qui n'est autre, sur les territoires de Beauvais, Saint-Martin-le-Nœud et Goincourt, que la partie déclassée de la route royale nº 181.

6º La route départementale nº 11, de Beauvais à Montdidier, commençant à la maison Dromain, territoire de Marissel.

7º La route départementale nº 19, de Beauvais à Crevecœur, qui part de la route royale nº 1er, au territoire de Villers-Saint-Lucien, commune de Notre-Dame-du-Thil.

8º Le chemin vicinal de grande communication nº 1er, de Beauvais à Gournay, commençant sur la route royale nº 31, dans Saint-Just-des-Marais. Ce chemin traverse le village de Savignies.

STATISTIQUE.

Superficie. — Les cantons de Beauvais présentent une superficie totale de 9,787 hectares ; la superficie imposable n'est que d'environ 9,444 hectares.

Nature du sol. — Le sol des communes des deux cantons est rempli de pierres calcaires, de marne et de silex. La végétation y est forte, vigoureuse ; la marne et le sable se marient dans différens endroits et rendent le territoire très-fertile.

Productions. — On récolte dans ces communes des grains de bonne qualité ; on y cultive des prairies artificielles. Il y a beaucoup de plantations en pommiers et poiriers ; le cidre y est assez bon.

Une partie du territoire de ces communes est couverte de vignes, dont on tire un vin de bien faible qualité.

Les terres qui avoisinent Beauvais sont particulièrement employées à la culture des légumes.

Le terroir, autrefois si abondamment garni de bois, s'en trouve aujourd'hui en partie dépourvu, par suite des nombreux défrichemens qui ont été faits depuis une dizaine d'années.

Population. — On compte dans les dix communes rurales 2,185 maisons. Leur population totale (non compris la population flottante qui est de 324 individus, dont 11 personnes du sexe féminin), est des 7,049 habitans, dont 3,401 mâles et 3,648 femmes et filles, ce qui revient à 3 individus par maison. L'on fait remarquer que la ville de Beauvais n'est pas comprise dans ces résultats.

Nous donnons, à l'article de chaque commune des deux cantons, des détails sur le commerce, l'industrie et les notions historiques. (*Voyez* les tableaux placés après la ville de Beauvais.)

Rivières. — A l'exception de la commune de Pierrefitte, les communes des deux cantons sont arrosées, savoir : sept par la rivière du *Thérain*, deux par celle de l'*Avelon*, et une par le ruisseau de *Lafresnoye*. Il en sera fait une mention particulière à l'article traitant de chacune de ces communes.

La rivière du Thérain, qui prend sa source à *Grumesnil*, dans le département de la Seine-Inférieure, reçoit dans son cours plusieurs ruisseaux, entr'autres l'Avelon, qui vient s'y joindre près de la porte Saint-Jean, à Beauvais; puis elle va se jeter dans l'Oise, à Montataire, près Creil.

Cette rivière, très-poissonneuse, fut renommée de tout tems pour l'abondance et l'excellente qualité des truites.

Elle y fait tourner un grand nombre de moulins à blé.

Le Thérain qui, après avoir arrosé sept communes des deux cantons, arrivait à Beauvais, à environ deux kilomètres des murs de la ville, se trouvait visiblement entraîné par la pente du sol de la commune de Saint-Just. C'est un ouvrage artificiel, qui commence au lieudit le *grand Relais*, qui l'a contraint à se rendre à Beauvais. Les dimensions de cette digue, très-importante pour le pays, sont réglées par des traités et d'anciennes chartes qui existent dans les archives de la ville, et par une ordonnance royale du 9 août 1839, portant réglement des eaux de Beauvais.

De ce grand Relais, un bras de la rivière principale se subdivise en deux; l'un arrose le marais de Saint-Just, appelé *de Savoie*, l'autre sépare le marais de Saint-Lucien de celui de Saint-Quentin.

VILLE DE BEAUVAIS.

Topographie. — On sait généralement que Beauvais est une des villes les plus anciennes de la Picardie ; autrefois évêché et comté-pairie ; des parlement et intendance de Paris, faisant partie de la généralité d'Amiens ; chef-lieu d'élection avec bailliage ; gouvernement particulier, possédant six collégiales, treize paroisses, et plusieurs couvens d'hommes et de femmes.

Situation. — Cette ville, actuellement chef-lieu de la préfecture de l'Oise, est située dans un riche vallon, au confluent du *Thérain* et de l'*Avelon*, à 88 kilomètres N. $\frac{1}{4}$ O. de Paris, 62 S. $\frac{1}{4}$ O. d'Amiens, 80 E. de Rouen, 124 O. $\frac{1}{4}$ S. de Laon, et 88 N.-E. d'Evreux. Elle se trouve à 18,529 mètres ou 18 kilomètres $\frac{1}{2}$ à l'ouest de la méridienne de Paris, et à 66,345 mètres ou 66 kilomètres $\frac{1}{3}$ au nord de la perpendiculaire à cette méridienne, l'une et l'autre prises de l'Observatoire ; ce qui détermine sa longitude occidentale de 15 minutes, et sa latitude de 49° 26′ 2″.

Beauvais est baigné par le Thérain, qui coule dans son intérieur et se divise en plusieurs canaux très-favorables à l'exploitation de différentes usines. Un canal, formé par un autre bras du Thérain, dans lequel se jette l'Avelon, règne également autour de la ville.

La largeur de cette ville, de l'est à l'ouest, est, *intrà muros*, de 950 mètres, et sa longueur, du nord au sud-ouest (de la porte d'Amiens à celle de Saint-Jean), est de 1,150 mètres, le tout en ligne droite.

Elle est traversée par trois routes royales : celle de Paris à Calais, n° 1ᵉʳ, celle de Rouen à Reims, n° 31, et celle d'Evreux à Breteuil, n° 181, et par une route départementale, celle n° 9, de Beauvais à Mantes.

Description de la ville. — Des améliorations importantes ont changé, depuis une quinzaine d'années, l'aspect désagréable qu'avait autrefois Beauvais, qui, comme toutes les villes de guerre anciennes, a des rues mal percées, des maisons non alignées, presque toutes construites en bois, mais la plupart revêtues de curieuses sculptures. La partie de la ville qu'on nomme *cité* renferme différentes constructions en pierres et briques, qui paraissent être des troisième et quatrième siècles.

On remarque à présent, au centre de la ville, de très-belles maisons d'un style moderne ; sa vaste place, prolongée récemment d'une rue neuve, très-large, formée par la suppression de celle étroite et irrégulière qui l'avoisinait, est entourée de trottoirs et de superbes magasins de nouveautés, décorés à l'instar de ceux de Paris, et qui, tous, sont, comme la place, éclairés par le gaz.

Lorsque le centre de cette place, sera orné du monument qu'on doit ériger à la mémoire de *Jeanne-Hachette*, l'héroïne de Beauvais, édifice que la ville est autorisée à y faire élever, cette même place deviendra une des plus belles de France.

La fontaine, accessoire indispensable de ce monument patriotique, est d'ailleurs vivement désirée depuis plus d'un siècle ; car déjà, en 1706, 1745, 1788 et 1829 (1), il fut question de son établissement, mais l'insuffisance des fonds a toujours fait abandonner cet utile projet. Tout fait espérer qu'enfin il va recevoir son exécution. Cette fontaine remplacerait avec avantage le puits-pompe qui se trouve sur le côté de la place, et qu'on doit à la générosité de *Loisel*, légiste célèbre, natif de Beauvais, lequel légua cent écus pour sa construction, qui, en effet, a eu lieu en 1596.

Les rues les plus remarquables qui avoisinent cette grande place sont : celle de *Saint-Sauveur*, de toutes la plus large, celle de la *Taillerie*, la *Rue-Neuve* et celle des *Jacobins*, les rues du *Châtel* et de *Saint-Pierre*, qui vont incessamment devenir les plus régulières et les plus belles de la ville, par suite de la suppression des débris de la porte dite de la *Châtellerie*, qui séparait ces deux rues, et que le peuple nommait le *Gloria-Laus*. La démolition de cette porte était généralement réclamée, à raison de la gêne et des dangers que les voitures chargées éprouvaient dans leur circulation en cet endroit. Cette opération a nécessité une reconstruction avantageuse et bien entendue de presque toutes les maisons de ce quartier. C'est une amélioration notable que l'on doit aux soins particuliers de l'administration municipale.

L'ouverture projetée de plusieurs rues ajoutera encore à l'embellissement de la ville, rendra surtout les communications plus faciles, particulièrement du côté de la rue du Théâtre, qu'on vient d'élargir par le voûtage du cours d'eau du Thérain, qui prenait la moitié de la largeur de cette rue; on obtiendra, par suite du percement projeté de ladite rue du Théâtre à la rue Saint-Jean, une communication très-importante, surtout pour arriver à la place Saint-Michel les jours du marché.

Le nouveau numérotage des maisons, par ordre de rues, fait récemment, est aussi une amélioration dont les habitans ont été généralement satisfaits.

Promenades publiques. — De beaux et spacieux boulevards, garnis de plantations d'arbres de différentes espèces, forment d'agréables promenades qui, dans la belle saison, entourent la ville d'une immense ceinture d'un riche et transparent azur : ces mêmes boulevards, dans leur vaste étendue, sont bordés par un canal d'eau vive, qui, après en avoir fait le tour, se décharge dans le Thérain. Ils remplacent les anciens remparts

---

(1). Dans sa séance du 28 août 1829, un membre du conseil municipal (M. Daniel, médecin), a fait une proposition tendant à l'établissement d'un monument en l'honneur de *Jeanne-Hachette*. Le 29 novembre de la même année, cette proposition a été développée par son auteur d'une manière tout-à-fait lumineuse; mais malheureusement, dans ce tems-là, la ville faisait construire sa nouvelle et ruineuse salle de spectacle, et Jeanne-Hachette fut ajournée,

fortifiés, construits pendant les douzième et treizième siècles, qui étaient entourés de fossés marécageux et remplis d'une eau stagnante, dont les vapeurs exhalaient continuellement des miasmes aussi contagieux que funestes à la santé des habitans.

La démolition de ces remparts, commencée en janvier 1803, s'est continuée d'année en année jusqu'en 1846; car depuis l'an dernier l'on achève de démolir toute la partie de l'ancien rempart qui tient à la *Poterne-Saint-Louis*, dont le passage actuel a lieu sur un joli pont en fer, qui fait face à la rue du Théâtre.

Le 15 décembre 1803, M. *de Nully-d'Hécourt*, qui, pendant plus de trente-six ans, a administré la ville avec un zèle aussi éclairé que paternel, a planté le premier arbre des boulevarts. C'est lui qui avait conçu l'heureuse idée de la transformation des remparts en promenades publiques. Les autres plantations ont été faites, chaque année, au fur et à mesure de l'achèvement de la démolition d'une ou plusieurs parties des boulevarts.

Depuis, sous l'administration de MM. *Sallé* et Alexandre *Delacour*, ces travaux ont offert de sensibles progrès, dont la continuité est due aussi à l'intelligente et infatigable persévérance de M. *Lequesne*, maire actuel, qui, d'ailleurs, il faut en convenir, a employé tous les moyens en son pouvoir pour faire réaliser plusieurs projets importans (d'améliorations non moins précieuses), qui existaient avant son entrée dans l'administration.

Portes de Beauvais. — La ville est fermée par cinq portes principales, et trois autres portes, dites des Poternes, lesquelles sont situées : celles d'*Amiens* au nord, de *Clermont* à l'est, de *Paris* et de *Saint-Jean* au midi, de *Gournay* à l'ouest. Les portes des poternes *Saint-André* à l'est, de *Sainte-Marguerite* au nord-ouest, et celle de *Saint-Louis* à l'ouest.

Ces portes, qui tenaient autrefois aux remparts, étaient voûtées. Elles sont à présent à jour, accompagnées de pavillons d'une construction moderne, qui date de 1807 à 1809. La plus remarquable est celle d'Amiens, ornée d'une belle grille à double ouverture; la porte de Clermont est un monument massif élevé à l'occasion du passage de la duchesse d'Angoulême, le 27 avril 1825, et exécuté sur les dessins de M. Landon, architecte. En 1845, des grilles en fer y ont été posées de chaque côté.

Après le siége de 1472, la porte de Bresles, qui avait été brûlée à la suite de l'assaut qu'elle avait supporté, fut appelée long-tems la porte Bruslée.

Faubourgs. — Les faubourgs, au nombre de sept, sont : *Saint-Quentin*, *Saint-Jean*, *Saint-Jacques*, *Saint-André*, *Gaillon*, poterne *Saint-Louis* et *Basset*; plus, trois écarts : la ferme de *Penthemont*, le *Pressoir-Coquet*; plusieurs maisons écartées sur la route d'Amiens, et le *Clos-Canonne* qui tire son nom d'une ancienne famille de Beauvais.

Parmi ces faubourgs, le plus remarquable est celui de *Saint-Quentin*, traversé par les routes de Rouen à Reims et d'Evreux à Breteuil, qu'embellissent une superbe manufacture de draps et une belle blanchisserie de toiles. En suivant ce faubourg, on trouve, à droite, la rue qui conduit à la préfecture, et au bout de laquelle existe une filature de laine très-importante. Entre ce faubourg et la ville, on voit le *Cours-Scellier*, place plantée d'arbres, à laquelle la reconnaissance publique imposa ce nom, parce qu'elle le devait aux soins de M. *Le Scellier* (Nicolas), maire de Beauvais pendant les années 1524 à 1528. Entre cette place et la porte de Gournay, l'on découvre un moulin à blé, d'une grande élévation, et dont la construction vient d'être achevée.

Le faubourg *Saint-Jacques* ou *de Paris*, dont presque toutes les maisons-masures ont présenté long-tems un aspect désagréable, commence à s'embellir de maisons d'une construction de bon goût, particulièrement dans la partie la plus élevée, où l'on trouve différens établissemens : une blanchisserie et un lavoir de laine, une fabrique de tabletterie et un atelier de mécaniciens.

Quoique le faubourg *Saint-Jean* ressemble beaucoup à un village, il est remarquable par le *mont Saint-Symphorien*, situé sur une montagne à pic, au sommet de laquelle se trouvent les restes d'une église et de l'ancien séminaire de Beauvais, convertis en ferme, provenant de l'ancienne abbaye qui avait été fondée en 1035. On y jouit d'un superbe point de vue sur la ville et les environs.

Ce faubourg est arrosé par l'*Avelon*, dont les rives sont couvertes d'aunaies et d'arbres fruitiers ; c'est là où cette rivière mêle ses eaux à celles du *Thérain*, en baignant de toutes parts le pied d'une ancienne tour, dite la *tour Boileau*, qui doit son nom, dit-on, à un maire de Beauvais vers la fin du quinzième siècle. Un peu avant d'arriver au pont qui conduit à ce faubourg, on admire la belle et vaste fabrique de couvertures, nouvellement construite près du moulin à blé tenant à la porte de la ville. Vers la fin de ce même faubourg, existe une chapelle fort bien décorée, placée sous l'invocation de saint Jean-Baptiste.

A peu de distance de ce faubourg, il existait autrefois l'abbaye de *Pentemont*, dont les fondemens furent jetés en 1217, par Philippe de Dreux, évêque de Beauvais. Par suite des difficultés survenues entre les religieuses et le curé de Saint-Jean, ce couvent fut supprimé en 1647 et les bâtimens convertis en ferme. C'est près de cette ferme que se trouve la *fontaine Pentemont*, dont l'eau est très-malfaisante, en ce qu'elle contient une grande quantité de chaux. Elle n'est propre ni au lavage du linge, ni à la cuisson des légumes.

La poterne dite de *Saint-Louis*, dans laquelle on ne parvenait autrefois que par une petite porte voûtée, est devenue, depuis 1845, un endroit fort agréable, par suite de la démolition de cette porte, et son remplacement par un joli pont orné de grilles en fer. Près de ce même pont se trouve un établissement de bains d'une grande étendue ; et à peu de distance encore, on y voit quelques habitations modernes. C'est dans cette poterne, et à la suite des beaux jardins qu'on y remarque, qu'est situé l'*établissement du gaz*, fondé depuis peu d'années, qui est d'une grande importance pour la ville.

Le faubourg *Basset*, situé le long du Thérain, est occupé en partie par des jardiniers. On y trouve un établissement de bains, le plus ancien de la ville.

Il existait autrefois près de ce faubourg, dans le jardin du palais épiscopal, une tour dite la tour de Croa ou Craon, construite en 1290. On a différentes versions sur sa destination, dont peut-être la plus exacte serait de croire qu'elle fut élevée pour la défense de la ville, du côté de St-Quentin. L'évêque de Beauvais y communiquait de son palais par un pont-levis placé sur le bras du Thérain qui sépare de ce côté la ville de ce même faubourg. Cette tour, qui était considérable en son ensemble, a été démolie pendant les années 1819 et 1820. Des ruines de cette tour se voient encore dans la propriété de M. Caron fils, blanchisseur de toiles.

On remarque à la porte d'entrée de ce faubourg, où est situé le bureau d'octroi, les vestiges d'une grosse tour, dite de Sainte-Marguerite, qui faisait partie des fortifications de la ville et servait, pendant les guerres sous Louis XIII et Louis XIV, à renfermer les prisonniers espagnols ; elle était surmontée de créneaux fort curieux. Il existe encore, dans le bas de cette tour, de grands conduits qui servaient à faire venir l'eau dans la ville.

Butte Sainte-Marguerite. — L'énorme masse de terre qui s'élève entre l'Hôtel-Dieu et la porte *Basset*, s'étendait, avant l'établissement de cette porte, jusqu'à un passage voûté attenant à la tour où les vannes sont fixées. Ce gigantesque massif, que l'on a beaucoup diminué depuis plusieurs années, n'offre aucun indice que l'endroit où il se trouve ait jamais été fortifié. Une seule tourelle, servant aujourd'hui de glacière, au nord et à mi-côte de cette butte, pourrait faire supposer le contraire ; mais l'examen de cette construction, qui ne présente aucun rapport avec celles des fortifications des anciens remparts, ne donna pas une solution victorieuse à cette opinion.

Cette même butte, d'après une tradition qui s'est toujours conservée à Beauvais, serait le produit des terres extraites pour la fondation de la cathédrale.

Le magasin à poudre, pratiqué au centre de cette masse, a son entrée du côté de la rue.

C'est entre le faubourg Basset et la rue Verte que l'on voit s'élever les premières assises des bâtimens du nouveau séminaire de Beauvais, qui aura, d'après le plan récemment lithographié, des dépendances considérables.

Deux autres faubourgs, dits de la poterne *Saint-André* et de la *Terre-Bourdon* n'offrent rien de particulier. Ils sont habités par des cultivateurs, jardiniers et vignerons, qui exploitent eux-mêmes les terres que dans le pays on appelle les *aires*, et qui sont d'un grand produit.

Cimetière. — C'est dans le faubourg *Gaillon*, sur la route de Calais, que se découvre le cimetière de la ville, connu sous le nom des *Capucins*, parce que, depuis 1792, il est établi dans l'enclos de ces anciens religieux. En vertu d'une ordonnance de l'évêque, du 20 décembre 1788, il avait déjà existé, près de la route de Beauvais à Amiens, en face du Franc-Marché, un cimetière commun aux différentes paroisses, situées *intrà-muros :* antérieurement à cette ordonnance, chaque paroisse avait le sien dans l'intérieur de la ville.

Les vases cinéraires et les médailles trouvées dans les terres de cet enclos font présumer que, du tems des Gaulois et des Romains, cet endroit avait la même destination. Peut-être aussi les ossemens découverts en grande quantité et à peu de distance de ce terrain, sont-ils ceux des Bourguignons qui périrent au dernier siège de Beauvais, en 1472.

Depuis plusieurs années, ce cimetière est remarquable par la diversité des monumens funèbres qu'il renferme, et dont plusieurs excitent la curiosité par leur élégance autant que par leurs ornemens religieux.

Places publiques. — Les places principales, dans l'intérieur de la ville, sont : celle de l'Hôtel-de-Ville, dont nous avons déjà parlé ; celles de

Saint-Pierre, Saint-Etienne, Saint-Michel ; celle du Théâtre ; celles de la poterne Saint-Louis et du Grand-Quartier, et le placeau Saint-Martin ; la petite place du Cygne ; à l'extérieur, celles dites places du Franc-Marché, de la Préfecture et du Cours-Scellier.

Il existait avant 1798, entre la cathédrale et l'ancien évêché, une petite place, dite de *Saint-Pierre*, ou enceinte entourée de murs, où l'évêque faisait exécuter les arrêts rendus par ses justiciers. Il y a environ soixante-quinze ans qu'une jeune fille, condamnée pour crime d'infanticide, y fut pendue.

On nommait aussi autrefois place des *Chasse-Marées*, le petit emplacement qui se trouve près de la rue du Pont de Lignières, et qui a une sortie par celle de Saint-Antoine. On y vendait probablement le poisson en des tems bien éloignés de nous.

Rues. — Avant et pendant le quinzième siècle, on ne voyait à Beauvais que des rues étroites, sales, non pavées, pleines de boues, qui rendaient les communications difficiles.

Pendant le seizième siècle, les rues ont été l'objet de quelques améliorations ; mais comme la ville était extrêmement pauvre, beaucoup de rues restaient encore sans être pavées : elles étaient toujours remplies de boues noires et infectes, aussi pernicieuses à la santé qu'incommodes à la circulation.

A cette époque, les rues étaient plongées la nuit dans la plus profonde obscurité ; et c'est seulement en 1765 qu'on éclaira les rues pendant les nuits d'hiver, au moyen de chandelles placées dans des espèces de lanternes. Ce ne fut qu'en 1789 qu'on adopta un mode d'éclairage plus commode.

Au dix-septième siècle, les rues commencèrent à être mieux appropriées. Leurs dénominations, comme aujourd'hui, étaient tirées généralement des monumens, couvens et églises qui y étaient construits, des institutions qui y avaient été fondées, ou des hôtelleries qui s'y trouvaient.

On compte actuellement, tant dans la ville que dans les faubourgs, 145 rues, places et impasses.

Nous avons eu déjà l'occasion d'indiquer les plus remarquables, à l'article des *améliorations*, notamment celles qui environnent la grande place. Nous allons en rappeler quelques-unes qui ont changé de noms, et dont l'origine est peu connue.

Rue du Puits-Jesseaume. — L'origine de ce nom est attribuée à l'établissement d'un puits pour l'utilité des habitans de ce quartier, par un propriétaire du nom de *Jesseaume*.

Il est généralement reconnu à Beauvais que l'héroïne à qui cette ville doit sa délivrance, habitait la rue du Puits-Jesseaume, à laquelle, depuis quelques années seulement, le nom de *Jeanne-Hachette* fut substitué ; mais aucun document n'indique en quel endroit de cette rue sa demeure se trouvait.

Nous nous bornerons, à cet égard, à rapporter ce que des personnes très-âgées nous ont répété, concernant cette demeure restée sans souvenirs.

« Près de ce *Puits-Jesseaume*, jusqu'à l'époque où l'autorité municipale » le fit supprimer pour le remplacer par une pompe, à une distance plus » éloignée, étaient déposés, depuis un tems immémorial, le long d'une » maison de chétive apparence, cinq à six boulets en pierre : c'était une

» version populaire qu'en cette masure avait vécu *Colin-Pillon* et *Jeanne*
» *Fourquet*, dite *Laisnée*, sa femme. »

Cette tradition orale n'établit point de preuve, il est vrai ; toutefois, nous
poserons cette question : Pourquoi ces projectiles en pierre près cette habitation ? Qui les y a déposés ? En quelles circonstances y furent-ils placés, et
pourquoi personne, jusqu'à la disparition du puits, ne s'avisa-t-il pas de les
enlever pour être conservés ?

Nous espérons que MM. les archéologues de Beauvais, dans les labo-
rieuses recherches qu'ils font, parviendront à écarter le voile qui nous dé-
robe toujours la connaissance exacte de l'asile habité par notre généreuse
libératrice.

Ajoutons encore, d'après une autre tradition, que Colin-Pillon et Jeanne
Fourquet, sa femme, ont quitté la maison dont il vient d'être parlé pour
aller demeurer, de l'autre côté de la même rue, dans une maison plus vaste
qui dépendait depuis long-tems des propriétés vendues dernièrement par
M. Fermepin à M. Dubois, maître de pension. Ce qu'il y a de certain, c'est
qu'il a été trouvé, en 1845, dans un des bâtimens de cette maison, qui a été
démolie, un chambranle de cheminée en bois de chêne, tout revêtu d'anciennes sculptures, et dans le milieu duquel on remarque une *petite hachette*.

Mais cela ne prouve rien ; car il a pu se faire qu'une personne, enthou-
siasmée de l'héroïque action de *Jeanne*, lui ait consacré cette hache. Sans
doute, nous désirons gloire et illustration tout entière à notre libératrice ;
mais il importe que tout soit, à son égard, incontestable.

Les rues de l'*Echelle* et *Bat-Fesses*, par corruption dite aujourd'hui
Basses-Fesses, étaient probablement la place où les condamnés étaient autrefois exécutés ; ce qui donne lieu de le croire, c'est qu'entre l'ancienne
église Sainte-Marguerite et la rivière, il existait encore, en 1780, une entrée de forge où l'on faisait chauffer un fer pour percer la langue des blas-
phémateurs. On peut faire remonter la construction de ce gibet au règne de
Louis IX.

Rue du Prévost. — Cette rue, selon toute apparence, fut ouverte sur les
débris de l'ancien hôtel de la prévôté, dont faisait partie la maison de
M. Rançon, et celle du côté opposé de la même rue. Les découvertes qu'on
fit lors de la réconstruction de cette dernière maison et autres circonvoisines,
portent à croire qu'il existait une chapelle ou un cimetière en cet endroit,
antérieurement à la réédification de cet hôtel, puisqu'on a trouvé dans cet
emplacement un grand nombre de tombes, de colonnes et d'inscriptions.

Rue de l'Ecu. — En 1470, cette rue se nommait *rue de la Halle-aux-
Draps*. C'était dans une grande salle d'une maison attenant à la halle, que
le maire et les pairs tenaient leurs séances. Cette maison fut vendue le 8 juillet 1478 à Thibaut-Despeaux, conseiller en cour, fondé de pouvoirs de la
ville. On y fit de grandes réparations ; mais les bâtimens, qui ne convenaient
pas au corps de ville, furent vendus le 9 août 1480 à Pierre Lecoutellier,
marchand, qui prit pour enseigne à l'*Ecu-d'Or*. Cette maison, reconstruite
depuis, a conservé jusqu'à nos jours l'enseigne de l'*Ecu*, et a donné son
nom à la rue dans laquelle elle est située.

Rue de l'Etamine, qui conduit à la place Saint-Etienne, s'appelait, en

1520, *Froimont*, nom de l'hôtel que possédait encore en 1766 M. *de Couvreuil*, qui l'a vendu ensuite à M. *Buquet*.

La *rue Fournotte* tire son nom d'un four bannal où les habitans de ce quartier, au moyen d'une certaine rétribution, venaient cuire leur pain. Il n'y a pas plus de vingt ans qu'il existait dans cette rue une veuve Pavie, aux enfans de laquelle appartient aujourd'hui la maison où se trouvait ce four.

La *rue du Four-Saint-Pierre*, à l'exception de l'indemnité, a la même origine ; mais le pain s'y faisait dans l'intérêt du clergé de la cathédrale.

Rue du Bras-d'Or. — Elle portait, antérieurement à ce nom, celui du *Cheval-qui-Tourne*, dénomination provenant de ce qu'il y avait un petit manège qui a été remplacé par une auberge qui prit pour enseigne le Bras-d'Or.

Les rues de l'*Ecorcherie-Saint-Sauveur* et de l'*Ecorcherie-Saint-Laurent* doivent leurs noms aux tueries que les bouchers de ces paroisses avaient le droit d'établir en ces quartiers.

La petite rue située derrière les maisons de la rue de la *Taillerie* et celle de la *Poulaillerie* (supprimée) était, selon toute probabilité, le lieu où se vendait anciennement la volaille : elle échangea cette qualification contre celle de la *rue des Tripes*, quand, par arrêté de la police, les bouchers furent astreints à venir y vendre ces comestibles.

La *rue des Clercs*, supprimée depuis long-tems, mais dont il est question dans l'Histoire de Beauvais, avait son entrée du côté de la rue Sainte-Marguerite, traversait la prairie appartenant à présent à M. Caron, et débouchait en face de l'église du faubourg Saint-Quentin. Après la suppression de cette rue, les pauvres clercs qui y demeuraient furent envoyés au couvent de Saint-Symphorien, où les religieux furent obligés de les soigner et nourrir.

Rue du Metz. — Elle doit probablement son nom à quelques membres de la famille Dumetz, laquelle jouit pendant long-tems d'une grande considération en cette ville. Cette famille s'éteignit par la mort de M. *Clément-Dumetz*, grand-vicaire. On se rappelle que cet ecclésiastique s'était marié en 1794 avec une demoiselle de Beauvais.

Rue du Grenier-à-Sel. — Cette rue se nommait, à une époque déjà bien reculée, rue de *Lannoy*. Les religieux de l'ancienne abbaye de ce nom (près du bourg de Marseille), firent construire les bâtimens du grenier à sel, devenu, depuis la révolution de 1789, la propriété de trois particuliers. C'est dans la partie qui subsiste encore de ces bâtimens, que les religieuses faisaient vendre le sel qui venait du Tréport. C'est un droit qui avait été concédé à leur maison par un de leurs premiers bienfaiteurs.

Rue des Sœurs-Grises. — Cette rue s'appelait, avant la fondation du couvent Saint-François, *rue du Tourniquet*, parce qu'un tourniquet avait été placé à son entrée pour interdire le passage des voitures.

Puits-Pouilleux (l'impasse du), donnant dans la rue des Jacobins, actuellement désignée par le seul mot *Puits*, reçut cette vilaine qualification des premiers Auvergnats ramoneurs qui vinrent s'y fixer, et où ils résidèrent fort long-tems ; ils se mettaient, chaque jour, autour du puits pour se débarrasser des insectes qui se trouvaient dans leurs vêtemens et leur chevelure.

C'était aussi dans cette impasse qu'existait très-anciennement le bureau où les marchands colporteurs *étrangers*, à qui la vente en ville était défendue, ne pouvaient vendre leurs marchandises qu'en payant un droit à la mairie. Ce *bureau des marchands*, aujourd'hui propriété particulière, donna aussi son nom à cette impasse ; mais la sotte habitude prévalut sur la raison et le bon goût, et la vilaine qualification lui resta.

Rue des Orfèvres, donnant sur celle St.-Gilles, n'est réellement qu'une ruelle, véritable cloaque, dans laquelle demeuraient anciennement les ouvriers orfèvres. On se garderait bien à présent de les y aller chercher.

Impasse de l'Arquebuse. — Cette impasse, qui a son entrée dans la rue Saint-Gilles, se nommait ainsi, parce que la compagnie des arquebusiers, qui existait à Beauvais avant la révolution, y possédait une maison avec un enclos considérable, où les membres de cette compagnie se livraient aux exercices qui leur étaient propres.

Cette propriété, qui a été acquise par un sieur Delamarre, jardinier, n'offre rien aujourd'hui qui rappelle son origine ou sa destination.

Rue des Pandouers ou *des Pandoirs*. — Cette rue, qui de celle des Cordeliers (aujourd'hui rue de Nully-d'Hécourt) conduisait aux remparts, a pris son nom d'un arrêt de Philippe-le-bel, qui affectait ce quartier au tendage des étoffes, dont la fabrication était alors très-considérable.

Rue des Treilles. — Avant de porter ce nom, elle avait celui de la rue du *Bourreau*, parce que primitivement l'exécuteur des hautes-œuvres y résidait.

Rue du Purgatoire. — Cette rue s'appelait anciennement *rue des Étuves* ; sa proximité avec la rivière lui convenait beaucoup mieux ; les anciens se rappellent d'ailleurs qu'il existait autrefois dans ce quartier une blanchisserie et un atelier de teinture.

Rue du Poivre-Bouilli, depuis le siége de Beauvais, fut nommée rue du *Pont-de-Lignières* ; mais, malgré la reconnaissance due à la mémoire du généreux Jean de Lignières, dont le frère, *Pierre de Lignières*, a été maire de Beauvais en 1496, l'habitude l'emporta, et nos concitoyens s'obstinèrent à lui conserver son nom primitif, qui a son origine, suivant une ancienne tradition, de ce qu'un aubergiste qui était dans cette rue, faisait bouillir le poivre et le mettait en bouteille, pour en verser à volonté dans ses ragoûts.

Rue Bossuet (quartier Saint-André). — Ce nom lui fut donné de 1793 à 1794, à la place de celui *Marcadé*. Cette rue conduisait à une tour appelée aussi Marcadé, qui s'élevait à certaine distance dans les fortifications de la ville ; elle était située en face de l'usine actuelle de M. Cavrel-Bourgeois, rue Bossuet, qui n'était autrefois qu'une impasse. Les habitans de ce quartier, s'étant fait une espèce de garde-robe de cette tour, lui donnèrent aussi le nom de Pot-au-Beurre. Non loin de là, à l'extérieur de la ville, il existait un moulin construit en bois ; on en remarquait encore quelques vestiges il y a environ 40 ans, avant le tracé du canal actuel.

Le nom de ladite rue, ainsi que celui de la tour, datent de 1480 à 1500, époque où *Jean Marcadé* a été maire de la ville (*Voyez* le tableau des maires, à la suite de l'histoire de Beauvais).

Rue de la Harpe. — Avant la qualification révolutionnaire des places et rues de la ville, cette rue s'était toujours appelée *petite rue Saint-Sauveur.* Peut-être est-ce en mémoire du littérateur *Laharpe*, que ce nom y a été substitué.

Rue du Charriot-d'Or. — Elle doit son nom à une auberge qui avait pour enseigne le *Charriot-d'Or.* Cette maison est devenue, depuis plus de 80 ans, celle de la *Poste aux chevaux.*

Rue du Pont-Pinard. — Comme nous avons eu anciennement une famille Pinard à Beauvais, c'est sans doute un personnage distingué de cette famille qui a obtenu l'honneur de faire porter son nom à cette rue.

Rue des Trois-Lanternes. — Ce nom lui a été donné en 1833, époque où *Nicolas Lanternier*, qui était maire de la ville, a fait placer dans ladite rue trois lanternes à certaines distances. Ce maire avait pris aussi pour armoiries *trois lanternes* argentées, au chef d'or.

Rue des Cordeliers. — L'on sait que ce nom vient de ce qu'il y existait le couvent des Cordeliers; elle porte, depuis 1839, celui de rue *de Nully-d'Hécourt*, qui lui a été donné aussitôt le décès de cet ancien et digne magistrat de la ville.

Rue de la Belle-Image. — Le nom de cette rue date du treizième siècle, époque à laquelle un habitant orna la façade de sa maison d'une *Vierge*, avec enseigne : *A la Belle-Image.* Le propriétaire actuel de cette maison a fait, en octobre 1841, dans l'intérêt des arts, réinaugurer cette vierge, par les soins d'un des membres du comité archéologique de Beauvais.

Maisons. — Le nombre de maisons, constaté par le nouveau numérotage fait en 1845, est de 3,000 environ.

Avant le quinzième siècle, les maisons de Beauvais n'étaient couvertes qu'en chaume; c'est depuis cette époque qu'ont été construites successivement les maisons en bois que nous voyons aujourd'hui.

Nous rappellerons l'origine de quelques maisons, dont chaque propriétaire, d'après les plus anciennes ordonnances de police, avait été obligé d'apposer à l'extérieur une enseigne particulière peinte sur tôle. Cette enseigne devait être alors mentionnée dans tout acte de vente ou de location.

Il existe encore à Beauvais un certain nombre de ces maisons, notamment des hôtels ou auberges, qui ont conservé leur enseigne primitive, tels que le *Cygne*, l'*Ecu-de-France*, la *Charité*, l'*Hôtel du Lion-d'Or*, aujourd'hui en entrepôt de vins, qui, à son origine, portait l'enseigne du *Plat-d'Étain; les Quatre-Fils-Aymon*, le *Croissant*, le *Paon*, le *Soleil-d'Or*, l'*Hermitage*, la *Grappe-de-Raisin*, *Jérusalem; les Trois-Piliers*, où fut fondé le premier hôpital de la ville, qui se nommait l'hôpital de *Saint-Etienne*; d'autres habitations particulières ont maintenu cet usage, ainsi qu'on l'a fait de nos jours pour les maisons dites du *Grand-Cornet*, du *Grand-Chat*, l'*Image-Saint-Jean*; la maison à droite de l'hôtel-de-ville, maintenant occupée par un marchand de fer, portait autrefois pour enseigne : *Au Corbeau.*

Beauvais possédait alors, sous le rapport du pittoresque, ce qu'il a gagné depuis sous celui de la salubrité. Cette ville, vue des remparts ou des hauteurs environnantes, offrait au coup-d'œil une multitude de pignons aigus, d'aiguilles, d'arcades et de flèches.

Les étrangers, à leur arrivée dans cette ville, y remarquent toujours, avec une attention peu flatteuse, les maisons, à raison de la singularité de leurs constructions toutes en bois. Leur étonnement à cet égard s'explique facilement, car on peut assurer qu'aucune autre des plus anciennes villes n'a conservé autant d'habitations de ce genre. Nous croyons intéresser en indiquant celles qui sont les plus remarquables, par la variété des sculptures qui s'y trouvent, et qui appartiennent presque toutes au seizième siècle.

Les maisons que l'on distingue le plus ordinairement ont deux ou trois étages en saillie, un toit en dos d'âne aigu, le pignon tourné vers la rue ; l'extrémité des poutres saillantes est presque toujours ornée de têtes originales ou de monstrueux mascarans ; les encorbellemens reposent sur des consoles infiniment variées dans leur forme et leurs détails. On en rencontre encore qui portent des indices relatifs à la profession de leurs premiers propriétaires ; quelques-unes portent la date de leur fondation.

Un proverbe assez bizarre est en vogue depuis des siècles, à Beauvais. Ce proverbe se rattache à ces mêmes pignons ; il dit que pour être *boin bourgeois de Biauvais*, *il faut avoir pingnon sur rue.*

La majeure partie de ces maisons, reconstruites presqu'entièrement après le siége dont, en 1472, la ville éprouva les funestes ravages, et les changemens aussi qui y furent excutés, en ont défiguré le caractère primitif : chaque année voit détruire, sous prétexte d'embellissement, des façades qui étaient extrêmement curieuses. On comptait encore, il y a une quinzaine d'années, près de 500 maisons portant des traces évidentes du seizième siècle, dont plusieurs ont déjà disparu.

Une des maisons les plus anciennes en ce genre est celle de la place Saint-Pierre, portant le n° 1873 (n° 25 nouveau), que l'on a toujours considérée comme les restes d'un ancien palais romain des premiers evêques.

La maison située rue Sainte-Véronique, n° 1867 ancien (n° 8 nouveau), appartenant à Mme veuve Letellier-Danse, était l'hôtel de Saint-Paul, où les religieuses de ce nom se retiraient dans les tems de trouble et de guerre. Il existe encore dans la cour, à gauche, un écusson sculpté sur pierre, représentant les armes de cette ancienne communauté.

Celle, rue des Flageots, que M. Moisand a achetée à M. Lefèvre-Soyer, était remarquable par ses bizarres sculptures, dont ce dernier et M. Graves se sont, dit-on, partagé les débris.

La maison n° 2005 ancien et n° 36 nouveau, située rue Beauregard, renferme un bâtiment en pierre à ornemens, donnant sur une cour, dont la construction est fort ancienne. C'était l'oratoire des anciens chevaliers de Malte, sous la dépendance de la collégiale de St.-Pantaléon. Les différentes pièces de cet édifice offrent des boiseries à moulures ; mais ce que nous avons distingué de plus curieux en visitant le dessous de ce bâtiment, ce fut de voir une ancienne chapelle soigneusement cintrée, dans laquelle se trouve la porte d'une cave très-profonde où l'on rencontre les ouvertures de trois souterrains, dont l'un n'est bouché qu'à moitié, et les deux autres fermés entièrement. On prétend que ces souterrains se prolongent, l'un jusqu'à la place Saint-Michel, l'autre vers l'église Saint-Sauveur, et quelle troisième traverse la grande place en se dirigeant du côté de la rue des Annettes, ce que démontre suffisamment la direction des ouvertures. Il est à remarquer que les deux derniers conduits ont été pratiqués dessous la rivière qui passe dans la rue Beauregard : il est probable qu'ils étaient destinés à amener les eaux sur la grande place lors du premier projet, en 1706, de l'établissement d'une fontaine sur cette place. Les plus anciens habitans de Beauvais, dont plusieurs ont occupé cette maison, assurent que malgré la profondeur des parties encore ouvertes de ces souterrains, l'eau n'y a jamais pénétré. Lorsque nous y sommes descendus, en janvier 1846, époque où toutes les caves voisines étaient remplies d'eau, le sol était effectivement très-solide et fort sec.

La maison située rue Saint-Jean, actuellement appelée le *Prado*, était le lieu où, avant la révolution de 1789, existait la loge de la société des *francs-maçons*. Elle servit aussi de salle pour les concerts que les amateurs y exécutaient, et pour les bals et fêtes que les gardes-du-corps y donnaient.

La maison qui fait le coin de la place Saint-Michel, à gauche en entrant dans la rue du Metz, était l'hôtel du présidial de Beauvais, qui a été vendu pendant la révolution.

Hôtel de Froidmont. — A l'époque où la faction de la *Jacquerie* exerçait ses horribles représailles contre le clergé et la noblesse, l'abbaye de Froidmont fut pillée et dévastée entièrement. Les religieux se retirèrent à Beauvais, où ils demeurèrent pendant deux ans. Leur hôtel était situé entre le cimetière Saint-Etienne et la rue Saint-Jean, nommée alors rue Saint-Symphorien. Cette maison avait été donnée en 1182 aux moines de Froidmont, par Gérard-Mahomenet. Cet hôtel existait sur l'emplacement où se trouve à présent la maison de M. Desjardins, jusqu'à celle qui fait le coin, à l'entrée de la rue des Prêtres-Saint-Etienne, primitivement rue Saint-Etienne. — Le cardinal Odot de Châtillon, évêque de Beauvais, abbé commandataire de Froidmont, aliéna cette propriété, comme il en fit de plusieurs autres, pour subvenir aux charges de guerre.

La maison occupée depuis long-tems par la pension de Mme Anselin, grande rue St-Laurent, était autrefois une auberge qui avait pour enseigne *l'Hôtel-de-Beaupré*, qui appartenait aux religieux de l'abbaye de ce nom ; l'on prétend qu'elle leur servait de refuge à l'époque où nos contrées ont été si fréquemment le théâtre de la guerre.

Quelques-uns de nos historiens assurent que nos premiers évêques faisaient leur résidence dans une maison, petite rue Saint-Martin, appartenant aujourd'hui à M. Chary ; d'autres, au contraire, affirment que ce fut en cet endroit que les Ursulines fondèrent leur premier établissement. Lesquels croire ? Quoi qu'il en soit, cette maison, occupée il y a près de 50 ans, par M. Villemain, maître de pension, offrait alors par ses constructions, à l'intérieur, tout ce qui révèle une habitation monastique.

Ne pouvant donner de renseignemens sur chacune des anciennes maisons, dont l'énumération serait trop longue pour le cadre que nous avons adopté, nous allons indiquer, dans le tableau ci-après, les numéros de celles qui, sous les rapports d'art et de singularité, offrent quelque chose de particulier et de remarquable.

Tableau indicatif des Maisons construites en bois, *dont les façades présentent des caractères de l'ancienne architecture.*

INDICATIONS des PLACES ET RUES.	MAISONS.	
	Numéros anciens.	Numéros nouveaux.
Belle-Image (de la)	1643 et 1644........	2.
Chariot-d'Or (du)........	331..............	21.
Châtel (du)............	1635, 1626, 1996, 2017	24, 26, 19, 11.
Curé (du)..............	448 , 449..........	25, 23.
Ecole-de-Chant (de l').....	1862..............	1 et 3.
Ecu (de l')............	25, 34, 347, 356, 568.	24, 34, 47, 49, 25, 21.
Jacobins (des)...........	710, 712, 719.......	2, 8, 14.
Jeanne-Hachette (de)......	770, 775	14, 24.
Lion-Rampant (du)	1218..............	3.
Maures (des)...........	364, 365...........	7 et 5.
Moulin-à-l'Huile (du)......	184, 186, 186, 187...	20 et 22.
Place de l'Hôtel-de-Ville...	615, 617, 2370......	11, 9, 77.
Place du Marché-au-Poisson.	648	12.
Poivre-Bouilli (du).......	1153..............	24.
Prêtres (des)	57................	31.
Sachet (du)............	625..............	7.
Saint-Jean..............	2063, 2193, 2312, 2360	8, 52, 69, 19.
Saint-Laurent (grande rue).	1364, 1368, 1374, 1577	130, 27, 35.
Saint-Martin (grande rue)..	1262.............	26.
Saint-Martin (petite rue)...	1488, 1546, 1558, 1559, 1563.......	32, 39, 11, 9, 3.
Saint-Pantaléon	1982, 1987..........	21, 11.
Saint-Pierre.............	1938, 1940..........	13, 9.
Place Saint-Pierre	1922..............	23.
Saint-Sauveur.	1425..............	21.
Saint-Thomas	208, 211, 263.......	4, 10, 37.
Sainte-Véronique	1867, 1868	8, 10.
Taillerie (de la)..........	2019, 2020, 2021, 2023	2, 4, 6, 10.
Tanneurs (des)...........	702..............	17.
Trois-Cailles (des)	1325, 1326	23 et 21.

Population. — La population de la ville de Beauvais et de ses faubourgs éprouve un peu de variété à chaque recensement ; nous en présentons l'état pour les trois dernières années.

SEXES.	ANNÉES		
	1843.	1844.	1845.
Sexe masculin.			
Hommes mariés..............	2,626	2,669	2,713
Veufs.....................	211	229	247
Garçons....................	2,755	2,879	3,004
	5,592	5,576	5,964
Sexe féminin.			
Femmes mariées..............	2,684	2,760	2,837
Veuves....................	730	755	780
Filles	3,259	3,325	3,392
	6,673	6,840	3,392
TOTAUX..........	12,265	12,617	12,975

Ponts. — On remarque à Beauvais une multitude de ponts, que nécessitent les différens cours d'eau qui existaient avant 1400, et dont nous croyons utile d'indiquer la situation actuelle.

1º Le *pont de la Porte-de-Paris*, autrefois immense croissant détruit vers 1800, est remplacé par celui qui existe de nos jours.

2º Le *pont de Lignières*, donnant de la rue Saint-Antoine à celle du Lion-Rampant, qui tire son nom de *Jean de Lignières*, qui se signala en 1433 pour la défense de sa ville.

3º Le pont *Saint-André*, qui se trouvait au placeau Saint-André, près la rue Fournotte, vis-à-vis la rue des Jacobins.

4º Le pont dit *Mouquet*, en-deçà de la porte de Bresles ; c'est celui qui existe encore.

5º Le pont dit de la *Porte-de-Pierre*, qui menait au lieudit le Déloir, près de la porte Limaçon.

6º Le pont *Pinard*, qui sert de séparation à la rue du Chariot-d'Or et à celle Saint-Thomas. Il existe toujours sous cette dénomination, dont l'origine nous est inconnue.

7° Le pont *Huc*, qui mène de la petite rue Saint-Martin à l'Hôtel-Dieu, et qu'on nomme à présent pont *Huc-le-Lièvre*; on l'appelait plus ordinairement pont aux Chats.

8° Le pont *Saint-Jean*, qui existait avant le quinzième siècle, détruit ensuite, reconstruit sur le même emplacement.

9° Le petit pont, dit *du Bout-de-la-Chaussée*, près du *Pont-Notre-Dame*. Ces deux ponts sont situés depuis la poterne Sainte-Marguerite jusqu'à celle de Saint-Louis.

10° Le pont de la *Porte-du-Chastel*, situé près de l'ancien *Gloria-Laus* et de la rue Beauregard.

11° Le pont de *Porte-Dorée*, qui donne communication avec les rues Bat-Fesses, du Four-Saint-Pierre, et à l'abreuvoir Sainte-Marguerite.

12° Le pont qui existe entre la rue du Pont-Godard et celle du Papillon.

13° Le *Pont-Airier*, démoli vers le quinzième siècle, et remplacé par celui sur lequel existe le bureau d'octroi faisant face à la rue des Jacobins.

14° Le pont *Macaire* ou *Marlo*, situé au bout de la rue du Poivre-Bouilli, tenant à celle des Trois-Cailles.

15° Le pont *Sainte-Marguerite*, donnant vis-à-vis le chemin dit de Basset.

16° Le pont de la *Frette*, dit *d'Amour*, pour la communication de la rue Saint-Jean à la place Saint-Michel et à la rue du Théâtre.

17° Le pont *Saint-Sauveur*, entre la rue du Lion-Rampant et celle des Tanneurs.

18° Le pont des *Morts* (ou d'Hubert), appelé actuellement *Pont-des-Annettes*, tenant à la rue de ce nom.

19° Il y a aussi un pont pour entrer de la rue du Boisseau à celle des Maures.

20° Le pont en fer de la *Poterne-Saint-Louis*, nouvellement reconstruit en face de la rue du Théâtre.

21° Le pont *Saint-Laurent*, dans la rue de ce nom, donnant communication entre la petite rue Saint-Laurent et la ruelle des Gadoues.

22° Le pont de *l'Hostellerie*, hors la ville, qui menait les lavasses au lieudit la Croix-Liégat, actuellement pont de la *Porte-d'Amiens*.

23° Le pont dit de la *Tour-de-Croux*, qui se trouvait non loin de la rue aux Clercs, démoli en même tems que cette rue, a été rétabli avec une grille de fer.

24° Le pont *Godart*, qui se trouve à la sortie de la rue du Bras-d'Or.

25° Le pont *aux Choux*, donnant sur le boulevard.

Indépendamment de ces ponts, on a récemment supprimé celui de la rue Sellette, conduisant à celle des Minimes, et celui aussi qui existait à l'entrée de la rue Saint-Gilles, au coin de la place du Théâtre.

Egoûts. — L'on sait qu'il y avait autrefois à Beauvais, du tems des fortifications, différens canaux ou conduits pratiqués sous les murailles, pour faciliter l'écoulement des eaux dont la stagnation corrompait l'air, et causait de fréquentes maladies. Ces égoûts disparurent fort heureusement avec les remparts, sauf celui de la Porte-Paris, jugé nécessaire par l'administration, qui a d'ailleurs pris de sages précautions pour éviter les dangers.

Pavage. — Nous devons reconnaître que la même administration a adopté un bon système pour le pavage des rues, en établissant successivement des chaussées bombées; mais il est à regretter que l'insuffisance de fonds ne permette pas d'achever celles commencées. En général, les réparations du pavage se font avec plus de soin depuis quelques années.

Eclairage. — Nous conviendrons aussi que l'éclairage actuel est de beaucoup préférable à l'ancien; toutefois, il serait à désirer qu'il se fît *toute la nuit.* Mais l'administration ayant l'intention de recourir prochainement au gaz, nous devons espérer que, dans l'intérêt des citoyens, elle traitera, nous ne pouvons en douter, de manière à satisfaire les habitans. C'est une amélioration qui est vivement désirée.

Etendue du territoire. — Le territoire de Beauvais, qui a peu d'étendue, renferme, tant en terres labourables que prés, bois, vignes, aires, marais, friches, bâtimens, cours, jardins, chemins et rivières, 756 hectares.

Nature du sol. — Les terres sont fortes, remplies de silex, de marne et de pierres calcaires, qui approchent du terrain crétacé supérieur; les bas-fonds sont composés d'argile, de sable et de craie.

Les productions en grains sont abondantes et de bonne qualité; mais les fourrages y sont médiocres.

Carrières. — Différentes carrières existent dans les environs de Beauvais, notamment celle dite de *Saint-Jean;* la pierre qui en est extraite est généralement tendre, et peu employée à cause de la faible résistance qu'elle oppose aux intempéries des saisons; toutefois, on cite la cathédrale de Beauvais comme étant construite avec des pierres provenant de la carrière de *Bongenoult,* carrière qui, d'après une version très équivoque, a mérité le nom de carrière de *Saint-Pierre,* ce qui ne s'accorde nullement avec les notes authentiques rapportées dans l'intéressant ouvrage de M. *Woillez,* où il est démontré que l'*église Saint-Pierre* a été bâtie en pierres de *Saint-Leu,* près de Senlis.

Bois. — On voit peu de bois sur le territoire de Beauvais, depuis qu'on a défriché le beau taillis nommé le *Bois-Quéquet,* près de l'ancienne route de Pontoise, et qui offrait une promenade fort agréable aux habitans de cette ville.

Vignes. — La culture de la vigne, autrefois assez importante, est, pour ainsi dire, abandonnée aujourd'hui, et chaque année il s'en détruit beaucoup. Les vignes qui entourent Beauvais appartiennent à de petits propriétaires qui les soignent eux-mêmes; elles sont d'un faible produit : le vin en est peu recherché. Cependant, les parties de vignes les mieux situées en produisent de passable, et un certain nombre de citadins en font un usage habituel. Il ne s'en exporte presque pas. Toutefois, *Simon*, ancien maire de Beauvais, dans son supplément à l'histoire de cette ville, imprimée en 1704, assure qu'en 1693 on vint de Reims acheter tout le vin de la récolte de 1691. On en a aussi beaucoup transporté, en 1805, au camp de Boulogne, et en 1814, toute la contrée d'Amiens enlevait le vin de Beauvais, parce que l'orge était à si haut prix, que le vin, à cette époque, revenait à meilleur marché que la bière.

Cidre. — Le territoire est peu garni d'arbres fruitiers à cidre, et celui qu'on récolte est d'une qualité médiocre.

Les terrains qui rapportent le plus sont ceux qu'on appelle les *aires* ou jardins légumiers, situés à l'est de la ville, entre la route de Paris et celle de Clermont; ils sont cultivés par un grand nombre de propriétaires ou locataires. Ces terres fécondes, qui sont d'ailleurs fortement fumées, produisent trois à quatre fois par an des légumes de toute espèce; mais il est reconnu que ces plantes, nées dans un terrain aqueux, ne sont pas toujours d'une qualité irréprochable.

Commerce et Industrie. — La ville de Beauvais a toujours été très commerçante, et l'on sait que de tems immémorial ce pays s'est adonné avec succès à la fabrication des étoffes de laine.

Cette branche d'industrie y était déjà très-active dès le douzième siècle. Nous avons remarqué dans l'histoire de la Picardie, qu'en novembre 1557, le roi Henri II fit écrire au maire de Beauvais, par M. de Villebon, son lieutenant-général, pour savoir si les drapiers de cette ville pouvaient fournir tous les draps nécessaires à l'habillement de ses troupes, qui étaient alors campées près d'Amiens.

M. *François d'Auvergne*, maire, fit réponse à Sa Majesté, le 10 décembre suivant, que les drapiers étaient prêts à livrer, sur échantillons, au prix de *trente-cinq sous l'aune*, et encore à moindre prix, ajoutant que la *marchandise serait loyale*.

Mais cette florissante et principale branche de commerce a considérablement perdu de sa splendeur depuis 1790, époque où l'on comptait, dans Beauvais seulement, près de mille petits fabricans d'étoffes de laine (1).

Il se confectionnait annuellement à Beauvais plus de 25,000 pièces d'étoffes, de diverses qualités et largeurs, connues sous la dénomination d'espagnolette, ratine, molleton, sommière et vestipoline. Beauvais était en outre le centre où venait aboutir le commerce de tous les environs. Les fabricans de Glatigny, d'Hanvoile, de Blicourt, de Tricot, de Sarcus et autres communes, y venaient régulièrement vendre leurs étoffes, le samedi de chaque semaine; ceux des villes d'Aumale et Mouy (qui depuis sont eux-mêmes devenus d'importans manufacturiers), y apportaient également alors le produit de leurs modestes usines.

---

(1) La vente de ce genre d'étoffes se faisait particulièrement dans un local attenant à l'hôtel-de-ville, nommé bureau des marchands. Ce bureau, qui existe toujours, a été transféré rue de l'Ecu, dans un des bâtimens de l'ancienne gendarmerie. Il sert de dépôt pour de semblables étoffes que font encore quelques fabricans de la ville et des environs.

Toutes les étoffes de ces pays, comme celles de Beauvais, étaient achetées par le haut commerce de cette ville : elles subissaient d'abord divers apprêts, pour les rendre plus apparentes, et étaient expédiées ensuite en différentes contrées de la France, particulièrement en Normandie.

Telle a été la situation prospère du commerce en lainage de Beauvais, lequel utilisait une quantité de bras demeurés long-tems inoccupés.

Fort heureusement pour cette cité, spécialement industrielle, d'autres établissemens d'une grande importance, favorisés par les eaux qui circulent dans la ville, se sont successivement élevés : une première manufacture de draps, établie en 1810, au faubourg Saint-Quentin, dont elle orne et pare l'entrée, est de toutes la plus considérable. Elle occupe un nombre immense d'ouvriers : tout ce qui concerne la fabrication, depuis la filature de la laine jusqu'à la confection et l'apprêt du drap, est exécuté par des mécaniques qui ont l'eau pour unique moteur. Les draps qui s'y font se rapprochent beaucoup, pour la qualité, de ceux des fabriques d'Elbeuf et de Louviers. Les produits de cette manufacture sont particulièrement achetés par le gouvernement pour l'habillement des troupes.

Plusieurs autres, sur une échelle moins étendue, exploitent cette même industrie, avec un succès également satisfaisant.

Indépendamment de ces manufactures, il existe trois fabriques de couvertures, dont l'une, nouvellement construite près de la porte Saint-Jean, est remarquable par sa grande étendue et la disposition des ateliers.

On y trouve aussi cinq filatures de laine, des établissemens d'apprêteurs, de friseurs, tondeurs, lanneurs et blanchisseurs de draps, ainsi que deux teintureries qui sont généralement estimées.

Ces divers établissemens comptent un très-grand nombre d'ouvriers, hommes, femmes et enfans, tant de la ville que des environs.

Beauvais possédait naguère des manufactures de toiles peintes, qui, dès l'année 1765, s'y montraient dans toute leur prospérité, particulièrement de 1786 à 1806 ; mais ce genre d'industrie, qui occupait une grande population, a progressivement cessé depuis cette dernière époque. La plus apparente et aussi la plus vaste était celle établie dans l'ancienne abbaye de Saint-Quentin, où sont à présent l'hôtel et les bureaux de la préfecture. De nos jours, ces établissemens se trouvent en quelque sorte remplacés par les *impressions sur étoffes de laine*, d'une parfaite exécution, dont les produits, infiniment variés, offrent les résultats les plus curieux.

Il y avait en 1769, dans la rue Saint-Laurent, une fabrique de rubans, qui n'a existé que quelques années. Elle avait été établie par M. Fournier, frère de M. Fournier, maire en 1783.

Deux blanchisseries de toiles, très-renommées, et d'une importance majeure, situées l'une au faubourg Saint-Jacques, l'autre près de la porte de Gournay, sont encore des établissemens fort remarquables.

La fabrication des tapis de pieds, qui était en pleine activité à Beauvais, en 1788, et que des circonstances fâcheuses ont fait cesser plusieurs fois depuis cette époque, a été reprise activement, en 1845, par les frères *Testard*, déjà possesseurs d'une importante fabrique de couvertures.

Beauvais possède deux *imprimeries en caractères :* la plus ancienne, qui est la plus considérable, est celle où s'imprime le *Journal de l'Oise*, qui paraît deux fois par semaine. Il s'y trouve une fonderie de stéréotypie, établissement fort curieux, qu'on rencontre rarement en province. La deuxième imprimerie, quoique moins importante, est chargée des impressions de la préfecture. Elle est pourvue d'une imprimerie lithographique.

Ce fut en 1614 qu'on établit une première imprimerie à Beauvais. *Philippe Leclerc*, principal du collége, en fit les frais. Dès l'année 1618, on y imprimait un Missel, sous la direction de Jean de Chambly (1).

On trouve aussi à Beauvais quatre imprimeurs lithographes et six libraires.

Un nouvel établissement, d'une assez grande importance, vient de se former à Beauvais, rue Saint-Jean : c'est une fabrique de savon, dont la qualité paraît égaler celle du savon de Marseille.

Une fonderie de poids de fonte vient aussi de s'élever au faubourg Gaillon ; les poids qui en sortent sont très-bien exécutés.

De dix *tanneries* qui existaient autrefois à Beauvais, il ne reste plus que deux établissemens de ce genre, dont un, il est vrai, a pris une grande extension.

Beauvais renferme deux *brasseries*, dont l'une est remarquable par l'étendue et la commodité de ses dépendances.

La *boucherie* y est considérable, et l'on peut dire, d'après l'ancien proverbe, que les *bons moutons de Beauvais*, si renommés, y sont toujours très en vogue et fort recherchés.

Indépendamment de ces établissemens, une concurrence se fait remarquer dans toutes les autres branches de commerce : on compte plus de 60 épiciers, dont plusieurs font le commerce en gros ; beaucoup de marchands de fers et de quincaillerie ; de beaux magasins de mercerie, de draps, d'horlogerie et d'orfévrerie, de bonneterie, de toile et de nouveautés, etc.

Les cafés, et particulièrement ceux situés sur la grande place, qui y sont en grand nombre, rivalisent de luxe avec ceux de Paris.

On compte, tant à Beauvais que dans les faubourgs, 8 moulins à eau, dont 6 à blé, et 2 à tan. Les plus remarquables sont : celui de la Porte-Paris, qui embellit l'entrée de la ville, et celui situé au Cours-Scellier, dont la superbe construction et l'élévation excitent la curiosité générale.

Il a été apporté aussi, depuis quelques années, des changemens notables dans la tenue des hôtelleries. On distingue surtout l'élégance des hôtels d'*Angleterre*, du *Cygne* et de l'*Ecu* ; d'autres hôtels secondaires sont aussi bien tenus, tels que ceux du *Commerce*, du *Nord*, des *Trois-Piliers*, etc.

---

(1) En 1640, cette imprimerie appartenait à Michel *Courtois*, imprimeur de l'évêché. Nous possédons un exemplaire bien conservé, sorti de ses presses en 1644, d'un ouvrage ayant pour titre : Histoire des saintes princesses *Maur* et *Brigide*, sœurs jumelles, martyrisées à Balagny, et transportées à Nogent-les-Vierges, près Senlis. Ce qui ajoute au mérite de cet ouvrage, qui a plus de deux cents ans de date, c'est qu'il est orné de deux belles gravures en taille douce, représentant les saintes princesses.

Manufacture royale des tapisseries. — Avant l'établissement de cette manufacture, fondée en 1664, ce qu'on appelait *tapisseries* n'était que des broderies faites à l'aiguille sur des canevas ou sur des étoffes unies, et assez semblables à la belle broderie exécutée par la reine Maltide, que l'on a vue au Musée de Paris, laquelle, en 1815, fut restituée à la ville de *Bayeux*, où elle avait été conservée depuis Guillaume-le-Conquérant, dont elle représente la fameuse expédition.

C'est sous les règnes de François 1ᵉʳ et de Henri II qu'on a vu naître plusieurs manufactures dans le genre de celle de Beauvais, et c'est sous celui de Henri IV que fut établie celle de *Chaillot*, sous la protection de Marie de Médicis ; mais ces établissemens furent réunis à la manufacture des *Gobelins*, fondée en 1667 par Louis XIV, pour l'exécution des tapisseries de haute-lisse. On admire celles de cette époque que l'on voit dans l'église de Saint-Pierre de Beauvais ; elles représentent en partie les actes des Apôtres.

La manufacture royale de Beauvais, plus ancienne de trois ans que celle des Gobelins, et que nos rois ont toujours protégée, se distingue par l'exécution et la diversité de ses tapis, que l'on remarque à chaque exposition. Les meubles destinés aux châteaux royaux offrent beaucoup d'intérêt. Rien de beau surtout comme ces petits paysages, d'une finesse telle, qu'on les prendrait, au toucher, pour de la peinture. On est étonné que les artistes soient parvenus à donner tant de fraîcheur, de coloris, de délicatesse aux feuilles des arbres, à rendre les fonds et les figures avec une aussi grande perfection.

Nous nous plaisons à dire que ces travaux, que nous avons eu l'occasion d'admirer plusieurs fois, font honneur aux nombreux artistes de cette manufacture, digne en tout du souverain qui la protège et l'encourage de sa royale munificence. Voltaire, dans son chapitre XX du Siècle de Louis XIV, fait un éloge mérité de cet établissement, fort précieux pour la ville de Beauvais, et qui jouit, à juste titre, d'une grande célébrité.

La façade de cette manufacture, et les bâtimens intérieurs nouvellement restaurés, offrent un aspect de grandeur qui répond à sa destination. (*Voyez*, pour plus amples détails sur ce bel établissement, l'intéressante notice publiée, en 1834, par M. Dubos.)

Foires et Marchés. — Il se tient à Beauvais un marché le samedi, pour la vente des grains et de toute espèce de marchandises. Il y avait autrefois un marché le mercredi, mais il a été supprimé à raison de son peu d'importance.

Charles V avait fondé, en 1360, deux foires, l'une à la mi-mai, et l'autre le 3 novembre. Des lettres-patentes de 1470 confirmèrent cette institution qui n'eut point d'effet. Mais Henri II étant à Beauvais, en 1555, y établit, par lettres-patentes du 24 novembre, un *franc-marché* qui fut fixé au premier samedi de chaque mois, et, en cas de fête, au samedi suivant. Ce marché, qui subsiste toujours, est ainsi nommé, parce que, dans l'origine, on y vendait certains objets avec exemption de droits. C'est actuellement une foire considérable, qui attire une nombreuse population des environs. On y vend beaucoup de chevaux et de bestiaux ; la laine et la toile forment une des branches importantes de ce franc-marché.

En 1783, le marché à la volaille, qui s'était tenu jusqu'alors sur la place de l'Hôtel-de-Ville, fut transféré à la place Saint-Michel. Depuis 1844, la vente du beurre et des œufs se fait, le samedi, sur la même place.

Une halle aux laines, située rue de l'Ecu et tenue par un peseur-juré as-sermenté, offre de grands avantages pour les commerçans et fabricans en lainage, qui, selon leurs besoins, y trouvent toujours des laines de di-verses qualités. Il est à regretter que les bâtimens de cette halle ne soient pas plus vastes et mieux appropriés à sa destination.

Poissonnerie. — Il arrive et il se vend presque tous les jours à Beau-vais, de la marée de Dieppe, de Boulogne et de Tréport; mais on remarque que depuis l'établissement du chemin de fer de Rouen, les envois de Dieppe pour Beauvais sont bien moins fréquens, ce qui fait payer fort cher le poisson, lorsqu'il n'en vient que du Tréport.

Abattoir. — Il manque à Beauvais, souvent infecté dans les grandes chaleurs, un abattoir : ce précieux établissement, si universellement de-mandé, en détruisant les tueries particulières, trop nombreuses dans son intérieur, assainirait la ville. Nous sommes heureux de faire connaître que l'administration municipale s'occupe des moyens de réaliser, à cet égard, le vœu général, et de la construction d'une halle aux grains si vivement désirée.

Mœurs et anciens usages. — Beauvais est trop voisin de la ca-pitale pour que les mœurs y aient une originalité bien prononcée. Dès l'an-tiquité la plus reculée, les habitans de cette ville ont été renommés par leur courage et leur bravoure. César, dans ses Commentaires, leur rend cet hom-mage. Beauvais a toujours passé pour une ville de bienfaisance et de charité. Les habitans sont persévérans, circonspects et très-laborieux; ils ont l'ima-gination vive, le goût du travail et de l'industrie, de l'aptitude pour le com-merce et une fidélité scrupuleuse à tenir leurs engagemens.

La population est généralement attachée aux principes de la religion; les femmes, dont les mœurs sont douces, en suivent plus particulièrement les pratiques, et n'en sont pas moins bonnes ménagères. L'instruction est con-venablement répandue dans les rangs de la classe ouvrière, où il règne une grande simplicité dans la manière de vivre, beaucoup d'ordre et d'économie, et une probité sévère. Ces vertus réelles doivent facilement faire pardonner les habitudes de médisance que quelques auteurs reprochent aux habitans, sans doute parce qu'ils y ont eux-mêmes donné prise. L'on peut dire que les mœurs se sont sensiblement améliorées, à Beauvais, depuis que l'indus-trie, et l'aisance qui en est la suite, y ont fait des progrès; on pourra en juger par les *anciens usages* qui y existaient, et dont nous allons rappeler les principaux.

La *fête de l'âne*, d'origine étrangère, qui date du neuvième siècle, fête fort peu édifiante et très-ridicule, se célébrait autrefois à Beauvais le jour de la Circoncision, pour représenter la Vierge Marie, fuyant en Egypte avec l'enfant Jésus. Les habitans choisissaient une des plus belles filles de la ville, portant un jeune enfant sur son sein, et montée sur un âne enharnaché ri-chement; elle était conduite, accompagnée du clergé et du peuple, de l'église cathédrale à la paroisse Saint-Etienne : cette procession se faisait avec la plus grande pompe. A l'arrivée du cortége, la jeune fille, admise dans le sanctuaire, était placée avec l'âne près de l'autel; ensuite la messe so-lennelle commençait : l'*Introït*, le *Kyrie*, le *Gloria*, le *Credo*, se terminaient par ces mots répétés par la multitude : hi han, hi han. On entonnait alors une ode latine, composée pour cette cérémonie, que les chanoines et le peuple chantaient dans un chœur général, en imitant le cri de l'âne. Voici la traduction de la première strophe du chant latin :

> Des contrées de l'Orient,
> Un âne est arrivé,
> Beau, très-fort, et très-propre à porter les fardeaux,
> Eh, eh sir l'âne, chantez;
> Belle bouche rechignez,
> Vous aurez du foin assez;
> Belle bouche rechignez,
> Vous aurez du foin assez,
> Et de l'avoine à planter.

Il est regrettable et honteux d'avoir à rappeler les détails d'une fête aussi immorale; mais comme le dit M. *Edouard Delafontaine*, dans son Histoire religieuse de Beauvais, ce qui paraît le plus surprenant, c'est que les rubriques des missels concernant cette fête, contenaient ces mots : « A la fin de la messe, le prêtre tourné vers le peuple, à l'*Ite missa est*, criera trois fois : *hi han, hi han, hi han*, et le peuple répondra, au *Deo gratias*, hi han, hi han, hi han.

Le progrès des lumières a heureusement fait cesser cette grotesque saturnale, sur laquelle M. *J. Corblet* a publié une Notice, qui se trouve dans le quatrième volume des Mémoires de la Société des Antiquaires de Picardie.

D'autres fêtes bizarres se célébraient également autrefois à Beauvais; nous allons rappeler les plus curieuses.

Le jour de l'Epiphanie, fête des rois, les trois rois étaient représentés, à Saint-Etienne, par trois valets qui tenaient en leurs mains de riches corbeilles.

A Pâques, fête solennelle, trois enfans de chœur, à matines, contrefaisaient les trois Maries.

A la Pentecôte, pendant la célébration de la messe, lorsque le clergé et les assistans chantaient le *Veni Creator*, des étoupes enflammées étaient jetées dans la nef, et des oublies de diverses couleurs étaient lancées dans le chœur pour figurer les langues de feu qui descendaient sur les apôtres.

Le jour de la fête des *Innocens*, les chanoines cédaient la première place aux enfans de chœur, qui occupaient les hautes stalles et laissaient les basses à leurs maîtres.

A la Saint-Pierre, fête du saint sous l'invocation duquel se trouve notre cathédrale, des jongleurs étaient forcés de faire placer des musiciens dans le cloître de cette basilique, pour que l'office fût consacré avec plus d'éclat et majesté.

C'est vers la même époque que prit naissance le goût pour les représentations scéniques. Le clergé de Beauvais fut le premier qui voulut satisfaire ce désir. Les chanoines faisaient représenter sur la place de l'Hôtel-de-Ville, des mystères dont ils puisaient le sujet dans les actes des apôtres, la vie et la passion du christ, dans la Bible et la vie des saints ; mais ces drames n'inspirant pas toujours la joie, les chanoines s'adjoignirent des baladins ou jongleurs, qui entremêlaient la gaîté de leurs farces avec la tristesse des mystères. Nos anciens historiens de Beauvais ne nous ont conservé que le souvenir de ces ridicules représentations, sans en produire aucune preuve. Il y a à Beauvais un passage portant toujours le nom de rue des Jongleurs ; c'était probablement en cette rue que résidaient ces baladins.

Nous pourrions parler également d'un *gros pavé rond*, de couleur bleue ardoise, qui existait très-anciennement au milieu de la grande place, et qu'on prétend avoir été mis vers la fin du troisième siècle, pour indiquer l'endroit où *saint Firmin*, évêque d'Amiens, qui s'était rendu à Beauvais à l'époque du *martyre de saint Lucien*, fit une harangue dans laquelle il reprocha aux païens la part active qu'ils avaient prise au meurtre de ce ministre de Dieu ; mais comme rien n'atteste ce fait, nous dirons seulement qu'une ancienne tradition rapporte que le peuple venait, le lendemain des fêtes patronales, danser, boire et chanter autour de ce pavé, que nos anciens appelaient le *pas de saint Firmin*.

C'était une habitude aussi, lorsque les étalagistes sous échoppes n'étrennaient point, de les conduire au pavé de saint Firmin, qu'ils étaient obligés de baiser.

On sait que la prison où saint Firmin fut déposé, est le lieu où depuis fut construite l'église Saint-Etienne.

Nous nous dispenserons de rappeler le *feu de Saint-Jean*, les *mouillettes de noces*, les *repas des obsèques*, le *couvre-feu*, et autres anciens usages, que nous sommes heureux de ne plus posséder.

On ne comprend même pas que ces différens usages, qui avaient presque tous le caractère de l'immoralité, aient pu subsister pendant des siècles entiers dans notre ville, dont les habitans, et surtout les femmes, ont toujours passé pour avoir un grand fond de piété, qui s'annonce d'ailleurs par la douceur de leurs mœurs.

Cependant, sous le règne de Louis XI, dit *la Chronique de Monstrelet*, la toilette des femmes de Beauvais était fort indécente : leur luxe, ajoute ce même chroniqueur, égalait leur libertinage...

Jetons un voile sur ce passé auquel nous aimons à reconnaître plus d'exagération que d'exactitude et de sincérité, et avouons que, de notre époque, s'il y a du luxe chez les femmes, il est accompagné de goût et de décence ; que ce luxe de toilette est d'une exigence naturelle chez les dames aisées ; qu'il est même reconnu nécessaire et avantageux au commerce, tout en convenant qu'il est souvent exagéré dans les classes inférieures.

Climat et salubrité. — Depuis que, par suite de la démolition des remparts, les eaux qui se répandent autour de Beauvais ont pu, grâce aux soins d'une administration prévoyante, prendre un cours rapide ; qu'elles ne sont plus stagnantes comme autrefois, entre les portes d'Amiens, de Bresles, de la poterne Saint-André et de la porte Paris, l'émanation putride qui en sortait ne menace plus la vie des habitans, et l'on peut dire que Beauvais, dans l'état présent, n'est pas, comme on le reconnaissait il y a une trentaine d'années, un séjour mal sain et à craindre. Il faut, en effet, que l'air y soit réellement pur, dégagé de toutes parties malfaisantes, puisque les habitans atteignent généralement une assez belle longévité sous notre climat tempéré. On y rencontre souvent un assez grand nombre de vieillards, et Beauvais compte même parmi ses nonogénaires une dame *Voymaut*, âgée de plus de 98 ans, n'ayant contre elle que la date de son baptistaire. Son mari est un ancien militaire. Il existe une autre dame, portant le nom de *Copé*, née Marc, âgée de 96 ans. Elle a conservé toutes ses facultés.

Toutefois, les mémoires sur cette ville font mention que la peste et la suette y exercèrent leurs ravages en 1623 et 1657 ; que cette dernière maladie surtout, à plusieurs époques, y laissa de bien cruels souvenirs. Le mémoire imprimé chez Desjardins, en 1750, et rédigé par Boyer, médecin du roi, fait connaître que la suette reparut pendant ladite année dans plusieurs contrées du Beauvaisis. Ce fut en cette mémorable calamité que M. de Gesvres, digne évêque du diocèse, fit preuve d'un zèle et d'un dévoûment extraordinaires et véritablement apostoliques, en quittant la cour pour venir résider à Beauvais, au milieu de ses ouailles, victimes de cette redoutable contagion, et pour se trouver plus à même de leur faire administrer les secours que leur position réclamait si impérieusement.

Les médecins envoyés à Beauvais par le gouvernement, avaient prescrit un traitement auquel la masse de la population refusait de se soumettre, et notamment à l'usage de la saignée au début de la maladie. M. de Gesvres, dévoué comme il l'était aux habitans de la commune, ne tarda point à gagner cette maladie ; mais il se conforma au traitement prescrit par les médecins, et fut guéri en fort peu de tems.

Il fut question encore dans ce même ouvrage de beaucoup de maladies fiévreuses qui régnèrent en 1658 et 1692, par suite des fréquentes inondations survenues pendant le cours de ces années, et qui, dans leur violence, emportèrent les ponts et les moulins des portes de Paris et de Saint-Jean. Plus de 3,000 personnes y moururent alors, en 1693 par la famine, et en 1732 par la maladie du poupre.

Lors de l'invasion du *cholera morbus*, en mars 1832, cette désastreuse épidémie, qui jusqu'au mois d'octobre exerça sa redoutable influence, a attaqué 204 individus de Beauvais, dont 163 ont succombé (1).

Antiquité de la ville. — Vers les derniers tems de la domination romaine, dans les Gaules, Beauvais, jusque-là nommé *Cæsaromagus*, prit un nom plus en rapport avec sa position topographique, celui de *Bellovaci*. Une suite de titres et de monumens historiques atteste que *Bellovaci* n'est autre que la ville de Beauvais. De nombreuses antiquités romaines trouvées en cette ville le démontrent suffisamment. Mais il se présente ici une question qui a beaucoup exercé la sagacité des géographes. César, dans ses Commentaires, désigne une ville *Bellovaci* où les Bellovaques se refugièrent à son approche, et donne à cette ville le nom de *Bratuspantium*. Il n'en est plus question ensuite, ni dans aucun auteur de l'époque, non plus que dans aucun monument de l'antiquité. Comme le nom de *Cæsaromagus*

---

(1) Cet inexplicable fléau, qui dura plus de six mois dans le département de l'Oise, s'étendit sur 301 communes, atteignit 7,878 personnes et en fit périr 3,409. (*Ephémérides de 1832.*)

avait pu être substitué à celui de *Bratuspantium*, Samson, Adrien de Valois et Scaliger, n'hésitent pas à considérer *Bratuspantium* comme la même ville que *Cæsaromagus*; et d'Anville, dans sa carte de la Gaule, au tems de César, publiée en 1745, partage l'opinion de ces savans.

Cependant d'Anville changea d'opinion après avoir assisté à la lecture d'une dissertation de M. Bonamy, qui place *Bratuspantium* dans la paroisse de Vendeuil, à 1 kilomètre de Breteuil. Il paraît aujourd'hui bien démontré que *Cæsaromagus* est la même ville que *Bratuspantium*, qui, devenue ville romaine, avait quitté son nom gaulois pour prendre celui de César son vainqueur. Il faut donc en revenir à l'opinion de Samson et de Valois, trop légèrement abandonnée. (Walcknaer, Géographie des Gaules, partie II, chapitre 4.)

D'autres auteurs, tels que Loisel, Simon et Cambry, ne sont pas d'accord non plus sur ce point. Quoiqu'il en soit, et sans rien préjuger contre ces diverses opinions, sur l'époque de la fondation de cette ville, et malgré tout ce qui a été écrit depuis le seizième siècle, on peut dire que Beauvais est d'une haute antiquité, et de nombreux monumens ne permettent pas d'en douter.

Mais en admettant que Beauvais ait en effet porté le nom de *Cæsaromagus*, ce nom n'a pu convenablement appartenir qu'à la partie de la ville communément appelée la *cité*, formée des grande et petite rues de la Frette, celle actuelle du Théâtre jusqu'à celle du Petit-Thérain, et de cette dernière à la rue Sainte-Marguerite, jusqu'à celle dite du Limaçon, actuellement de Gournay.

On assure qu'il y avait seulement deux entrées dans la *cité* : l'une pratiquée dans la muraille du sud-est, précisément au lieu où existait encore, il y a très-peu de tems, l'arcade nommée le *Gloria-Laus*, qu'on appelait autrefois la porte du Châtel; l'autre se trouvait entre l'ancien évêché et l'église de Notre-Dame-du-Châtel.

D'après les mémoires sur le Beauvaisis, par Loisel, les fortifications furent élevées la dernière année du règne de Néron; ce qui paraît d'ailleurs se rapporter aux dates généralement admises à l'égard de la fondation de beaucoup d'anciennes forteresses.

En fouillant, au dix-septième siècle, pour établir les fondations de l'hôtel de la Châtellenie, qui est la première maison, à droite, sur le côté ouest de la rue Saint-Pantaléon, on rencontra une pierre avec une inscription portant le nom de *Quintus-Cicéron*, l'un des bienfaiteurs de César dans les Gaules.

Ne pouvant remonter vers des tems plus reculés, dont les documens manquent entièrement (les limites de cet ouvrage nous forçant d'ailleurs d'abréger nos récits), nous citerons seulement les principales découvertes qui nous ont paru authentiquement constatées depuis le seizième siècle, et dont plusieurs sont rapportées dans l'intéressante Notice archéologique de M. Graves.

Le 22 mars 1563, la ville fit marché avec le sieur Dubuisson, pour les pierres trouvées dans son héritage près du Mont-Capron, sis entre la porte d'Amiens et la porte de Bresles; elle en prit douze cents pieds à vingt deniers tournois le pied : ces pierres servirent à la construction du pont dormant de l'Hôtel-Dieu, et de quelques autres édifices.

Dans le mois d'août 1636, lorsqu'on commença à travailler à un fort sur le Mont-Capron, on découvrit les vestiges d'un temple dédié à Bacchus, édifice qui était d'une étendue considérable. On y rencontra des colonnes, des tronçons, des claveaux, des impostes, des frises chargées de pampres, de feuillages, d'arabesques et d'amours.

En 1659, d'autres intéressans débris furent encore recueillis au même endroit, lorsqu'on y pratiqua de nouvelles fouilles.

En 1660, en creusant près du palais épiscopal, on trouva, dans l'ancien séminaire, une pierre sculptée d'une grande dimension, offrant des principes d'une admirable architecture.

En 1696, les fouilles faites pour établir le cloître des Ursulines, firent découvrir beaucoup de vestiges de constructions très-anciennes, des creusets et des tuyaux en grès des fabriques de Savignies, propres à couler des métaux : la disposition de certains fourneaux qui y existaient aussi, fit naître cette idée qu'un hôtel des monnaies, à des époques déjà assez éloignées de notre siècle, avait été établi en cet endroit.

En 1752, lorsqu'on jeta les fondemens de l'hôtel-de-ville, on a découvert des fragmens d'un monument élevé en l'honneur de l'empereur Adrien, et beaucoup de médailles de ce prince.

En 1765, de nouvelles fouilles faites près des ruines du Mont-Capron, firent encore découvrir des tombeaux magnifiquement ornés.

En 1795, au faubourg Gaillon, dans une pièce de vigne aboutissant sur la route de Calais et se prolongeant jusqu'à la rue Verte, des ouvriers, en provignant ce terrain, trouvèrent, à peu de profondeur, trois tombes en pierre, couvertes de leur dalle et à très-peu de distance l'une de l'autre ; chacune de ces tombes contenait des ossemens humains d'individus de différens sexes et âges.

Ces objets attirèrent pendant quelque tems une multitude de curieux ; mais cette précieuse découverte n'eut aucun résultat satisfaisant pour l'archéologie, complètement négligée à cette époque. Quelques années plus tard, M. Cambry, premier préfet de l'Oise, aurait su faire tourner à l'avantage des arts et à celui de notre ville cette conquête sur les siècles écoulés.

Depuis lors, beaucoup d'autres démolitions faites, en différens tems, sur les remparts et près du quartier de l'ancien évêché, ont fait découvrir, à trois mètres de profondeur, des monumens dont le style se reportait à celui en vogue sous la race de nos premiers rois. L'ancien beffroi de la cathédrale, détruit en 1790, qui était assis sur un massif romain, débris d'une tour élevée lors du passage de Posthume dans les Gaules, pour aller soumettre les Pictes ou Bretons qui cherchaient à se soustraire au joug des empereurs romains ; l'ancienne église de la Basse-OEuvre, autrefois temple des païens, remarquable par ses arcades à plein-cintre, par des statues rongées par l'action du tems, dont la nudité absolue ne pouvait appartenir qu'aux jours du paganisme ; enfin, des médailles de Posthume, trouvées dans les fondemens des murailles, avec cette inscription : *Restitutori Galliæ*, tout atteste que Beauvais fut possédé par les Romains.

En 1820, lorsqu'on fora le puits artésien de la maison de justice attenant à l'ancien évêché, on rencontra, à trois mètres de profondeur, un carrelage en pierre de liais dure, implanté dans une couche de ciment qui reposait sur un lit de briques de dix centimètres d'épaisseur; on remarquait au milieu un égoût formé de pierres larges, destiné à la conduite des eaux, ce qui a fait reconnaître que la superficie du sol existait alors à ce niveau.

Un débris de l'ancienne église Saint-Gilles fut découvert, en 1822, lors du redressement du lit de la rivière du Thérain, derrière la caserne du Grand-Quartier. Son examen a donné lieu de penser que ce monument appartenait à l'architecture romaine.

En 1836, lorsqu'on procéda à la démolition des maisons du marché au poisson, pour élargir la grande route, on trouva aussi, à près de trois mètres du sol, un pavage construit en grès.

En mars 1839, un affaissement subit du sol eut lieu non loin de la porte de Bresles, dans une vigne bordant la route de Saint-Just-en-Chaussée. Un arbre très-élevé disparut entièrement dans cette excavation, où les fouilles ont fait découvrir des traces d'un édifice romain, à ce qu'on prétend, d'une étendue considérable.

En 1843, le 21 avril, il a été trouvé, en démolissant les remparts Saint-Nicolas, derrière la maison n° 1820 de la rue Saint-Nicolas, une *burette d'airain* et une grande *clé d'airain*. Ces deux objets ont été déposés au Musée archéologique de Beauvais.

C'est ici le cas de parler d'un autre souterrain fort remarquable, qui existe sous les bâtimens de l'ancienne cour d'assises, au nord-ouest du cloître de la Basse-OEuvre.

M. le docteur Daniel, membre du comité archéologique de Beauvais, qui, en 1844, a visité ce souterrain avec une scrupuleuse attention, fait connaître, dans l'intéressante notice qu'il a rédigée à ce sujet, que cette antique construction a la forme d'un carré légèrement allongé, contenant des cellules séparées, à droite et à gauche, par une allée ayant une longueur de quinze mètres, dont la voûte à plein-cintre est distante du sol de 2 mètres 50 centimètres.

Il ajoute que l'on compte dans l'enceinte de cette curieuse crypte, treize cellules régulières : six du côté de l'escalier, dont l'entrée en figure une, et sept du côté opposé. La largeur de chaque cellule et de 1 mètre 65 centimètres, la profondeur de 3 mètres 35 centimètres, et l'élévation de 1 mètre 90 centimètres. On n'y aperçoit aucune apparence de gonds de fermeture.

A l'endroit où la voûte répond aux cellules du milieu des deux séries, on remarque deux nervures saillantes à cinq faces, et disposées en croix grecque ou formant X.

Toute cette construction, dont la date n'est point connue, mais qu'on peut croire fort ancienne, est dans un état de parfaite conservation. On y a découvert quelques fragmens, de formes diverses, de pierres sculptées, qui paraissent avoir appartenu à des fûts de colonnes, débris d'un plus ancien édifice.

Rien n'annonce dans cette crypte, qui était dans la juridiction du chapitre de la cathédrale, qu'elle ait été construite pour servir de refuge à des êtres vivans; mais M. le docteur Daniel pense qu'il n'est point impossible qu'elle ait servi de retraite, pendant les invasions dont Beauvais a été le théâtre, à des personnages désireux de mettre leur vie à l'abri du danger ; que, d'un autre côté, ce souterrain autoriserait plutôt à croire à l'existence d'un ancien sépulcre commun qu'à celle d'une église, du tems des persécutions, dont aucun vestige ne révèle ni justifie la présence.

Cet exposé nous donne lieu de faire ces réflexions : Quels sont les personnages qui avaient droit sur cette demeure privilégiée ? Que s'est-il passé dans ce réduit tout mystérieux ?... Personne ne saurait le dire.

Le 14 juillet 1845, on a trouvé, près d'une tour enclose dans les murs nouvellement démolis de la rue Saint-Nicolas, un vase en verre blanc très-mince, en forme de cornet à dés ; une plaque de plomb sur laquelle se lit parfaitement les mots : François † Pinguet, échevin, 1594; une ardoise portant sur une face : l'an 1594, cette *rvine a esté reparée*, VINVM † ARGENTVM, sur l'autre face sont les armes de la ville, avec le millésime 1594; plus un denier tournois de Henri III.

Le 15 septembre 1845, en voûtant le ruisseau qui longe la rue du Théâtre, on découvrit encore, sous une pierre d'un petit pont qui couvrait ce cours d'eau, une plaque de plomb sur laquelle était une inscription indiquant que ce même pont fut construit en M.DCCLXI, sous le règne de Louis XV.

Ces différens objets ont été mis à la disposition du comité archéologique.

Mentionnons encore, comme objets qui se rattachent aux antiquités de Beauvais, les différens dons faits, en 1845, au Musée de cette ville, par plusieurs propriétaires :

1° D'une pierre tumulaire où se trouvent nommés cinq membres de la célèbre famille des *Loisel*, qui occupe une place si honorable dans les annales de notre ancienne cité. L'auteur de l'Histoire du Beauvaisis, Antoine Loisel, le plus illustre membre de cette famille distinguée, figure lui-même sur l'épitaphe, qui est entouré d'un élégant encadrement, et surmonté des armes de la famille Loisel.

2° De curieuses sculptures qui ont été ménagées lors de la démolition en 1845, de plusieurs maisons qui tenaient à l'ancien *Gloria-Laus*, sculptures dont le style et les ornemens rappelaient d'une manière digne d'intérêt l'architecture du moyen-âge et l'état de la ville de Beauvais où cette ancienne cité était fortifiée.

En 1846, M. Martin fils, rue des Annettes, membre du comité archéologique, a fait don au Musée de Beauvais, de 11 médailles romaines, dues à ses recherches et à ses explorations dans le cimetière de Beauvais, ainsi que d'autres objets fort curieux qu'il a trouvés lors de la démolition du rempart Saint-Nicolas. Il a aussi donné une gravure représentant tout l'ensemble de l'abbaye de Saint-Quentin, telle qu'elle était avant les diverses transformations qu'elle a subies depuis 1790, avec ses trois pavillons, sa belle et si regrettable église; et de plus un plan de la grande église abbatiale de Saint-Lucien, et une partie des bâtimens de cette grande abbaye, sur laquelle plane le souvenir du grand nom de *Bossuet*.

DES ÉGLISES ET ANCIENS ÉDIFICES RELIGIEUX.

Cathédrale de Beauvais. — Cette basilique, élevée avec autant de goût que de magnificence, par les évêques *Hervé*, *Roger* et leurs successeurs, fut incendiée en 1225. C'est à cette même époque que *Milet de Nanteuil*, assis sur la chaire épiscopale de Beauvais, entreprit de rebâtir, sur un plan beaucoup plus vaste, celle que nous voyons aujourd'hui. Elle fut reconstruite en 1272 ; mais comme on n'avait pas employé les moyens propres à en assurer la solidité, les voûtes du chœur et quelques piliers s'écroulèrent le 29 novembre 1284.

En 1338, l'évêque de Beauvais et son chapitre, voulant faire achever le chœur de cette remarquable cathédrale, choisirent *Enguerrand*, surnommé *le Riche*, architecte alors renommé, pour l'exécution des travaux qui furent commencés et continués avec ardeur pendant plusieurs années ; mais les guerres intestines qui désolèrent la France, et l'occupation d'une grande partie du territoire de Beauvais par les armées anglaises, interrompirent cette construction, qui ne fut reprise que le 21 mai de l'an 1500 Jean Vast, Beauvaisin, et Martin Chambiges, de Paris, tous deux architectes, furent chargés d'en diriger les travaux. Les sommes nécessaires à cette immense construction n'ayant pu être réalisées, on fut forcé d'en interrompre la construction et de faire clore, par un mur de refend qui s'élève jusqu'à la voûte, la partie de l'église qui est restée inachevée jusqu'à ce jour.

La façade principale, du côté de la place Saint-Pierre, d'une proportion colossale, présente, dans toute son étendue, tout ce que l'architecture gothique, quoique sur son déclin, peut offrir de plus riche et de plus élégant. Les deux piliers angulaires qui flanquent cette façade, sont revêtus, depuis leur base jusqu'au sommet, de niches richement décorées, de frises fleurdelisées, de colonnes très-déliées, de rosaces et autres membres d'architecture, surmontés de couronnes royales d'une très-grande dimension et d'une forme extrêmement élégante. On monte par onze marches en pierre pour arriver jusqu'au perron. Les deux venteaux de la porte dédommagent en quelque sorte de la perte des figures et des bas-reliefs, par la richesse et le bon goût des sculptures : les salamandres que l'on y aperçoit, indiquent que ces sculptures furent exécutées sous le règne et par les libéralités du roi François Ier. Le dessin des figures et des ornemens paraît être du Prématice ou du meilleur de ses élèves : quelques-uns en attribuent l'exécution à Jean Goujon. La façade septentrionale, située à l'opposite de celle-ci, dite de la Basse-OEuvre, n'offre pas la même richesse, quoique également du XVIe siècle. Les grands contreforts qui servent d'appui à la façade sont lisses et sans sculptures. Le pourtour de l'édifice est environné d'une multitude d'arcs-boutans d'une structure hardie. Deux galeries, placées l'une à hauteur des combles des bas-côtés, et l'autre autour du grand comble, servent à circuler dans le pourtour de l'édifice. Les lanternes, les roses, les pyramides, les pendentifs, et généralement tous les ornemens, sont d'une recherche et d'un fini extraordinaires.

La hauteur du dehors de cet édifice, du niveau de la place Saint-Pierre à l'extrémité de l'ancienne flèche, était, en 1568, de 146 mètres (450 pieds), élévation exacte de la plus haute des pyramides d'Egypte ; il se trouvait ainsi le plus élevé de tous les monumens connus.

3

Les niches vides qui existent à la façade du sud, étaient décorées, avant la révolution, des belles statues des douze apôtres, et l'extrémité du fronton triangulaire supportait l'image sculptée du prince des apôtres, statue colossale, dont l'érection eut lieu le 24 octobre 1548; mais la fureur des révolutionnaires de 1793 a tout détruit. Nous sommes heureux de pouvoir faire connaître que la statue de *saint Pierre* sera prochainement replacée sur le fronton de notre belle basilique. M. *Robinet*, statuaire distingué, est chargé de l'exécution de cette statue, dont il a fait un modèle *moitié* d'exécution, qui est placé dans la cathédrale.

L'intérieur de cette basilique offre, par le grandiose de ses proportions, un aspect imposant et majestueux, qui saisit d'étonnement et ravit d'admiration lorsqu'on pénètre dans son enceinte. Elle présente dix-neuf arcades ogives, un rang de galeries et un autre de fenêtres d'une très-grande dimension, dont les compartimens en pierre sont d'une extrême délicatesse. Indépendamment de cette galerie, il en existe une autre petite au-dessus du pourtour des arcs ogives du bas-côté qui environne le chœur, autour duquel règne un rang de neuf chapelles.

La hauteur de l'intérieur, depuis le pavé jusqu'à la voûte, à prendre entre les quatre piliers qui sont aux angles de la croisée, est de 46 mètres 77 centimètres; celle du chœur est de 46 mètres 13 centimètres. La longueur intérieure du chœur, depuis la grille d'entrée jusqu'à son extrémité, entre les deux piliers derrière le maître-hôtel, est de 38 mètres 59 centimètres. La nef projetée devait avoir 52 mètres 82 centimètres de longueur sur 15 mètres 59 centimètres de largeur.

Cette église est éclairée en partie par de magnifiques vitraux peints, la plupart exécutés à la plus belle époque de la peinture sur verre. On croit que ceux qui décorent les roses du nord et du midi sont de Jean et de Nicolas Lepot. La rose du nord est d'un très-agréable effet : le soleil répand ses rayons au milieu d'un ciel étoilé; au-dessous de ce brillant tableau, on a placé plusieurs sibylles ou prophétesses. Dans la rose du sud, le peintre a représenté des saints et des prophètes. On y aperçoit aussi le portrait du fameux Jean-François *Fernel*, médecin de Henri II. Toutes les arcades du chœur sont fermées par des grilles en fer. Au-dessus de ces grilles, et sur les deux faces latérales, sont tendues huit belles pièces de tapisseries de la manufacture royale de Beauvais, représentant plusieurs sujets de l'Ancien et du Nouveau Testament, et les Actes des apôtres, d'après les cartons de Raphaël (1).

Dans le second bas-côté, à gauche, on voit la statue en marbre blanc du cardinal de *Forbin de Janson*, évêque de Beauvais, mort à Paris le 24 mars 1711, à l'âge de 83 ans. Ce beau morceau de sculpture, exécuté par Nicolas Causson, qui avait été caché dans la sacristie en 1793, n'éprouva pas le même sort que les autres monumens qui se trouvaient dans la cathédrale à cette époque, et fut rétablie en 1804 à la place où on l'admire aujourd'hui.

---

(1) C'est ici le cas de mentionner qu'en 1842 différentes tapisseries très-curieuses du seizième siècle, appartenant à la cathédrale, qu'on avait entièrement perdues de vue, ont été restaurées et remises au jour par les soins de l'administration épiscopale, au grand contentement des antiquaires et des curieux du pays. Une description fort intéressante de ces tapisseries, publiée par M. l'abbé *Santerre*, en 1842, se vend au profit des pauvres.

L'orgue ; qui est placé dans la première travée du bas - côté droit du chœur, a été reconstruit en 1826, avec les débris de celui qui existait dès le seizième siècle. Il est à regretter qu'on ait rencontré des difficultés pour l'établir en face du chœur. La facture en a été confiée à M. Cosyn, de l'Académie royale de musique. Cet instrument, dit M. Gilbert, est le premier où l'on ait introduit des jeux expressifs qui, par leur combinaison avec les jeux de fond, corrigent ce que les anciennes orgues présentaient de monotone, et produisent des effets entièrement neufs.

Près de la chapelle du Sacré-Cœur se trouve la sortie d'une galerie établie en 1698, formant une arche, qui communiquait à l'évêché, au-dessus du cloître de la cathédrale, pour le passage ordinaire des évêques. Elle a été démolie pendant la révolution. Les galeries claustrales, où l'on inhumait les chanoines, existent encore presque entières dans le jardin de l'ancienne cour d'assises ; c'était autrefois un lieu de franchise pour les criminels qui venaient s'y réfugier.

L'on remarque, dans l'une des croisées du sanctuaire, au nord-est, un *trou* fait par un boulet lancé par l'armée bourguignonne, lors du siége de Beauvais, en 1472.

En 1752, le tonnerre tomba sur le petit clocher, et y mit le feu ; il fut entièrement détruit en 1793.

En 1795, on abattait le beffroi, de construction romaine, qui était près de la façade méridionale. Il renfermait la grosse sonnerie de la cathédrale.

M. Feutrier, qui occupait le siége épiscopal de Beauvais, décédé en 1830, a été déposé dans le caveau destiné aux évêques, le 2 juillet de ladite année (1).

Nous ne saurions nous dispenser, en terminant cet article, d'indiquer les divers embellissemens exécutés depuis 1830, tant dans l'intérieur qu'à l'extérieur de la cathédrale.

1° La vaste et magnifique rosace faisant face au chœur, ayant au moins six mètres de diamètre, et dont les dessins sont dus à M. *Landon*, ancien architecte du département ;

2° La tribune du buffet d'orgues, dont le plan appartient à M. *Hamel*, à qui l'on est également redevable de la réparation de ces mêmes orgues, l'un des plus anciens instrumens que la France possède en ce genre ;

3° Les deux porches de cette basilique ont été aussi édifiées d'après les données de M. Hamel, celui du midi en 1831, celui du nord en 1834 ;

4° La stalle de l'évêque, placée en avril 1845 dans le chœur ; elle est fort remarquable.

L'exécution de ces objets est due à l'ingénieux menuisier, M. *Devergie-Bracard*, de Beauvais. Ajoutons qu'on retrouve dans le travail de ses élégantes boiseries l'imitation des détails et la richesse des sculptures du quatorzième siècle.

Il est juste aussi de rappeler que M. Feutrier, évêque de Beauvais et ministre des cultes, a fait acquitter, sur les fonds du gouvernement, une partie de la dépense concernant la rosace et la tribune des orgues.

Des travaux d'art, de consolidation et de restauration, d'une indispen-

(1) Voyez, pour de plus amples renseignemens, la notice historique de M. Gilbert, publiée en 1829, et l'intéressante description que M. Woillez nous a donnée, en 1838, sur la cathédrale Saint-Pierre.

sable urgence, à raison de l'état de dégradation de différentes parties exté-
rieures de cet imposant édifice, négligés trop long-tems, ont enfin été
exécutés en 1844, par suite des instantes réclamations de l'évêque actuel.
Les amis de la religion et des arts n'oublieront pas que c'est sur l'appel de
ce prélat que ce précieux et majestueux monument a fixé l'intérêt du gou-
verment.

La partie supérieure du fronton et des demi-tours, à droite et à gauche,
a été refaite presqu'en son entier, ainsi que les quatre jolis clochetons qui
dominent le chœur.

L'exécution de ces travaux importans a été dirigée avec une si habile précision, que toute la sculpture nouvelle est du même style et de la même délicatesse que l'ancienne. Elle est due aux soins de M. *Weil*, architecte du
gouvernement à Beauvais, attaché, en qualité d'inspecteur, à M. *Ramée*,
architecte des monumens historiques. C'est lui qui avait dressé les plans de
tous les travaux à faire à la cathédrale, et dont on a seulement admis ceux
reconnus les plus urgens, et qui viennent d'être exécutés.

C'est la pierre de Senlis qui a été employée à ces travaux, dont la dépense
totale s'est élevée à 29,000 francs, y compris la somme de 6,000 francs pour
les sculptures.

Église Saint-Étienne. — Cette église qui, d'après les traditions
locales, se nommait l'*église de Saint-Vast*, paraît appartenir au quatrième
siècle. Elle avait un monastère, dont parlent les historiens anciens, qui fut
dévasté par les Normands, au neuvième siècle. D'autres historiens prétendent qu'antérieurement à cette destination, ce monastère était une prison,
où saint Firmin, évêque d'Amiens, fut détenu quelque tems.

Dans une charte de 1072, Guy, évêque de Beauvais, reconnaît la paroisse
Saint-Étienne, à cause de son antiquité, comme la mère et la plus digne des
églises de la ville et des faubourgs. Dans cet ancien temple fut déposé, sous
le pontificat de Hildemon, en 845, le corps de saint Wast, que les religieux
d'Arras avaient transporté à Beauvais, pour le soustraire à la fureur des
Normands.

L'église actuelle, commencée en 997 et continuée dans le onzième siècle,
ne subsiste plus dans son état primitif; le portail principal et les deux premières travées sont du treizième siècle; le chœur a été élevé au commencement du seizième, et le clocher date du dix-septième.

En 1700, le jour de la Chandeleur, il régna un si grand vent qu'il abattit
et mit en pièces une belle vitre où était représentée une superbe figure de
sainte Catherine, ainsi qu'une partie des autres et admirables vitres donnant sur le chœur.

La grande tour de la façade, surmontée en 1674 d'une auge de bois formant dôme, fut démolie en 1793. On y a construit en place une simple
plate-forme plombée, à balustrade gréco-romaine.

Les parties de cette église qui attirent le plus l'attention des archéologues,
sont, en particulier, la façade du transept méridional avec le portail qui l'ac-
compagne, dont le détail des riches sculptures romanes est si bien rendu
dans les planches de *Villemain* et dans celles de M. *Taylor*; le portail occidental, quoique fort mutilé, est aussi d'un haut intérêt. Dans le chœur,
on rencontre des festons, des dentelles, des pinacles, des culs-de-lampes,
des pendentifs, en un mot toutes les richesses de sculpture de la renais-

sance ; mais ce que cette partie de l'édifice offre de plus remarquable, ce sont les vitraux, chefs-d'œuvre de trois célèbres peintres verriers de Beauvais, *Engrand-Leprince*, Jean et Nicolas *Lepot*.

L'orgue de Saint-Etienne est placé en face du chœur. Le buffet a été formé en grande partie des tuyaux provenant de l'orgue de l'abbaye de Saint-Paul, près Beauvais, et des orgues de Saint-Michel et de Saint-Sauveur. On y fit, en 1820, d'urgentes réparations, qui furent confiées aux soins de M. *Dallery*, facteur d'orgues, et l'on doit à l'obligeance de M. *Hamel* les améliorations apportées à cet instrument.

L'on trouvera beaucoup d'autres renseignemens sur cette église dans l'intéressante Notice historique et descriptive que M. Stanislas *de Saint-Germain* a publiée en 1843, et qui se vend au profit de ladite église.

Nous croyons devoir rappeler que c'est dans la paroisse Saint-Etienne qu'existe la confrérie bienfaisante du scapulaire de Notre-Dame-du-Mont-Carmel, érigée le 16 juillet 1732, par M. *Talon*, curé ; elle a été approuvée par le cardinal de Gèvres, évêque-comte de Beauvais, et confirmée par une bulle de Clément XII. La fête du *Mont-Carmel*, qui s'y célèbre toujours le dimanche après le 16 juillet, y attire constamment un immense concours de fidèles.

Nous mentionnerons aussi que le conseil de fabrique de cette paroisse a mis à la disposition du comité archéologique de Beauvais, dans l'intérêt des arts, différentes parties de boiseries fort curieuses, qui formaient le revêtement intérieur d'une grande armoire enclavée dans la muraille d'une pièce nommée la *trésorerie*.

En 1845, on a trouvé, dans un ancien bâtiment attenant à cette église, une quantité considérable de vitraux peints, de différentes couleurs, débris des excès révolutionnaires. Ils ont été déposés chez M. *Omont*, membre du comité archéologique, qui a bien voulu se charger, dans l'intérêt des arts, de *recomposer*, autant que possible, les sujets détruits, que les curieux admiraient comme on admire toujours ceux qui y existent encore. Nous avons vu ce zélé artiste, à qui l'on doit la conservation des monumens lapidaires donnés au Musée, occupé à ce travail, qui réclame non seulement beaucoup de talent et de soins, mais aussi une patience toute particulière.

C'était près de cette église, dans la partie septentrionale de l'ancien cimetière, actuellement place de Saint-Etienne, que se trouvait un vaste carré garni d'une galerie en pierres à jour, à hauteur d'appui. Cet endroit se nommait la *Commune* : on y voyait trois armoiries en pierre, celle du roi, celle de la ville et celle du seigneur des Marets. On y fit, en 1739, quelques changemens qui lui donnèrent l'aspect d'un bastion. C'est alors que ce monument prit le nom de *Tribune* : des inscriptions en rappelaient l'origine et le but. Jusqu'en 1789, on y recevait le maire et les échevins choisis par la ville. Cette tribune a été détruite en 1793.

Aux deux paroisses *Saint-Pierre* et *Saint-Etienne*, conservées seulement en 1791 pour l'exercice du culte catholique, il faut ajouter les différentes chapelles où les fidèles sont admis à entendre la messe ; savoir : celles du collège, du couvent des dames du Sacré-Cœur, de l'Hôtel-Dieu, de l'Hospice des Pauvres, de la Manufacture royale, et enfin de la chapelle oratoire du faubourg Saint-Jean.

Il existe aussi la chapelle particulière de Sainte-Véronique, dans la rue portant ce nom, qui a été fondée par un des vidames de Gerberoy. Elle fut long-tems en la possession de ce vidame; elle est à présent la propriété de M. Auxcousteaux, directeur des contributions directes du département.

Indépendamment des églises et chapelles dont nous venons de parler, nous pensons intéresser nos lecteurs en leur donnant, par ordre de dates de leur suppression, l'indication succincte de ce que sont devenus les autres établissemens religieux que Beauvais possédait avant la révolution de 1789, et qui y étaient en grand nombre.

MONUMENS RELIGIEUX DÉTRUITS.

Basse-Œuvre. — Près de Saint-Pierre se trouve l'ancienne église nommée *Notre-Dame-de-la-Basse-Œuvre*, dont la construction date du troisième siècle. Ce monument devait être détruit pour établir la nef qui manque à la cathédrale.

Toutes les traditions s'accordent à dire que cet édifice était un temple païen qui fut converti en église chrétienne vers le milieu du quatrième siècle, et servit de cathédrale jusqu'à la fin du dixième siècle, sous le règne d'Hervée, quatrième évêque de Beauvais. C'est depuis cette époque qu'on la nomme la *Basse-Œuvre*, pour la distinguer du chœur de l'église Saint-Pierre, qui était la *Haute-Œuvre*.

Cette église, dont l'intérieur a été démoli en 1793 pour servir de chantier à un marchand de bois, est devenue, depuis peu d'années, la propriété du département, et est destinée, dit-on, à l'établissement d'un Musée.

On remarque encore, sur le pignon occidental de ce monument, des figures qu'on croit être la représentation des idoles des païens qui l'ont fait construire. Plusieurs personnes très-âgées affirment que les figures sculptées sur ce même pignon occidental, offraient la fable de Bacchus sortant d'une des cuisses de Jupiter.

Cette église a été classée par le ministre de l'intérieur au nombre des monumens historiques.

Église et Couvent des Jacobins. — Les familles nobles et les châtelains de Beauvais contribuèrent à la fondation du couvent des Jacobins, après la mort de saint Dominique, fondateur de cet ordre, vers l'année 1224, et sa consécration a eu lieu le 25 juillet 1246.

Le drapeau enlevé aux Bourguignons par Jeanne Hachette, en 1472, était exposé dans l'église. C'est le 20 juillet 1790 qu'il fut transféré à l'hôtel-de-ville.

En 1792, les bâtimens de ce couvent furent convertis en des ateliers pour la fabrication du salpêtre, établissement qui dura peu de tems; et après la tourmente révolutionnaire, M. l'abbé *Guénard* eut l'heureuse pensée de fonder, dans ces mêmes bâtimens, une école secondaire ecclésiastique, qui, en 1813, fut transférée au couvent des Ursulines, où est à présent le collége communal.

Depuis cette époque, l'ancien couvent des Jacobins est occupé par l'institution des dames du Sacré-Cœur.

Rien n'était beau comme l'église et le couvent des Jacobins ; l'on y admirait de superbes statues, de riches et rares vitraux, des sculptures et des peintures de tous genres : merveilles des arts, dont la destruction est due en grande partie au déplorable vandalisme de 1793. Toutefois, huit statues en marbre blanc, d'un travail exquis, et quelques-unes en albâtre, toutes de grandeur colossale, ont été acquises par M. *Lenoir*, alors directeur du Musée des Augustins, à Paris.

L'Eglise Saint-Jean, qui était proche de la porte de la ville, a été la proie du violent incendie survenu en 1181 ; elle fut reconstruite en bois et détruite en 1655, à cause de son manque de solidité.

Abbaye de Penthemont. — Cette abbaye de femmes, de l'ordre de Citaux, fondée en 1217, était près de Beauvais, à l'extrémité du faubourg Saint-Jean. L'histoire rapporte qu'elle fut transférée en 1671 à Paris, faubourg Saint-Germain, par suite de difficultés survenues entre le curé de Saint-Jean et les religieuses ; mais on est fondé à croire que ces difficultés sont moins la cause de l'éloignement des religieuses que les vexations, presque sans interruption, auxquelles elles furent exposées, soit de la part des Anglais, dont les invasions dans notre contrée étaient fréquentes alors, que de la part des *Jacquiers*, dont elles ont eu fort à souffrir. Les bâtimens de cette abbaye étaient détruits à l'époque de la révolution.

L'Eglise Saint-Gilles, qui avait été dévastée par les Bourguignons en 1472, a été réunie à Saint-Etienne et à Saint-Quentin le 12 février 1657, et démolie en partie en 1741, pour achever les écuries des gardes-du-corps, où est actuellement la caserne dite du Grand-Quartier.

Près de ce quartier, vers la partie du boulevard qui longe les auges nouvellement établies pour le service de la caserne, il a été découvert, en 1821, les débris d'une ancienne chapelle souterraine qui tenait à l'église.

L'Eglise Saint-Nicolas, collégiale, fondée en 1052, a été supprimée en 1788, détruite la même année, et remplacée depuis par un pensionnat de jeunes gens. Il ne nous reste rien de cet ancien édifice, que la tradition rapporte avoir été bâti primitivement en bois et brûlé par les Normands. La réédification en pierres eut lieu en 1078, sur son ancien emplacement, par Raoul, sénéchal de France.

L'Abbaye de Saint-Symphorien. — Ce n'était dans l'origine qu'une chapelle, sous le nom de Mont-des-Anges, que Dodon, évêque de Beauvais, y avait fait construire en 606, en mémoire des anges qu'il prétendait avoir vus sur le mont. Plus tard, il y fit bâtir une abbaye, et dota cet établissement de biens et revenus nécessaires pour l'entretien des moines. Cette abbaye a été détruite en 1780 et convertie en ferme.

Saint-François, ancien couvent des sœurs du Tiers-Ordre, transformé, en 1791, en caserne qui existe encore.

L'Eglise de Saint-Claire, rue de la Porte-Limaçon, convertie d'abord, en 1792, en un atelier de serrurie, démolie ensuite, et devenue depuis une des plus belles maisons bourgeoises de la ville. *Saint-Clair* était un des plus anciens monumens religieux que Beauvais possédât. Cet édifice, peu spacieux à son extérieur aussi bien qu'à son intérieur, réunissait tout ce qui caractérise l'architecture dite romane; il n'en est resté aucun vestige.

En **1472**, cette église était connue sous le nom de *Saint-Hipolyte*. Il est dit dans l'Histoire du siége de Beauvais, publiée la première fois par Pierre *Louvet*, avocat au parlement, mort à Beauvais en 1646, que les Bourguignons, après l'assaut donné le samedi 27 juin 1472, au fort du Déloy, se retirèrent dans l'église Saint-Hipolyte, près la porte de Limaçon. Le mardi suivant, on mit le feu à l'église pour les faire sortir. Ce fait est confirmé dans l'Histoire du même siége, attribuée à Jacques *Grévin*, et publiée en 1722 par G. *Vallet*, libraire de la chastellenie, rue Saint-Barthélemy.

Le Couvent des Capucins. — Il n'a été conservé de ce couvent et de son église qu'une chapelle placée dans le cimetière général de la ville.

Sainte-Marguerite, église détruite en partie en 1792. Ce qui en reste forme une maison particulière.

Le Couvent des Cordeliers, détruit en 1792, se trouve remplacé par plusieurs maisons particulières, d'une belle apparence.

Notre-Dame-du-Châtel, ancienne église du châtel épiscopal, dont la reconstruction, commencée en 1136, n'a été achevée qu'en 1377; elle a été démolie en 1793, et l'emplacement converti en un chantier de marchand de bois.

Les Minimes, ancien couvent détruit en 1792, et converti ensuite en une salle de spectacle, reconstruite en 1831.

C'est dans l'église de ce couvent que fut enterré son fondateur, le comte *Leclère d'Hardivillers-Demonceaux*; en 1821, sa tombe fut découverte à la suite de fouilles faites par le propriétaire actuel, M. Daix, maître de pressoir. La tombe, qui était en plomb, fut vendue par les ouvriers maçons; elle renfermait une boîte du même métal, dans laquelle se trouvait le cœur du sieur Leclère; la boîte fut conservée par M. Daix, qui la porta lui-même à M. d'Hardivillers-Demonceaux, en son château près de Saint-Omer; celui-ci l'avait réclamée, comme l'un des descendans dudit sieur Leclère.

L'Église de Saint-Martin, démolie en 1796, existait avant 1181; rebâtie peu d'années après, elle fut consacrée le 3 mai 1349, par Guillaume Bertrand, évêque de Beauvais; elle était ornée d'un *Credo* peint sur ses vitres par Angrand-le-Prince. Il ne reste que son ancien emplacement, appelé placeau Saint-Martin.

L'Abbaye royale de Saint-Quentin et son église, qui avaient été dévastées par les Bourguignons en 1472, furent rétablies peu de tems après par Jean de Boubres, abbé de cette abbaye. Le clocher, qui fut brûlé, était le plus somptueux de toutes les églises du pays. Non détruits en 1798, les bâtimens du couvent ont été convertis d'abord en une manufacture de toiles peintes, et sont depuis occupés par la préfecture. (*Voyez* préfecture.)

Saint-Laurent, paroisse et collégiale fondées sous le règne de l'évêque Drogon, fut démolie en 1798. C'est sur l'emplacement de cette église qu'a été construite une partie de l'Hospice des malades.

L'Eglise de Saint-Sauveur, fondée en 1072, fut démolie en 1799, et la tour du clocher en 1808. C'est sur l'emplacement de cet édifice que furent bâties les maisons situées dans la petite rue Saint-Sauveur et celle qui fait l'angle de la grande rue Saint-Sauveur.

Cette basilique eut pour fondateur un nommé *Naquet*, dont les descendans existent encore à Beauvais.

Elle était le plus somptueux des édifices de notre cité. Elle fut consacrée au souvenir du monde le 10 juillet 1459, et n'a été achevée qu'en 1497. La grande tour, qui servit de clocher, renfermait trois fortes cloches, dont la plus grosse, qu'on nommait *Anne*, était du poids de 4,700 livres. L'aigle en cuivre, servant de lutrin au chœur, qu'on avait fait venir de Tournay, pesait 1,514 livres. La dame de Lignières donna, en 1522, un Missel de vélin, historié et enluminé, pour les messes basses de sa fondation, et un autre grand livre vélin, richement historié, qui se posait sur l'aigle et servait à chanter les messes hautes qui se célébraient dans le chœur; enfin, tout, dans cette église, était majestueux et excitait l'admiration des habitans et des voyageurs.

L'emplacement où M. Lenoir fils, carrossier, a maintenant ses ateliers, rue des Jacobins, était très-anciennement le cimetière de la paroisse de Saint-Sauveur.

Saint-Jacques. — L'église, située dans le faubourg de ce nom, a été démolie en grande partie en 1799; ce qui en reste a servi long-tems de magasin. On construit à présent une habitation sur l'ancien emplacement du cimetière.

L'Eglise paroissiale de Sainte-Marie-Madeleine, fondée au dixième siècle, a été démolie en 1802; dans les bâtimens qui restent, occupés par un pensionnat de demoiselles, on remarque l'ancienne sacristie, portant le caractère de l'architecture romane.

Saint-Barthélemy, collégiale fondée en 1037, par Hailon, châtelain de Beauvais, sous l'épiscopat de Drognon; fondation qui fut confirmée par Henri Ier, roi de France. L'église sert maintenant de magasin à un marchand de vins en gros.

Près de cette église, à l'entrée de la rue Saint-Pantaléon, existait une arcade couverte, démolie il y a sept à huit ans, de laquelle on se rendait à une communauté de dames dites *Myramionnes;* cette maison est actuellement la propriété de M. Emile Leroux, avocat.

L'Eglise Saint-Thomas a été démolie en 1810; il n'a été conservé que les murs; l'intérieur sert de cour pour y déposer tous les objets servant à l'atelier de charité de la ville.

Saint-Michel, collégiale, fondée en 871. L'église, qui a été démolie en 1810, est remplacée par la rue qui communique de la place de ce nom à celle du Théâtre, rue qui avait été primitivement appelée rue du *Roi-de-Rome.*

L'église Saint-Michel, bâtie sur les murs mêmes de la cité, qui lui servaient de soubassement, renfermait le corps de *sainte Angadrême*, abbesse d'Oroër, vierge et patronne de Beauvais ; il y avait été apporté de l'abbaye d'Oroër, à l'époque de la guerre avec les Normands ; les restes de cette sainte, placés dans une châsse, sont conservés dans l'église cathédrale de Saint-Pierre ; sa mémoire y est toujours honorée et fêtée, chaque année, le deuxième dimanche d'octobre.

L'Église Saint-André a été démolie en 1813 ; l'on voit sur l'emplacement qu'avait cette église différentes maisons particulières.

L'œuvre de cette église fut l'effet des libéralités d'un de ses paroissiens, un sieur *Marcadet*, ou *Marcadel*, de Beauvais. Nous avons à regretter qu'à Beauvais, aujourd'hui, comme à des époques antérieures, les noms *appellatifs*, ou si on l'entend mieux, ceux de famille, se trouvent exposés à d'inexplicables variantes. (*Voyez* tour *Marcadet*, rue Bossuet)

Saint-Panthaléon, collégiale, qui appartenait à l'ordre de Saint-Jean-de-Jérusalem, a été détruite de 1819 à 1822, et convertie en une caserne de gendarmerie à cheval.

Cette collégiale possédait un droit de justice, qui avait été réglé en 1376 par Miles de Dormans, évêque de Beauvais.

Chapelle de Saint-Germer. — Il existait très-anciennement une chapelle de ce nom dans la tour démolie près la poterne Saint-Louis. Il est à présumer qu'elle fut bâtie lors de la translation des reliques de saint Germer à Beauvais. Il ne reste rien de cette chapelle, qui fut détruite, dit-on, par les Normands.

Le Couvent des Ursulines, situé rue des Jacobins, a été réservé en grande partie à l'époque de la révolution, pour y établir en 1796, d'abord l'école centrale du département, ensuite l'école secondaire ecclésiastique, qui prit depuis le nom de collège communal, qui y existe encore.

La destruction de tous ces beaux monumens rappelle de tristes souvenirs ; et lorsqu'on a vu tant d'églises, de couvens, d'imposans monastères, d'édifices majestueux, qui renfermaient toutes les richesses de l'art de notre ancienne architecture, il est bien regrettable de n'en avoir en quelque sorte aucun vestige à indiquer.

C'est ici le cas de déplorer la scandaleuse rapacité de certaines gens qui, dominés par un aveugle et vil intérêt, ont aidé si ardemment à la destruction de sujets plus ou moins précieux pour les arts.

Espérons que les savantes recherches auxquelles se livre le comité archéoligue du Beauvaisis, nouvellement établi dans notre cité, feront découvrir, pour être conservés, des débris si intéressans des anciens monumens qui y existaient, et que nous n'aurons plus à gémir contre le déplorable vandalisme qui nous en a ravi la possession.

M. de Cambry, premier préfet du département de l'Oise, administrateur éclairé, savant, amateur et connaisseur, à l'aide du charme de ses manières, de ce ton fascinateur de la haute société, était parvenu à se faire apporter, et se faire offrir même, mais toujours avec cette grâce certaine de son empire et de ses succès, tout ce qu'il désirait avoir des débris des églises et monumens antiques. Les regrets que sa retraite a laissés dans notre ville, égalent le vide immense survenu après son départ dans les recherches archéologiques.

On demande chaque jour ce que sont devenues toutes ces riches dépouilles faites à Beauvais?

Nous savons toutefois que M. Prévost, de Bresles, avait beaucoup augmenté sa précieuse et nombreuse collection d'objets curieux provenant de la destruction des églises et des maisons religieuses de Beauvais. Cet amateur, dont nous reparlerons à l'article de sa commune, avait une fortune qui le mettait facilement à portée d'enrichir son Musée, où l'on admirait des peintures, des médailles, des manuscrits, etc., d'un prix inestimable ; mais, hélas! ce Musée fut morcelé après son décès, et donné moins que vendu à différens amateurs et brocanteurs étrangers, sans espoir qu'aucune de ces éparves, aujourd'hui tant désirées, reviennent jamais à leur bercail.

TABLEAU DES ÉVÊQUES DE BEAUVAIS.

DEPUIS L'AN 250 JUSQU'EN 1845 (1).

1. SAINT LUCIEN.

250-275. Cet évêque quitte Rome pour venir à Beauvais, où il fonde la religion catholique. — Il se dévoue à la prédication. — Sainte Romaine arrive à Beauvais. — Saint-Lucien est persécuté et martyrisé. — Sainte Romaine éprouve le même sort.

2. THALASIUS ou THALASE.

292-305. En succédant à un apôtre martyr, le nouvel évêque a cherché les moyens de consoler les fidèles de sa perte, en leur accordant toute l'affection et la sollicitude d'un père.

3. VICTOR.

306-313. Décadence de l'idolâtrie. — Invasion des Barbares. — Avénement de Constantin. — Mort de Constance Chlore. — Influence de Constantin. — Sa mort.

4. CHANARUS.

337-340. Son règne a été hérissé de difficultés. — Schisme et hérésie. — Avènement de Constantin II. — Il est mis à mort par les Barbares.

5. NUMITIUS.

350-360. Il cherche à préserver ses fidèles du poison de l'hérésie. — Persécution des catholiques par Constance. — Invasion des Barbares.

6. LICÉRIUS.

360-370. Apostasie de Julien. — Sa haine contre le christianisme. — Règne de Valentinien Ier.

---

(1) C'est en analysant tous les faits rapportés dans l'excellente Histoire du Diocèse de Beauvais, jusqu'en 1792, en trois volumes in-8°, par M. l'abbé *Delestre*, et avec son agrément, que nous sommes parvenus à former ce tableau.

7. THÉMÉRUS.

375-388. Révolte de Maxime. — Mort de Gratien. — Valentinien II succède à Gratien.

8. BERTÉGÉSILLUS.

392-406. Honorius est proclamé empereur d'Occident. — Irruption des Barbares dans les Gaules. — Saint Just est décapité, ainsi que saint Donat qui s'était retiré à Milly.

9. RODAMARUS.

418-450. Il a eu beaucoup à souffrir de la domination des Francs. — Pharamond pénètre dans la Gaule-Belgique et en chasse les Romains. — A sa mort, il a pour successeur Clodion, qui se rend maître de Beauvais, où il mourut en 448. — Après lui survient Mérovée, qui affermit son empire dans les Gaules. — Nouvelle invasion des Barbares. — Martyre de sainte Maxence sur les bords de l'Oise, près Pont. — Les habitans de Pont donnèrent la sépulture à cette jeune et illustre vierge. (*Voyez* son histoire, à l'article de Pont-Sainte-Maxence.)

10. ANSOLDUS.

450-480. Il fut élevé à l'épiscopat dans un tems où Beauvais flottait incertain entre les Romains et les Francs, qui occupaient cette ville tour à tour, sous le règne de Childéric, mort en 477. Toutefois, il parvint à faire adopter la religion chrétienne que les Romains pratiquaient.

11. RIBERTUS.

480-511. Sous le règne de Clovis, qui mourut à Paris en 511, Ribertus a pu exercer sa sollicitude pastorale dans toute l'étendue de son diocèse, et ranimer parmi ses ouailles les habitudes religieuses.

VACANCE DU SIÉGE.

511-525. Après le décès de Ribertus, le siège épiscopal éprouva une longue vacance que saint Vast, qui gouvernait l'église d'Arras, fut appelé à remplir. Sans pouvoir y séjourner long-tems, il apporta dans le diocèse des consolations, et y fit refleurir la piété.

12. GOGERIN.

526-534. Il a eu sa part des tribulations que firent éprouver à la France les guerres acharnées que les enfans de Clovis se livrèrent entre eux.

13. ANSELME.

535-544. De nouvelles causes neutralisent la salutaire influence de la morale évangélique, par suite de la collision survenue entre Childebert et Clotaire son frère.

14. MAURICE.

545-551. Il s'occupe beaucoup de l'établissement de différens monastères.

15. CONSTANTIN Ier.

551-558. Il cherche les moyens d'établir la vie monastique dans son diocèse, et s'occupe de la réédification de l'église Saint-Lucien, dont Childebert Ier a été le fondateur.

16. HINCBERT.

559-569. Cet évêque n'adopte pas les vues de son prédécesseur, dont les projets sont négligés.

17. RAVIQUE.

570-579. Son administration est troublée par une nouvelle guerre entre les enfans de Clotaire. — Malgré ces fâcheuses circonstances, il confère les ordres sacrés au jeune Evrost, né d'une famille chrétienne et opulente de Beauvais, et le place en tête de la communauté d'Oroër.

18. DODON.

580-588. Cet évêque, connu par sa grande piété, résidait toujours à Saint-Just-des-Marais. — Il fit ériger une chapelle sur le mont Saint-Symphorien. — Il allait souvent visiter la solitude d'Oroër, que saint Evrost avait peuplée de fervens solitaires.

19. SAINT MARIN.

610-640. Il devint évêque étant abbé de Saint-Lucien. Le diocèse de Beauvais fut toujours l'objet de sa vigilante sollicitude.

20. RICOALD.

640-655. Nommé au siége de Beauvais, au commencement du règne de Clovis II, il a vu fonder par Dagobert Ier, à la suite d'un mystérieux phénomène, le fameux prieuré de Lacroix-Saint-Ouen, situé dans la forêt de Guise, près Compiègne. — Il assiste à l'union de Germer avec la jeune Domane, issue des seigneurs de la Roche-Guyon.

21. MIROLD ou MÉROLD.

654-665. Il fonde plusieurs établissemens monastiques. — Germer entre en religion; il consacre ses biens à établir un monastère à Flay, au milieu des bois du Bray. — Mort de saint Germer le 22 septembre 658.

22. CLÉMENT.

666-680. C'est sous son règne qu'est née Angadrême, dans le diocèse de Térouanne; elle était fille de Robert, grand référendaire de Clotaire II. — Elle est promise en mariage; elle obtient la rupture de ses fiançailles; elle entre en religion; elle devient abbesse d'Oroër. (*Voyez* l'Histoire de Beauvais : Sainte Angadrême, patronne de Beauvais.)

23. SAINT CONSTANTIN II.

680-700. Il fonde le prieuré de Rivecourt. — Il assiste au convoi de saint Ansbert, qui traverse le diocèse de Beauvais. — La pieuse abbesse d'Oroër, sainte Angadrême, rend paisiblement son âme à Dieu le 14 octobre 695. — Saint Constantin meurt en joie.

24. ERCAMBERT.

700-720. Le diocèse souffrait beaucoup à cette époque où les factions étaient armées les unes contre les autres, et dont le résultat a été de faire tomber Chilpéric au pouvoir de Charles, et de le conduire au tombeau au mois de décembre 720. Il fut inhumé à Noyon.

25. AUSTRINGUE.

720-745. L'invasion des Sarrasins lui a rendu difficile la tâche de faire observer, en tout point, les lois de l'église et toutes les institutions chrétiennes.

26. DÉODAT.

744-752. Il a fait de vains efforts pour remédier à la dépravation des mœurs qui régnait dans son diocèse, par suite du séjour des troupes de guerre.

27. ANDRÉ.

753-769. Il travaille au rétablissement de la discipline et fait cesser, du moins pour un tems, les désordres les plus crians.

28. HODINGUE.

770-791. Il gouverne l'église avec autant de zèle que de piété. — Il érige plusieurs paroisses, notamment celle de Méru.

29. ADALMAN.

792-811. Epoque où Pépin, l'un des fils de Charlemagne, venait de former contre son père une conjuration déplorable. Il y eut sous son règne une grande famine et une effroyable mortalité.

30. RAIMBERT ou RAGUMBERT.

813-821. Après avoir été nommé par Charlemagne, il est appelé au concile de Reims. — L'église de Beauvais devient légataire de Charlemagne, mort le 28 juin 814, après un règne de 46 ans.

31. SAINT HILDEMANNE.

826-843. Il assiste aux conciles de Compiègne et de Noyon. — Il est arrêté comme conspirateur : mis en liberté au moment de l'invasion des Normands. — Mort de Louis-le-Débonnaire. — Mort de saint Hildemanne.

VACANCE DU SIÉGE.

844-845. Plusieurs conciles sont tenus à Beauvais. — Intrigues pour l'élection d'un nouvel évêque.

32. HERMENFRIDE ou ERMENFRIDE.

846-861. Peu de tems après son entrée dans son diocèse, il suit le roi à Neaufle-sur-l'Epte, pour s'opposer aux Normands. — Il demeure fidèle au roi, malgré la défection d'un grand nombre. — Il est mis à mort par les Normands.

33. ODON.

863-881. Homme le plus marquant et le plus distingué de son siècle, son élection a fait honneur à l'église de Beauvais; il était aimé par toutes les sommités sociales de cette époque. — Il prend part aux affaires publiques. — Il assiste au sacre de Charles-le-Chauve. — Il est présent au siége de Beauvais par les Normands, en 877. — Il assiste au sacre de Louis-le-Bègue. — Sa mort en 881.

34. RONGARE.

882-883. Pendant le peu de tems qu'il a siégé, il s'est appliqué à effacer les traces des divisions qui existaient dans son diocèse, où il est mort en 883.

35. HONORAT.

884-900. Un excès de zèle lui a fait avoir de sévères remontrances de l'archevêque. — Il est excommunié. — Il meurt en 900.

36. HERLUIN.

902-921. A son avènement au siége, il eut bien des misères à réparer, par suite des invasions des Normands. — Sa mort en 921.

37. BOVON.

926-930. Sorti de l'abbaye de Saint-Lucien pour diriger le diocèse de Beauvais, il siége à l'époque où Raoul fut proclamé roi de France, et fut témoin des nombreux ravages des Normands.

38. HILDEGAIRE.

933-972. Il assiste au sacre de Henri I V. — Epoque des constructions des forts de Gerberoy et de Creil, et des guérisons miraculeuses opérées dans la chapelle de Saint-Symphorien.

39. WALÉRAN.

978-982. Il donna des soins particuliers au monastère de Saint-Lucien.

40. HERVÉ.

986-997. Le nom de ce prélat se rattache à la construction du superbe édifice de la cathédrale de Beauvais ; c'est lui qui jeta les premiers fondemens du chœur.

41. HUGUES.

998-999. Il était abbé de Saint-Quentin lorsqu'il a été élevé au siége épiscopal. — Il a légué au chapitre une propriété située à Magneval, près Crépy.

42. ROGER DE CHAMPAGNE.

1000-1022. — Ce fut le premier évèque qui porta le titre de comte de Beauvais. — Il légua au chapitre ses propriétés de Normandie et du Vermandois. — Il forma une bibliothèque et y rassembla de précieux manuscrits. — Il mourut en 1022 et fut inhumé dans la cathédrale ; l'inscription de sa tombe a été renouvelée en 1845.

43. GUÉRIN.

1025-1033. Il jouissait d'une grande considération à la cour, et montra beaucoup de zèle pour les associations pieuses. — La guerre civile et la la mort du roi engendrent bien des désordres qu'il cherche à réprimer. — Mort en 1033.

44. DROGON.

1033-1058. Il employa tous les moyens en son pouvoir pour faire rétablir différentes abbayes qui avaient été dévastées par suite des invasions normandes. — Mort en 1058.

45. GUILBERT.

1059-1063. Il est accusé de simonie, mais sans preuve. — Il fonde le prieuré de Saint-Christophe, près de Senlis. — Sa mort en 1063.

46. GUY.

1064-1083. Les premières mesures qu'il prend en entrant en fonctions font des mécontens. — Il est condamné à l'exil. — Son rappel de l'exil. — Il fonde une école savante dans le faubourg Saint-Quentin. — Il éprouve de nouveaux chagrins et donne sa démission.

47. URSION.

1084-1089. Il s'occupe de l'accroissement de l'abbaye de Saint-Quentin, et fonde plusieurs prieurés.

48. FOULQUES DE DAMMARTIN.

1090-1094. Son élection est attaquée; l'affaire se concilie; il prend possession. — Il exerce une discipline sévère ecclésiastique, qui était méconnue à cette époque; il se met en devoir de réprimer tout ce qui lui paraît abusif.

49. ROGER II.

1095-1096. Il institue l'office de la Sainte-Vierge; peu de tems après, il s'enrôle pour la croisade; meurt en 1096.

50. ANSEL.

1096-1099. Son élection, d'abord contestée, est confimée. — Il a su, après avoir étudié tous les besoins de son diocèse, concilier les esprits et rapprocher les cœurs. — Il vécut trop peu de tems pour opérer tout le bien qu'il désirait faire.

VACANCE DU SIÉGE.

1100-1104. Wallon est élu évêque, mais le roi rejette son élection. — Troubles dans Beauvais à ce sujet; le siége est déclaré vacant. — Destruction du château de Mouchy, où demeurait Dreux, seigneur, qui avait dévasté les propriétés du chapitre.

51. GODEFROY DE PISSELEU.

1004-1114. Il adopte les mesures prises par son prédécesseur Ansel, et il emploie tous les moyens de conciliation pour rétablir la tranquillité.

52. PIERRE DE DAMMARTIN.

1115-1135. Il opère la restitution de différentes cures; il est député vers le pape. — Calixte II à Beauvais. — Innocent II à Beauvais. — Pierre, ce pieux évêque, est mort en 1133; par son testament, il légua à la cathédrale deux maisons qu'il possédait à Beauvais.

53. ODON II.

1134-1144. Ses rares qualités le firent appeler de l'abbaye de Saint-Germer à l'évêché de Beauvais. — Il fonda les abbayes de Froidmont, de Beaupré, de Lannoy et de Pont-Sainte-Maxence. — Mort en 1144.

54. ODON III.

1115-1149. Il gouvernait le monastère de Saint-Symphorien lorsqu'il fut désigné comme le plus digne pour remplacer Eudes II. — Il fonda l'abbaye de Saint-Just. — Il supprima les banquets qu'on donnait à l'évêque, dans certaines occasions, pour éviter des dépenses au clergé. — Il part pour la terre sainte le 14 juin 1147, avec Louis-le-Jeune et plusieurs seigneurs du Beauvaisis ; après avoir visité la Palestine, il revient dans son diocèse, où il meurt presqu'aussitôt son retour.

55. HENRI DE FRANCE, fils de LOUIS-LE-GROS.

1150-1162. Les premiers actes de son administration sont désapprouvés par le roi ; il est cité en cour de Rome ; il est justifié au tribunal du pape. — Il recouvre les bonnes grâces du roi, qui l'appelle à l'archevêché de Reims.

56. BARTHÉLEMI DE MONTCORNET.

1163-1175. Il gouverna son diocèse avec beaucoup de zèle et de sagesse. — Il assiste au concile de Tours. — Il emploie les moyens de conciliation pour applanir les différends qui existaient dans quelques paroisses. — A sa mort, en 1175, il légua à la cathédrale une maison, plusieurs moulins et quelques pièces de vignes qu'il possédait à Bresles.

57. PHILIPPE-DE-DREUX.

1176-1217. Peu de tems après avoir pris possession du siége, il part en Palestine pour visiter la terre sainte. A son retour en 1179, il assiste, en qualité de pair de France, au sacre de Philippe-Auguste. En 1182, il participa à l'élection d'un maire. — Il prend quelques dispositions concernant la sépulture des chanoines. En juin 1188, il accompagna le roi et Henri d'Angleterre à la conférence qui eut lieu entre Gisors et Trie-Château, relativement à la situation pénible où se trouvait réduite la chrétienté d'Orient. A cette entrevue, les deux monarques, ajournant leurs querelles personnelles, s'embrassent et promettent de venir sans délai au secours de la Terre-Sainte. — Une dîme saladine est établie à Beauvais ; elle excite un mécontentement général ; cette exorbitante contribution est abolie par Philippe-Auguste. — Dans cette même année, le peuple se porta à des excès, en incendiant différentes églises. — Le roi donne l'ordre de fortifier Beauvais et les villes et bourgs qui l'environnent. — Philippe-de-Dreux part pour la croisade, va en Palestine. Il rentra dans son diocèse en 1193. — Il assiste au mariage de Philippe-Auguste, puis approuve plus tard son divorce. — En 1198, Philippe-Auguste recommence la guerre avec les Anglais, dont une colonne s'avançait déjà contre les places fortes du Beauvaisis. — Philippe-de-Dreux, évêque, est fait prisonnier : il ne recouvre sa liberté qu'en 1200, après le décès de Richard. — Après tous ces événemens, Philippe-de-Dreux postule, sans succès, l'archevêché de Reims, parce qu'on n'aimait pas en lui ses inclinations guerrières. — Reprenant les détails de son administration, il s'occupa du maintien de la discipline du clergé, et prit des mesures pour empêcher les mariages clandestins qui étaient fréquens alors. — Plus tard, il marche contre les Albigeois ; revenu dans son diocèse, il fait bâtir le château de Bresles ; il concourt à la construction du bourg de Grandvilliers. — En 1214, il part à la bataille de Bouvines, où le combat fut acharné. L'évêque de Beauvais apercevant les troupes anglaises se ruer sur celles de on frère, il se jeta avec sa masse sur Guillaume, et lui en asséna sur le asque un coup si vigoureux qu'il le renversa par terre. Les Anglais, voyant eur général sur le sol, s'enfuirent aussitôt. Les Français remportèrent alors une éclatante victoire. Philippe-de-Dreux, à son retour, pense à faire battre monnaie comme ses prédécesseurs ; il convient, avec le chapitre, que cette monnaie n'aura cours que dans son diocèse. — Cet évêque guerrier est mort à Beauvais le 12 novembre 1217, après avoir légué des dons considérables à l'église Saint-Pierre. — Il fut inhumé dans la Basse-OEuvre ; on l'exhuma quelque tems après, pour le déposer sous un mausolée élevé dans le sanc-tuaire de la cathédrale actuelle, dont l'inscription de sa tombe a été renou-velée en novembre 1845.

58. MILON DE NANTEUIL.

1218-1234. Il fonda l'abbaye de Pentemont. — En 1225, incendie du chœur de la cathédrale. Milon contribue, avec le chapitre et tout le clergé du diocèse, à la reconstruction de l'édifice. Etablissement des couvens des Franciscains et des Dominicains. — Il assiste aux funérailles de Louis VIII et au sacre de Louis IX. — Sédition à Beauvais. Le roi y vient. — Conflit entre l'évêque et le roi : l'évêque prononce contre lui une sentence d'excom-munication. — Le diocèse est mis en interdit. — Mort en 1234, et inhumé à Saint-Pierre, où l'inscription de sa tombe a été renouvelée en novembre 1845.

59. GODEFROI DE CLERMONT.

1235-1236. Il a fondé plusieurs églises. — Sa mort en 1236.

60. ROBERT DE CRESSONSACQ.

1237. Il assiste, en 1239, au supplice d'un grand nombre d'Albigeois, qui furent brûlés en présence du roi de Navarre. — Réunion du vidamé à l'évêché. — Fondation de l'abbaye de Mouchy. — Henri de Blargies en pé-nitence publique. Il fit, avec saint Louis, le voyage de la terre sainte, et mourut dans l'île de Chypre, en 1245.

61. GUILLAUME DE GRÈS.

1249. Dédicace de la magnifique chapelle de Saint-Germer. — Transla-tion des reliques de Saint-Germer. — Etablissement de l'école des Jacobins, dirigée par Vincent, de Beauvais, auteur profond et distingué ; il y meurt en 1261, et fut inhumé dans le cloître des Jacobins. — Louis IX vient à Beauvais. — Mort de Guillaume en 1267.

62. RENAUD DE NANTEUIL.

1268. Inauguration de la nouvelle cathédrale. — Canonisation de Louis IX, sollicitée. — Mort en 1300, et inhumé dans l'église cathédrale de Saint-Pierre, où l'inscription de sa tombe a été renouvelée en novembre 1845.

63. THIBAUD DE NANTEUIL.

1284-1300. Chute des voûtes de la cathédrale. — Création d'impôts par Philippe-le-Bel. — Décès de Thibaud en 1300 ; inhumé à Saint-Pierre ; l'ins-cription de sa tombe a été renouvelée en novembre 1845.

64. SIMON DE CERMONT DE NESLE.

1301-1313. Il prend possession dans un tems de crise. Il assiste au concile de Compiègne et à l'assemblée du Louvre. — Emeute dans la ville. — Simon se réfugie à la campagne ; instrumente contre la commune. — Le maire et le bailli sont incarcérés. — Son décès, sa sépulture en 1313 dans l'église de Saint-Pierre, où l'inscription de sa tombe a été renouvelée en novembre 1845.

65. JEAN DE MARIGNY.

1313-1347. Peu d'évêques ont occupé le siége épiscopal aussi long-tems que lui. Quatre papes se succédèrent, et cinq rois sur le trône de France, tandis que le diocèse de Beauvais conservait son ancien évêque et le voyait toujours également honoré de la confiance des chefs du pouvoir. — Mort de Philippe-le-Bel le 20 novembre 1314. — Son successeur, Louis X ; son oncle, Charles de Valois, en voulait particulièrement à Enguerrand de Marigny, frère de l'évêque, qui était à la tête des finances. L'ascendant que Charles avait sur le nouveau roi le mit à même d'assouvir sa vengeance, en le faisant arrêter. Jean de Marigny se rend à Paris pour défendre son frère : il le trouve renfermé au Temple. Il se charge de mettre dans tout son jour l'innocence d'Enguerrand ; mais tout est inutile : sa perte était décidée. Il fut condamné à périr sur le gibet, et son corps fut suspendu aux fourches patibulaires de Montfaucon. Après un coup si accablant, Jean de Marigny revient dans son diocèse, pour s'ensevelir dans la retraite jusqu'à ce que l'opinion publique eût fait justice de cette inique condamnation. Le peuple pleura la perte du frère de leur bon évêque, et Louis X consigna dans son testament le regret d'avoir prononcé cette condamnation.

La cour cherchait à adoucir ses chagrins : il fut appelé à siéger à la cour des pairs et à se trouver aussi au parlement pour statuer sur la régence du royaume : Louis X venait de mourir, et Philippe, de régent du royaume, devint aussi roi de France. Jean de Marigny fut appelé à Reims pour la cérémonie du sacre, qui lui fut adjugée sur l'évêque de Langres, quoique celui-ci eût le titre de duc, parce que la pairie de Beauvais était d'une date plus ancienne. — Par une ordonnance du 22 avril 1321, il déclare la célébration de la fête de Sainte-Angadrême, obligatoire pour tous les fidèles de la ville et des faubourgs de Beauvais. — En 1346, le Beauvaisis est ravagé par les Anglais. — En 1347, Jean de Marigny est nommé archevêque de Rouen.

66. GUILLAUME BERTRAN.

1347-1356. Peu de tems après son installation, il procéda à la dédicace de l'église de Saint-Martin de Beauvais et à celle d'Ons-en-Bray. — Le roi Jean II va séjourner au prieuré de Saint-Christophe, près Senlis. — Les ordres sont donnés de fortifier de nouveau Beauvais. — Décès de Guillaume en 1356 ; inhumé à Saint-Pierre ; l'inscription de sa tombe a été renouvelée en novembre 1845.

67. PHILIPPE D'ALENÇON.

1356-1360. Le Beauvaisis est ravagé par la faction dite de la *Jacquerie*. — Destruction de Saint-Symphorien. — Forteresses rasées. — Le Beauvaisis est encore ravagé par les Anglais.

68. JEAN DE DORMANS.

1361-1368. Rançon du roi jeune. — Rachat des forteresses. — Nomination d'un chancelier. — Jean se rend au sacre de Charles V ; il est promu au cardinalat et se démet du siége de Beauvais. — Il mourut à Paris en 1373.

69. JEAN D'AUGERANT.

1369-1375. Il érigea canoniquement, par ordonnance épiscopale, la confrérie de Sainte-Madeleine, dans une chapelle de l'église de ce nom. — Il reçoit le serment d'obéissance de Jean Rémond, récemment élu abbé de Saint-Germer. — Sa mort en 1375 ; inhumé dans l'église Saint-Pierre ; l'inscription de sa tombe y a été renouvelée en novembre 1845.

70. MILON DE DORMANS.

1378-1387. Milon fut invité au banquet splendide donné par Charles V à l'empereur Charles IV et à Vinculus, son fils, roi des Romains, venus en France en 1378. — Il est nommé chevalier de France. — Il assiste au sacre de Charles VI. — Il appaise une émeute. — Sa mort en 1387.

71. GUILLAUME DE VIENNE.

1387-1388. Charles VI vient à Beauvais. — Il y tombe malade, et resta plusieurs mois au palais épiscopal. — Guillaume est nommé au siége de Rouen.

72. THOMAS D'ESTOUTEVILLE.

1392-1395. Désordre parmi différens ecclésiastiques. — Violation de leurs devoirs les plus importans. Thomas réprime ce scandale par une discipline sévère. — Charles VI amené à Creil, agité par des vues frénétiques. Prières publiques pour son rétablissement. — Mort de Thomas en 1395 ; inhumé à Saint-Pierre. L'inscription de sa tombe a été renouvelée en novembre 1845.

73. LOUIS D'ORLÉANS.

1396-1398. Il est député en Allemagne. — Part pour la Palestine ; il y tombe malade et y meurt.

74. PIERRE DE SAVOISY.

1401-1412. Il officie en l'abbaye de Breteuil. — Il est député vers le pape. — Il est présent au concile de Reims. — Son décès en 1412 ; inhumé dans la cathédrale. L'inscription de sa tombe a été renouvelée en novembre 1845.

75. BERNARD DE CHEVENON.

1413-1420. Ordination à Bresles. — Le duc de Bourgogne à Beauvais. — Prise de Gerberoy. — Bernard, député vers le roi d'Angleterre. — Le Beauvaisis ravagé par les Anglais. — Décès de Bernard.

VACANCE DU SIÉGE.

1421. Le chapitre nomme des administrateurs, dispose des esprits. — Eustache de Laître est élu évêque.

76. PIERRE CAUCHON.

1420-1432. Guerre civile peu de tems après son entrée en fonctions. — Célébrité de Jeanne d'Arc. — Beauvais se soumet à Charles VI. — Pierre Cauchon prend la fuite. — L'ennemi dans le Beauvaisis. — Siège de Compiègne. — Jeanne d'Arc est faite prisonnière. — Pierre Cauchon la met en jugement et la condamne. — Malgré son affreuse conduite, il assiste au sacre de Henri VI, et est nommé à l'évêché de Lisieux. — Sa mort en **1442.**

77. JEAN JUVÉNAL DES URSINS.

1433-1444. — Les Anglais à Beauvais. — Ils sont battus à Gerberoy. — Ruine de Breteuil. — Milly est détruit. — Saint-Paul est incendié. — Jean Juvénal passe à l'évêché de Laon.

78. GUILLAUME DE HELLANDE.

1445-1462. La paix est rétablie. — La métropolitaine est à Beauvais. — Révision du procès de Jeanne d'Arc. — Décès de Guillaume en **1462.** Inhumé à Saint-Pierre. — Sa tombe a été renouvelée en novembre **1845.**

79. JEAN DE BAR.

1465-1488. Epidémie. — Louis XI à Beauvais. — En **1472**, siège de Beauvais (*Voyez* l'Histoire de Jeanne-Hachette). — Incendie du palais épiscopal. — Réparation des dégâts. — Mandement de l'évêque. — Louis XI vient de nouveau à Beauvais pour réprimer le zèle exagéré de l'évêque. — Jean de Bar tombe malade. Il reçoit les derniers sacremens. — Son décès le **15** mars **1488.** Inhumé à Saint-Pierre, où l'inscription de sa tombe a été renouvelée en novembre **1845.** — Séjour de Charles VIII à Beauvais.

VACANCE DU SIÉGE.

1490-1498. Préludes de l'élection d'un évêque. — Installation clandestine; scission dans le chapitre. — Election de Louis de Villiers.

80. LOUIS DE VILLIERS DE L'ISLE-ADAM.

1497-1521. Reconstruction du palais épiscopal. Pose de la première pierre. — On rétablit une partie des fortifications. — Réception du roi à Beauvais. — De Villiers assiste au sacre de François Ier. — Son décès en **1521.** Inhumé à Saint-Pierre, où l'inscription de sa tombe a été renouvelée en **1845.**

VACANCE DU SIÉGE.

1522-1523. Nomination d'un évêque : elle rencontre des difficultés. — L'ennemi est encore aux environs de Beauvais.

81. ANTOINE LASCARIS DE TENDE.

1524-1530. Emeute dans Beauvais. — Procès intenté au chapitre. — Suppression de fêtes. — Démission d'Antoine Lascaris.

82. CHARLES DE VILLIERS.

1531-1535. Sa sollicitude pour son diocèse. — Construction de nouvelles églises. — Travaux de la cathédrale. — Décès de Charles de Villiers en **1535.**

83. LE CARDINAL ODET DE COLIGNY DE CHATILLON.

1535-1569. Il érige une collégiale à Méru. — Constructions d'églises et du clocher de la cathédrale. — Le cardinal se rend aux funérailles de François Ier. — Alarme dans Beauvais. — Le cardinal inquisiteur de la foi. — Progrès de l'hérésie. — Apostasie de l'évêque. — Sédition dans Beauvais. — Assemblée du chapitre pour la sûreté de la ville. — Excommunication fulminée contre le cardinal Odet. — Il se marie en habit de cardinal. — Complot des calvinistes. — Odet de Châtillon combat contre son oncle. — Il revient plénipotentiaire des huguenots. — Il se sauve en Angleterre.

84. LE CARDINAL CHARLES DE BOURBON.

1569-1575. Il fait paraître un édit de pacification. — Chute du clocher de la cathédrale. — Le Beauvaisis est ravagé par l'armée calviniste.—Guerre civile. — Le cardinal résigne l'évêché de Beauvais.

85. NICOLAS FUMÉE.

1575-1593. Erection de l'église de Marissel. — Beauvais est de nouveau menacé par les huguenots. — Nicolas Fumée s'associe à la ligue. — Il se retire à Bresles. — Les ligueurs sont battus à Senlis. — Anarchie dans Beauvais. — Arrestation de l'évêque. — Condamnation à mort de plusieurs huguenots, pendus sur la place de l'Hôtel-de-Ville. — Succès de Henri IV dans le Beauvaisis; il reprend Bresles. — Beauvais attaqué de nouveau. — Décès de Nicolas Fumée.

VACANCE DU SIÉGE.

1594-1595. Un grand-vicaire est révoqué. — Réné Potier nommé au siége vacant. — Beauvais fait sa soumission. — Harangue des Beauvaisins à Henri IV.

86. RÉNÉ POTIER.

1596-1616. Il visite son diocèse qu'il trouve dans un état déplorable. — Henri IV l'appelle à Fontainebleau. — Il réforme plusieurs abbayes. — Il assiste au sacre de Louis XIII. — Il siége aux états généraux. — Il revient dans son diocèse; il y meurt en 1616, et fut inhumé à Saint-Pierre, où l'inscription de sa tombe a été renouvelée en 1845.

87. AUGUSTIN POTIER.

1617-1650. Il fait une nouvelle édition du Bréviaire. — Etablissement des Ursulines. — Etablissement de l'hospice, dit *Bureau des Pauvres*, et du bureau de charité. — Le Beauvaisis est ravagé par les Espagnols. — Défaite de l'ennemi. La butte Saint-Symphorien et le Mont-Capron sont mis en état de défense. — Augustin Potier est à la tête des travailleurs. — Il assiste aux obsèques de Louis XIII. — Il est nommé premier ministre; mais sa nomination est révoquée. — Son décès en 1650; il fut inhumé à Saint-Pierre, où l'inscription de sa tombe a été renouvelée en 1845.

88. NICOLAS CHOART DE BUZANVAL.

1651-1679. Il organise le séminaire et établit un petit-séminaire. — Il pose la première pierre de l'hôtel-de-ville. — Il fonde l'hôpital général. — Boileau le satirique fait connaître qu'il renonce au prieuré de Saint-Paterne, près de Pont. — Louis XIV passe à Beauvais. — Maladie de M. de Buzanval. — Sa mort le 21 juillet 1679 ; inhumé à Saint-Pierre , où l'inscription de sa tombe a été renouvelée en 1845.

89. LE CARDINAL TOUSSAINT FORBIN DE JANSON.

1679-1713. Il réorganise le chapitre et en éloigne plusieurs chanoines. — Il est envoyé en ambassade à Palerme , en Italie. — René de Mornay le remplace pendant son absence. — Il revient dans son diocèse après sept ans d'absence. — Il se rend ensuite à la cour ; il est presqu'aussitôt atteint d'une maladie qui l'enlève au monde et aux grandeurs de la terre, en mars 1713 ; son corps fut transféré à Beauvais , pour être inhumé dans la cathédrale , où sa famille lui érigea le beau mausolée que l'on y voit ; l'inscription de sa tombe a été renouvelée en 1845.

90. E.-H.-ANTOINE DE BEAUVILLERS DE SAINT-AIGNAN.

1714-1728. Il réprime divers abus qui existaient dans différentes paroisses. — Il rend une ordonnance contre les Ursulines-de Beauvais. — Il donne sa démission en 1728, par suite de graves motifs rapportés dans les Mémoires de Saint-Simon , tome 15.

91. LE CARDINAL ÉTIENNE-RENÉ POTIER DE GESVRES.

1730-1772. Il montrait beaucoup de dévouement et de charité envers les pauvres, et surtout en 1750, époque de la cruelle épidémie qui a régné à Beauvais. — En 1772, il sentit ses forces tellement affaiblies, qu'il croit devoir remettre à la disposition du roi le siége qu'il occupait depuis quarante-quatre ans. Il se retire à Paris, où il termine sa carrière le 26 juillet 1774. Son corps fut transféré à Beauvais ; il fut inhumé dans un caveau qu'il avait fait creuser pour lui et ses successeurs. Il légua au bureau des pauvres une somme de 23,266 livres. Nos anciens habitans de Beauvais qui l'ont connu, n'en parlent qu'avec un religieux respect.

92. FRANÇOIS-JOSEPH DE LAROCHEFOUCAULD.

1776-1791. Il fonda une caisse de secours en faveur des incendiés. — Il fait délivrer des tourbes aux malheureux. — En 1787, il est nommé député aux états généraux. — En 1789, il refuse de prêter le serment schismatique. — Il rédige son testament à Paris, le 13 août 1792, et institue le Bureau des Pauvres de Beauvais son légataire universel. — Le 2 septembre 1792, il est tué par une troupe de révolutionnaires qui avaient été introduits dans le couvent des Carmes, à Paris, où il était prisonnier, en même tems que son frère, l'évêque de Saintes ; tous deux à genoux au pied d'un autel , ils y trouvèrent la mort dans les bras l'un de l'autre. Ce jour encore vit, dans le même lieu, le trépas de M. *Brisse*, grand-pénitencier de la cathédrale de Beauvais.

93. MASSIEU.

1791-1794. Lorsqu'il fut nommé évêque de Beauvais, il était curé de Sergy et député à l'Assemblée nationale. Sa nomination eut lieu , par l'assemblée électorale de l'Oise, le dimanche 20 février 1791, dans l'église Saint-Pierre. Il fut sacré à Paris , et se rendit le 20 mars à Beauvais pour prendre possession de son siége. Une messe en musique fut célébrée le jour de son installation. Dans le court espace qu'il occupa le siége de Beauvais, cet évêque ne dédaignait point de s'associer aux députés qui étaient chargés de faire des visites domiciliaires chez les personnes dites suspectes.

VACANCE.

1794-1823. Les églises restèrent fermées pendant plusieurs années. C'est vers 1802 que les temples ont été rendus au culte ; le concordat était à peine signé, que M. *de Villaret*, évêque d'Amiens, vint à Beauvais célébrer la première messe dans l'église cathédrale, le dimanche 15 novembre 1802, en l'honneur du premier consul, qui y était arrivé la veille avec *Joséphine*, son épouse. M. de Villaret était ancien aumônier et professeur à l'école de Brienne, où il connut Bonaparte, qui, de son côté, se ressouvint de lui.

A partir de cette époque, le département de l'Oise a fait partie de la circonscription de l'archevêché de Reims et de l'évêché d'Amiens, dont le siège était occupé, en 1832, par Mgr. de Mondolx, auquel succéda M. de Bombelles. Le diocèse de Beauvais était administré par M. Clausel de Coussergues, vicaire-général d'Amiens. Quelque tems après la rentrée de Louis XVIII, M. de Lesquen fut nommé évêque de Beauvais, dont le siège venait d'être rétabli par les soins de ce monarque ; et ce n'est qu'en 1823 que l'évêché de Beauvais, qui avait été érigé dans le troisième siècle, *renversé pendant la révolution*, fut relevé, et qu'il est devenu suffragant de l'archevêché de Reims.

94. DE LESQUEN.

1824-1825. Ce premier évêque n'a occupé que peu de tems le siège ; en 1825, il a été nommé à l'évêché de Rennes.

95. FRANÇOIS-JEAN-HYACINTHE FEUTRIER, prédicateur du roi, chanoine honoraire du chapitre royal de Saint-Denis, vicaire-général de la grande aumônerie, ancien curé de la Madeleine de Paris, né à Paris le 2 avril 1785.

1825-1830. Son entrée solennelle et son installation eurent lieu le 22 mai 1825. Les qualités éminentes de M. Feutrier ont contribué beaucoup à l'empressement qu'on a mis à l'accueillir. A peine avait-il pris possession de son siège qu'il se rendit dans les principales communes de son diocèse, pour y administrer le sacrement de la confirmation. Toute la population des campagnes allait au-devant de lui. Nous l'avons vu arriver dans différentes communes, escorté par des cavalcades campagnardes, et, pour se rendre à l'église, être entouré de plus de trois cents femmes vêtues de blanc.

Le 3 mars 1828, il fut appelé au ministère des affaires ecclésiastiques.

Par une ordonnance du 19 décembre 1825, il organise un *conseil central* pour l'instruction primaire dans le département, et nomme des inspecteurs des écoles pour chaque canton.

Le 12 septembre 1828, il pose la première pierre du nouvel Hôtel-Dieu, en présence des autorités civiles et militaires.

Il était autant aimé qu'il a été regretté depuis. Mort à Paris en 1830, le 30 juin, son corps a été transporté à Beauvais ; il fut exposé à l'évêché pendant plusieurs jours, et déposé ensuite dans le caveau que M. de Gesvres avait fait établir dans le sanctuaire de la cathédrale.

96. JEAN-LOUIS-SIMON LEMERCIER.

1833-1837. Cet évêque, né à Beauvais le 9 avril 1758, sacré le 10 février 1833, ci-devant curé de Sainte-Marguerite, puis chanoine et vicaire-général de Paris, a publié le Mandement de sa prise de possession le 24 février 1833, et a été installé le 5 mars suivant. Il a donné sa démission en novembre 1837, et a quitté son évêché pour être chanoine du chapitre de Saint-Denis, où il est mort, âgé de 77 ans.

M. Lemercier s'est rendu recommandable par les nombreux services qu'il a rendus à l'Eglise de France pendant sa longue carrière. Il était, à Beauvais, le protecteur des Frères de la doctrine chrétienne, proscrits en 1833, et a puissamment contribué à leur réhabilitation.

97. PIERRE MARIE COTTRET.

1838-1841. Né à Argenteuil le 8 mai 1768, sacré évêque de Caryste le 29 juin 1824, chanoine d'honneur du chapitre royal de Saint-Denis, précédemment chanoine de l'église métropolitaine de Paris, promoteur du diocèse et professeur à la Faculté de théologie, nommé évêque de Beauvais le 27 décembre 1837, installé le 8 avril 1838.

Par une ordonnance de cet évêque, en date du 20 décembre 1839, il a été établi à Beauvais une commission archéologique, chargée d'empêcher la vente, dans son diocèse, des objets d'art que possèdent les églises.

Mort le 13 novembre 1841, son corps a été inhumé dans le même caveau que M. Feutrier. Il mourut des suites d'une blessure qu'il se fit à la main, en fermant avec précipitation une boîte de ferblanc.

98. JOSEPH-ARMAND GIGNOUX, Supérieur du Séminaire diocésain.

1841. Né à Bordeaux le 22 juillet 1799, nommé à l'évêché de Beauvais par ordonnance royale du 15 décembre 1841, sacré le 29 mars 1842.

Le sacre d'un évêque était un événement si rare et si extraordinaire dans notre cité, que, dès l'aube du 29 mars, les habitans, de toutes les classes de la société, étaient sur pied; de même qu'une foule nombreuse d'étrangers venus de tous les points du département, et à laquelle s'unissaient nos concitoyens, jaloux d'être témoins de la consécration du quatre-vingt-dix-huitième évêque de Beauvais.

On avait mis sous les armes, pour assister à la consécration de M. *Gignoux*, le beau régiment de carabiniers, alors en garnison en cette ville, et la superbe compagnie de sapeurs-pompiers de la garde nationale.

Vers huit heures et demie, le clergé se rendit processionnellement, en chantant le *Veni Creator*, du grand séminaire au nouveau palais épiscopal, pour prendre le prélat désigné, qui fut conduit par un imposant cortège, composé des membres du chapitre, de plus de quatre cents prêtres, et des fonctionnaires publics qui avaient été invités, escorté par la troupe et suivi d'une population religieusement émue à la vue de leur digne et nouvel évêque, qu'accompagnaient, avec Mgr. l'archevêque de Reims, les évêques d'Amiens et de Soissons. On y remarquait aussi plusieurs dignitaires ecclésiastiques, entr'autres Mgr. Garibaldi, internonce apostolique, en costume de prélat romain; Mgr. l'évêque nommé de Poitiers, M. l'abbé Emile Gignoux, et M. l'abbé Claverie, l'un frère de notre évêque et vicaire-général du diocèse de Bordeaux, l'autre allié à sa famille, chanoine de Bayonne et aussi vicaire-général honoraire d'Aire.

A l'entrée du cortège dans la cathédrale, l'orgue retentit sous les doigts d'un artiste célèbre, M. le chevalier Sigismond Newkomm, dont nous avions eu déjà l'occasion, quelques années avant cette mémorable époque, d'admirer le double et merveilleux talent d'habile organiste et de compositeur distingué. La messe du sacre, morceau de sa composition, fut exécutée avec beaucoup de précision et une entente peu commune, par les élèves réunis des établissemens de Goincourt, de Saint-Lucien et de l'école communale des Frères. M. Sigismond Neuwkomm tenait l'orgue lui-même, et M. Boulanger, organiste, dirigeait les chœurs.

Nous regrettons que le cadre resserré de notre ouvrage s'oppose à ce que nous puissions donner ici une description complète du tableau touchant qu'offrirent les cérémonies du sacre. L'on sait que l'intérieur de la cathédrale avait été, à cet effet, décoré avec autant de goût que de magnificence. Nous ne pourrions d'ailleurs qu'affaiblir, en l'imitant, la relation exacte et fort curieuse que, le lendemain, en publia une personne, par sa position et son caractère, à même de bien juger et parfaitement comprendre les détails de cette auguste et pompeuse cérémonie, dont l'éclat fera époque dans les fastes de la ville de Beauvais, et y laissera de graves et intéressans souvenirs. (*Voyez* le *Journal de l'Oise* du 30 mars 1842.)

ÉDIFICES ET MONUMENS PUBLICS.

Préfecture. — L'hôtel de la préfecture, situé à l'extrémité du faubourg Saint-Quentin, a été établi en 1824, dans les anciens bâtimens provenant d'une abbaye fondée en 1064, par *Guy*, quarante-sixième évêque de Beauvais. Cette abbaye, occupée jusqu'en 1789 par des Génovéfains de l'ordre de Saint-Quentin, ensuite vendue comme propriété nationale, fut transformée en une superbe manufacture de toiles peintes, dont les travaux furent suspendus peu d'années après son établissement. Ces bâtimens, acquis par le département, ont exigé de grandes dépenses pour les approprier à leur destination. C'est dans le premier corps de bâtiment, précédé d'une vaste cour, que les bureaux sont placés; à droite, un immense couloir vitré, récemment construit, conduit aux appartemens, qui sont spacieux et décorés avec beaucoup de goût et d'art. Cette belle habitation est environnée de vastes jardins arrosés par le Thérain. On doit regretter toutefois qu'un monument, à tant de titres si remarquable, destiné à un service public de la plus haute et indispensable importance, se trouve placé à une distance aussi éloignée de la ville.

Evêché (1°). — Le nouveau palais épiscopal, dont l'évêque, M. Gignoux (Joseph-Armand), prit possession en 1842, fut formé de deux grandes maisons bourgeoises acquises par le département. L'entrée principale est rue Saint-Pantaléon; là sont situés les appartemens occupés par l'évêque. Une autre entrée s'ouvre rue du Doyen, prequ'en face la cathédrale; c'est de ce côté qu'est placé le secrétariat. Les locaux de cet évêché sont vastes et bien distribués; mais ils diffèrent de beaucoup de ceux de l'ancien palais épiscopal, dont nous allons parler.

Palais de Justice (nouveau). — Cet édifice, situé près de la cathédrale, est d'une bien ancienne construction; les dehors annoncent une forteresse; l'entrée en est défendue par deux grosses tours enclavées dans d'épaisses et hautes murailles. Ces tours furent bâties, des deniers de la ville, par l'ordre de *Simon de Clermont*, dit de Nelle, évêque de Beauvais. *Louis de Villiers* fit reconstruire l'intérieur de ce palais dans le quinzième siècle; il fut occupé constamment par les évêques-comtes de Beauvais jusqu'en 1792; il devint alors le lieu des séances de l'administration départementale, à laquelle succéda l'installation de la préfecture. En 1825, ce palais redevint de nouveau le siége de l'évêque de Beauvais; enfin, nous le voyons aujourd'hui transformé en Palais de Justice.

Ce palais, dont l'inauguration a eu lieu le 9 mars 1846, avec une sévère et majestueuse solennité, sera sans contredit un des plus beaux monumens de ce genre qui existent en France, lorsque les parties inachevées en seront terminées, c'est-à-dire lorsqu'on aura restauré les croisées qui doivent être revêtues de tout le luxe de l'imagination gothique, que ses hauts combles seront couronnés de lucarnes sculptées à jour, surmontées de clochetons, et décorés des écussons de la *justice*, de la *ville* et des *évêques*, premiers fondateurs de ce monument.

C'est dans cet antique palais que sont réunis à présent, et la cour d'assises et le logement du président; le tribunal civil, son greffe et les archives; le tribunal de commerce; une caserne de gendarmerie à pied; et peut-être aussi par la suite, à ce qu'on présume et qu'on désire, les justices de paix et la chambre des notaires.

Il est de l'essence de la tâche que nous avons entreprise de donner quelques détails sur l'ensemble des distributions applicables à ces différens services, en félécitant l'administration actuelle d'avoir su employer aussi utilement cet ancien monument, en s'attachant scrupuleusement à en conserver les parties qui intéressent essentiellement les arts.

On remarque d'abord, à l'entrée de cet édifice, les hautes tours féodales, irrécusables témoins de l'ancienne puissance des évêques, de qui émanait alors toute justice; les vastes salles destinées au tribunal de commerce et à son greffe.

A gauche, à la sortie de ces voûtes anciennement fermées de portes grillées, s'aperçoivent les bâtimens appropriés, aux deux extrémités, en caserne de gendarmerie à pied et en logement du président des assises. En retour, et s'y rattachant par un couloir, sont deux escaliers en pierre conduisant aux deux tribunaux; l'un de ces escaliers est destiné à la magistrature et l'autre au public.

Au premier étage se trouve le local de la cour d'assises, précédé d'une salle d'attente spacieuse. Un vaste corridor de dégagement sépare la cour d'assises des salles des jurés, des témoins et des accusés; sa forme est celle d'un parallélogramme rectangle, de vingt-cinq mètres de longueur, à pan incliné, avec des bancs à dossiers dans la partie réservée au public, disposition nouvelle et avantageuse pour l'auditoire. Il est seulement à regretter qu'il n'ait pas été possible de donner plus de largeur à cette salle des assises, et qu'elle ne soit éclairée que d'un seul côté. Elle est d'ailleurs décorée d'une manière qui atteste le goût et le talent des artistes qui ont concouru à la restauration et à l'embellissement de ce palais.

Le tribunal civil, placé au-dessus, est desservi par un corridor semblable. Parmi ses nombreux locaux de services se font remarquer la salle des pas perdus et celle du conseil, la bibliothèque, et surtout deux élégans cabinets, l'un dans la charmante tourelle sur la cour, l'autre dans la tour du moyen-âge, laquelle s'offre enrichie d'écussons aux armes des évêques, qui échappèrent, on ne sait comment, aux regards inquisiteurs des iconoclastes de 1793.

La salle du tribunal est garnie de bancs pour le public, à l'instar de celle des assises ; elle est également décorée avec beaucoup de goût. En retour, sur l'aile droite, sont le greffe, les chambres des avoués et des avocats, ainsi que le logement du concierge ; au-dessus sont les pièces destinées à l'établissement de vastes archives.

La galerie qui existait et servait autrefois de passage aux évêques pour se rendre à la cathédrale, a été démolie en raison de son peu de solidité, et aussi pour aider à la construction régulière du dernier Palais de Justice, dans l'ancien local des archives du chapitre de la cathédrale.

Telle est devenue, à notre époque, l'imposante et redoutable demeure des évêques-comtes de Beauvais, transformée après des siècles en un Palais de Justice, où, par un rapprochement assez bizarre, nos premiers évêques rendaient aussi leurs sentences (1).

Hôtel-de-Ville. — L'on doit à M. Augustin Potier, évêque de Beauvais, la fondation d'un hôtel-de-ville, pour l'érection duquel il a laissé, par son testament du 27 novembre 1647, une somme de 5,000 liv. Le 2 août 1651, M. Choart de Buzanval, successeur de M. Potier, posa la première pierre de l'édifice qui était peu digne de sa destination. L'épuisement des finances communales empêcha de continuer les travaux, qui d'ailleurs, mal exécutés, menaçaient de crouler. Ce ne fut qu'un siècle plus tard que les échevins firent reconstruire l'hôtel-de-ville, tel qu'on le voit aujourd'hui, d'après le plan et les dessins de *Boyeu*, architecte. C'est le plus bel édifice de Beauvais : il forme une des faces de la grande place ; on y remarque une horloge à équations, due au célèbre et ingénieur *Lepaute* ; elle y fut placée le 15 septembre 1810 ; depuis 1846, le cadran est éclairé pendant la nuit.

Collége de Beauvais. — Le collége communal de cette ville est établi dans l'ancien couvent des Ursulines, rue des Jacobins, dont les bâtimens sont très-vastes et bien disposés. Pendant la révolution, ils étaient occupés par l'école centrale du département, ensuite par l'école secondaire ecclésiastique, à laquelle a succédé le collége actuel, qui y est en pleine prospérité.

Séminaire de Beauvais. — Cet établissement est situé rue Sainte-Marguerite, dans les bâtimens de l'ancien collége. Ces bâtimens n'offrant pas de dépendances assez spacieuses pour sa destination actuelle, c'est sans doute ce qui a donné lieu à l'acquisition (en dehors de la ville et en face la porte Sainte-Marguerite) d'un vaste terrain sur lequel on construit présentement un séminaire d'une très-grande étendue, et dont le plan a déjà été lithographié.

Salle de Spectacle. — C'est dans l'ancien couvent des Minimes, qui

---

(1) Il existe toujours (et nous les avons visités il y a peu de tems encore), dans la tour située à l'angle de la rue de Limaçon, et les *cachots* et les *oubliettes*, où l'on jetait autrefois les victimes de cette affreuse juridiction.

date de 1618, que la salle de spectacle a été été établie en 1792. Cette salle, reconstruite entièrement en 1831, sur les dessins de M. Landon, architecte, est un monument remarquable, tant en dehors que dans son intérieur.

Il est à regretter que le peu de goût des habitans de Beauvais pour le spectacle, contribue à rendre fort précaire la position des acteurs qui y viennent donner des représentations.

La première salle de spectacle fut établie à Beauvais en 1775, rue de l'Ecu, dans une propriété appartenant au sieur *Feuillet*, horloger, à l'aide d'une souscription à laquelle tous les habitans aisés s'empressèrent de répondre.

Casernes de Cavalerie. — Il existe deux casernes à Beauvais, l'une dite le *Grand-Quartier-Saint-Jean*, dont les bâtimens sont considérables, et qui cependant n'offrent pas assez d'étendue pour loger les chevaux; ce qui a déterminé le ministre de la guerre à traiter nouvellement avec un propriétaire voisin de cette caserne, pour la location d'un vaste bâtiment qu'il a fait construire en 1845, et qui peut contenir jusqu'à deux cents chevaux.

La deuxième caserne, moins importante, est située dans l'ancien couvent dit des sœurs du tiers-ordre de Saint-François, vulgairement nommées *sœurs grises*, qui, instituées par saint Louis en 1480, furent supprimées en 1791; leur couvent, transformé pendant la terreur en maison de détention, fut depuis converti en caserne.

L'ancienne compagnie des gardes-du-corps possédait trois casernes à Beauvais : celle dite du Grand-Quartier, aujourd'hui Quartier-Saint-Jean; une, rue de l'Infanterie, maintenant propriété de M. Famin-Mansard; la troisième, rue du Bout-du-Mur, aussi domaine particulier : ces deux dernières se désignaient, l'une sous le nom de Quartier-de-l'Infanterie, l'autre de Quartier-de-la-Madeleine.

Casernes de Gendarmerie. — La caserne des gendarmes à cheval se trouve rue Saint-Pantaléon, dans l'emplacement d'une ancienne église.

Le capitaine et ses bureaux occupent la maison en face, ancien hôtel de l'état-major des gardes-du-corps, en 1792. Cette maison était la réunion des bureaux des membres composant l'assemblée dite du district.

La caserne des gendarmes à pied, qui a été fort long-tems rue de l'Ecu, est actuellement établie dans l'un des bâtimens de la nouvelle cour d'assises.

Prisons. — Deux prisons existent à Beauvais : l'une, située derrière l'hôtel-de-ville, est la *maison d'arrêt*; elle sert à renfermer les individus prévenus de crimes, délits, vagabondages commis dans l'arrondissement.

L'autre prison, qui tient aux bâtimens de l'ancien évêché, où est maintenant la cour d'assises, est celle dite *maison de justice*, où sont amenés et renfermés les accusés qui doivent être jugés par la cour d'assises du département.

Les anciennes prisons du chapitre se trouvaient sur la place de Saint-Pierre, à l'entrée de la rue qui porte encore aujourd'hui la désignation de *rue des Prisons*. Les exécutions ordonnées par la justice se faisaient à une échelle patibulaire, qui a donné son nom à la rue de l'Echelle, contiguë aux ruines de l'église Sainte-Marguerite.

Bains publics. — Beauvais a trois établissemens de bains, dont l'un, nouvellement ouvert, est remarquable par la distribution, l'élégance et la tenue de ses cabinets.

ADMINISTRATIONS PUBLIQUES.

Etat ecclésiastique. — L'évêché de Beauvais a pour arrondissement de diocèse le département de l'Oise, qui est suffragant de l'archevêché de Reims. L'évêque, deux vicaires-généraux et un secrétaire de l'évêché, résident à Beauvais, pour surveiller et diriger les affaires ecclésiastiques de tout le département.

Il existe deux paroisses : celle de Saint-Pierre, cathédrale, dont la cure est de première classe, a quatre vicaires ; et celle de Saint-Etienne, aussi de première classe, a trois vicaires.

Ordre civil. — Beauvais, chef-lieu du département de l'Oise et de l'arrondissement, est la résidence du préfet et du secrétaire-général.

C'est le siége du conseil de préfecture, du conseil général et du conseil d'arrondissement, des colléges électoraux *intrà* et *extrà-muros*.

Considérée comme ville importante, Beauvais a un maire et deux adjoints nommés par le roi, un conseil municipal composé de vingt-sept membres, un receveur des revenus communaux, et un secrétaire de la mairie.

C'est la résidence du receveur général et du payeur des dépenses diverses ;

Du directeur de l'enregistrement et des domaines, du premier commis de direction, de l'inspecteur, d'un vérificateur et d'un conservateur des hypothèques ; d'un receveur du timbre civil, d'un receveur des actes judiciaires, d'un receveur du timbre extraordinaire, et d'un garde-magasin du timbre ;

Du directeur des contributions directes, de l'inspecteur, d'un contrôleur principal, d'un contrôleur de première classe, et d'un premier commis de direction ; du géomètre en chef du cadastre ; du percepteur de la ville ;

D'un inspecteur des eaux et forêts et d'un garde général ;

Du directeur des contributions indirectes, d'un contrôleur de comptabilité, d'un premier commis de direction, d'un contrôleur de ville, etc. ;

De l'ingénieur en chef des ponts-et-chaussées, d'un ingénieur ; d'un ingénieur des mines ; de l'architecte et de l'agent-voyer en chef de l'arrondissement ; de l'agent-voyer de la ville ;

D'une chambre consultative des arts et manufactures, composée du maire, président de droit, et de cinq membres.

C'est aussi la résidence du vérificateur et de l'adjoint-vérificateur des poids et mesures de l'arrondissement ;

D'un inspecteur et d'un directeur des postes, avec premier, deuxième et troisième commis ; d'un maître de poste aux chevaux ;

D'un inspecteur des enfans trouvés.

Ordre judiciaire. — La ville de Beauvais est le siége de la cour d'assises du département, et en cette qualité la résidence du procureur du roi, substitut du procureur-général près la cour royale d'Amiens, dans le ressort de laquelle le département de l'Oise est placé.

C'est aussi le siége du tribunal de première instance de l'arrondissement de Beauvais, qui est composé, avec le président et le vice-président, de neuf juges, divisés en deux chambres, et de quatre juges-suppléans, d'un greffier et de deux commis-greffiers.

Les juges de paix des deux cantons résident à Beauvais, ainsi que leurs greffiers.

Le bureau de police est composé d'un commissaire et de trois agens sous ses ordres.

Le tribunal de commerce, pour l'arrondissement, qui siége à Beauvais, se compose d'un président, de quatre juges, d'autant de suppléans, d'un greffier et d'un commis-greffier. Quatre agréés sont admis près de ce tribunal.

Instruction publique. — Beauvais, qui se trouve compris dans le ressort de l'académie d'Amiens, possède un collége communal, où l'on fait de bonnes études. Il est dirigé par un principal; l'instruction est confiée à dix professeurs et un aumônier.

Il y a dans cette ville un grand séminaire. Cet établissement est composé d'un supérieur, d'un économe et de six professeurs; il est à remarquer que ce séminaire est le premier en France où l'on ait fait des cours publics de sciences naturelles d'archéologie.

Un cours gratuit de géométrie, de mécanique, et de dessin linéaire appliqué aux arts, est établi à la mairie, aux frais de la ville.

On trouve en outre à Beauvais une école supérieure, dite mutuelle; une école primaire des frères de l'école chrétienne. Ces deux établissemens sont aussi entretenus par la ville. Il y existe deux maîtres de pensions secondaires et trois pensions primaires.

Il y a une institution des dames du sacré-cœur, dirigée par une supérieure, une institutrice et un aumônier. Ces dames tiennent, pour les jeunes filles, une école gratuite à la charge de la ville.

Une autre institution est nouvellement établie, place Saint-Pierre; elle est tenue par les dames dites de Saint-Joseph.

Beauvais renferme huit pensions de demoiselles et quatre institutrices primaires.

C'est la résidence d'un inspecteur et de deux sous-inspecteurs des écoles primaires.

Bibliothèque de la Ville. — Une bibliothèque publique, composée de plus de 10 à 12,000 volumes, est confiée aux soins d'un bibliothécaire. Cette bibliothèque, actuellement dans les bâtimens du collége, doit être prochainement transférée à l'hôtel-de-ville.

Etat militaire. — Beauvais, comme chef-lieu du département de l'Oise, se trouve compris dans la première division militaire, dont Paris est le quartier-général; il est la résidence d'un maréchal-de-camp, commandant la subdivision dont Beauvais dépend; de son aide-de-camp, et d'un sous-intendant militaire;

D'un capitaine et d'un lieutenant de gendarmerie, et de deux brigades, l'une à cheval et l'autre à pied, qui dépendent de la troisième légion de gendarmerie, dont le quartier est à Rouen ;

D'un capitaine et d'un lieutenant de recrutement, d'un officier garde du génie, et d'un officier comptable pour les subsistances militaires.

Un régiment de cavalerie tient régulièrement garnison dans la ville.

Garde nationale. — D'après l'organisation actuelle de celle de Beauvais, il y a deux bataillons composés chacun de six compagnies, et d'une compagnie d'artillerie pourvue de deux pièces de canon.

Pompiers. — Beauvais possède une compagnie de pompiers très-bien organisée, forte de soixante-dix hommes, ayant trois pompes à son service.

ÉTABLISSEMENS DE BIENFAISANCE.

L'Hôtel-Dieu établi en 1500, près de la porte d'Amiens, dans un ancien couvent de religieuses de Saint-Augustin, a été reconstruit en 1832, sur les dessins de M. Landon, ancien architecte du département. C'est actuellement un édifice remarquable par son étendue et sa belle construction. Il est desservi par des sœurs hospitalières et par de jeunes personnes pieuses, qui, sans vœux formels, se sont consacrées au service des malades. Il existe dans cet hospice plus de quatre-vingts lits. On y reçoit des hommes et et femmes de la ville, ainsi que des militaires. Un local particulier est destiné pour y faire des expériences de chirurgie et des cours d'accouchement.

Un autre hospice, dit *Bureau des Pauvres*, établi en 1629, est une maison dont les dépendances sont considérables, et qui ont été beaucoup améliorées en 1843, par des constructions nouvelles. On reçoit dans cet hospice des vieillards et des orphelins des deux sexes, ainsi que les enfans abandonnés. On admire la tenue et la propreté qui y règnent. Il est garni de plus de 370 lits. On sait que ce précieux établissement est dû d'abord au digne évêque, M. Augustin *Potier*, qui, en 1629, en posa les premiers fondemens ; à un grand nombre de bienfaiteurs, et particulièrement à M. l'abbé Borel, qui ajouta à tous les dons qu'il fit, des réglemens si sages et si propres à y entretenir l'ordre et la vertu, réglemens qui y sont toujours en pleine vigueur, grâce aux soins de l'économe et des respectables pieuses dames qui ont fait le sacrifice de leur existence aux besoins et soulagement des pauvres.

Ces deux hospices, qui sont richement dotés, sont administrés par une commission composée du maire, président-né, cinq citoyens recommandables par leur zèle et leur charité, un secrétaire, un économe et un receveur des revenus qui y sont attachés.

Bureau de bienfaisance. — Il se compose du maire, président-né de cet établissement, et de quatre autres personnes. Ce bureau a pour objet d'assurer aux indigens non reçus dans les hospices, des secours qui leur sont distribués à domicile par des dames dites *mères de charité*.

Indépendamment de ces mères de charité, il existe aussi à Beauvais des dames chargées de secourir les prisonniers. Il faut que ces dames, qu'on appelle *mères des prisonniers*, soient douées d'une grande vertu et de beaucoup de charité pour visiter, comme elles le font continuellement, et sans y être obligées autrement que par cette compassion si touchante que Dieu ne pouvait mieux placer que dans le cœur des femmes, ces malheureux que la société rejette de son sein, que la justice attend, et qui n'ont que des châtimens honteux ou terribles pour unique espérance.

Des établissemens non moins précieux, qui intéressent particulièrement la classe indigente, et dont la ville fait elle seule les frais, sont 1° l'*école gratuite d'enseignement mutuel*, où plus de cent cinquante élèves reçoivent les premières notions élémentaires, établissement auquel est annexée une *salle d'asile*, où sont nourris, dans la journée, les plus jeunes enfans; 2° l'*école gratuite*, dite des Frères, qui renferme un grand nombre d'enfans pauvres; 3° et la *salle d'asile* des jeunes filles, tenue dans un des bâtimens du couvent des dames du Sacré-Cœur, où les filles pauvres sont spécialement confiées aux soins d'une de ces respectables dames.

Nous avons aussi à Beauvais, depuis plusieurs années, des dames religieuses, dites de *Saint-Aubin*, qui consacrent leurs soins au service des malades à domicile. Déjà ces dames ont fait preuve de beaucoup de zèle et d'intelligence dans l'exercice de leur profession, et les personnes qui les ont employées s'applaudissent de ce que la ville renferme un établissement aussi précieux.

Il existait à Beauvais, avant la révolution, des écoles gratuites en faveur des enfans des deux sexes: les dames *Ursulines* et les *Barettes*, dans la maison située place Saint-Etienne.

Dans la rue de l'Infanterie était l'école gratuite des garçons, établissement qu'on nommait l'*école de charité*, sous la direction du vicaire du Bureau des Pauvres; à la révolution, cette institution fut supprimée.

Sociétés savantes. — Beauvais a l'avantage de posséder un Musée, dû aux soins d'un comité archéologique. Ce Musée doit être transféré dans les anciens bâtimens de la cour d'assises.

Cette ville possède aussi un Athénée des sciences et des arts, et un Cercle littéraire.

Jury médical. — Ce jury est présidé par un professeur de la Faculté de médecine de Paris. Il est composé de deux médecins et de quatre pharmaciens.

Le service des épidémies est attribué à un médecin de Beauvais.

Dix médecins, trois officiers de santé, cinq pharmaciens et cinq sages-femmes résident à Beauvais.

On y trouve aussi cinq artistes vétérinaires.

Caisse d'épargne. — Une caisse d'épargne et de prévoyance a été établie à Beauvais, par ordonnance royale du 2 juin 1835. Elle est régie par un conseil d'administration composé de douze membres et d'un agent comptable.

Contributions directes.

Les contributions directes payées par les habitans, pour l'exercice 1846, sont, savoir :

	Principal.	Centimes additionnels pour dépenses diverses.	Total.
Contribution foncière	66,106	22,349 61	58,455 61
— personnelle et mobilière.....	26,489	16,852 40	43,341 40
— portes et fenêtres	44,385	14,891 17	59,276 17
— patentes.	46,028	12,221 36	58,249 36
	153,008	66,314 54	219,322 54

Contributions indirectes.

Etat des principales Recettes faites en 1845, pour droits payés par les habitans de la ville de Beauvais.

Produit des tabacs vendus en 1845, aux débitans de la ville, des faubourgs et de la banlieue de Beauvais (1).................... 126,136
Poudres livrées aux débitans, *idem*..................... 4,615
Droits de licence, payés par les débitans, les marchands en gros et les brasseurs.. 4,452
Droits de circulation, payés par les propriétaires sur les vins et les cidres.. 7,767
Droits d'entrée, payés par toute espèce de boissons......... 48,196
Droits de consommation, payés par les percepteurs et les débitans... 9,651
Droits de détails sur toutes espèces de boissons, payés par les débitans... 76,747
Droits de fabrication sur les bières, payés par les brasseurs.. 9,609
Droits sur les voitures, payés par tous les entrepreneurs de voitures publiques...................................... 18,296
Droits de garantie de matières d'or et d'argent, payés par les orfèvres... 1,986
Droits pour les acquits et passavans destinés à divers....... 1,678
Droits pour les timbres de toutes les expéditions délivrées à divers.. 8,895
Dixième des droits d'octroi, remboursés par la ville........ 14,885
Droit de casernement payé par la ville 5,138

338,051

(1) Les tabacs de l'entrepôt viennent de Lille et de Paris.

OCTROI DE BEAUVAIS.

L'établissement de cet octroi, qui est en régie simple, date du 5 novembre 1799.

Un préposé en chef et un brigadier sont chargés de la direction et de la surveillance du personnel.

Il y a un bureau central où s'opère la perception des droits à acquitter par les entrepositaires, les brasseurs et les distillateurs; six bureaux de perception, pour les objets provenant de l'extérieur, établis aux portes de Gournay, d'Amiens, de Clermont, de Saint-André, de Paris et de Saint-Jean; trois postes de surveillance, où sont placés des préposés auxquels toute perception est interdite : à la poterne Sainte-Marguerite, à celle Saint-Louis, et au pont des Aires, faubourg Saint-André.

Le tarif en vigueur a été approuvé par ordonnance royale du 23 novembre 1841, et mis à exécution le 1er janvier suivant.

Le produit brut annuel s'élève à environ 166,000 francs.

Le canal et les rivières qui entourent la ville rendent la surveillance plus facile, et l'introduction en fraude d'objets assujétis aux droits d'octroi très-compromettante pour les porteurs et conducteurs.

———

Nous ne rapporterons point ici le tarif de l'octroi actuel, qui est généralement connu; mais nous croyons devoir indiquer, pour renseignemens, les *anciens droits* qui étaient perçus aux portes de la ville avant la révolution de 1789.

———

Tarif des principaux droits d'aides et autres droits, qui étaient dus à l'entrée de la ville et des faubourgs de Beauvais, et qui se percevaient encore en 1790.

Vins et autres boissons.

	livres.	sous.	deniers.
Vin ordinaire (les 40 veltes)	7	1	8
Vin de liqueur (les 40 veltes)	13	11	8
Eau-de-vie (les 40 veltes)	23	6	»
Cidre (les 40 veltes)	3	11	8
Poiré (les 40 veltes)	2	16	8
Bière (les 40 veltes)	2	15	»

Par les Bénéficiers.

	livres.	sous.	deniers.
Vin de bénéfice (les 40 veltes)	4	6	8
Cidre de bénéfice (les 40 veltes)	2	10	»
Poiré de bénéfice (les 40 veltes)	2	5	10

Bestiaux.

	livres.	sous.	deniers.
Un bœuf	11	1	6
Une vache, taureau ou bouvart	8	8	3
Une génisse	6	13	7

	livres.	sous.	deniers.
Un veau	2	5	1
Un mouton ou chèvre	1	2	3
Un agneau ou chevreau.......................	»	3	»
Un grand porc.................................	2	13	4
Un moyen porc................................	1	19	10
Un petit porc..................................	1	12	4
Un cochon de lait.............................	»	1	6

Morues salées grandes ou petites.

Pour une quene................................	»	1	8

Le baril doit au principal 25 sous pour le sol pour
livre, 15 sous pour l'octroi, et en outre les 10 sous sol
pour livre; au total, 3 livres.

Harengs saures, maquereaux salés.

Le baril	3	»	»

Le cent de harengs salés doit le douzième du baril, et
un hareng seul doit en total $3/5$ de denier.
Le cent de maquereaux salés doit le tiers du baril, et
un seul doit en total 2 deniers $1/5$.

Saumons salés.

Pour la gonne, évaluée à 30..................	3	15	»
Pour un seul saumon.........................	»	2	6

Marée. — Huîtres.

Pour un petit panier..........................	»	8	$3/4$
Pour une somme..............................	1	12	3

Huile d'olive.

Pour le cent pesant	1	2	6

Huiles de poisson et de graines.

Pour le cent pesant...........................	»	9	»

Bois à brûler.

Bois de fente (les huit pieds)	3	1	3
Bois rondins (les huit pieds)................	2	16	9
Fagots de chêne (le cent)....................	2	3	3
Fagots de bois blanc (le cent)...............	2	»	3
Fatrouilles (le cent).........................	1	18	9

Bois à bâtir et planches.

Bois de chêne (les cent toises)...............	2	1	9
Bois blanc (les cent toises).................	1	15	9

Bois en grume.

Arbre de chêne (tiré à 2 chevaux)............	»	12	»
Arbre de chêne (tiré à 4 chevaux)	1	4	»

	livres.	sous.	deniers.
Arbre bois blanc (tiré à 2 chevaux)...............	»	8	»
Arbre bois blanc (tiré à 4 chevaux)	»	16	»

Les autres pièces, plus ou moins à proportion.
Il est dû en outre, pour 600 pieds de roi, 9 livres pour le *don gratuit.*

Bois de charronnage.

	livres.	sous.	deniers.
Gentes (pour cent).........................	2	11	9
Gente (pour une seule)......................	»	»	7
Rais (pour cent)...........................	1	18	9
Rais (pour un seul)	»	»	5
Moyeux (pour une paire)	»	3	9

Etat nominatif des Droits d'entrée (*consistant en* anciens octrois *et* nouveaux octrois), *sur les différentes denrées et marchandises, qui se percevaient encore en 1790.*

Droits, y compris le sol pour livre, et les dix sols pour livre au profit du roi.

	livres.	sous.	deniers.
Vin du pays (le muid de 40 veltes).............	3	10	10
Vins étrangers et autres (le muid de 36 veltes).....	20	»	7
Eaux-de-vie et liqueurs (le muid de 36 veltes).....	22	1	»
Cidre et bière (le muid de 40 veltes)............	2	2	6
Gros bois et rondins (les huit pieds)	2	2	6
Fagots et fatrouilles (pour le cent).............	1	14	8
Morues grandes et petites, nouvelles et vieilles (le cent)	1	3	7
Harengs blancs en bracque, harengs-sorêts (le baril)	1	3	7
Huile d'olive (pour le cent)	1	3	7
Huile de poisson (pour le baril)..............	»	9	5
Huile de noix , navette et autres graines (le baril)...	»	18	10
Cerceaux à muid (couronne de 50)	»	4	8
Cerceaux à demi-muid (couronne de 50)..........	»	3	1
Bois merrain (pour le réseau)..............	1	19	4
Bois de chêne de charpente (les cent toises)........	7	17	6
Bois blanc de charpente (les cent toises)...........	4	14	6
Copeaux (pour la corde)....................	1	3	7
Charbon (la charretée).....................	»	15	9
Foin et paille (pour le cent).................	2	7	3
Briques , tuiles et carreaux (pour le mille)	»	15	9
Fer et acier (pour le mille)..................	2	7	3
Savon (pour le cent).......................	2	7	3
Le sel (pour le minot).....................	1	1	»

Indépendamment de ces droits sur les denrées et marchandises, il y en avait un particulier sur toutes les espèces de papier, tant pour l'écriture que pour l'impression. Ce droit était tarifé d'après la grandeur de chaque sorte de papier.

POIDS ET MESURES (1).

On faisait usage anciennement à Beauvais, dans le commerce de détail, de deux espèces de poids : la livre, poids de marc de 16 onces, et la livre du comté, de 14 onces.

Il y avait des mesures de longueur de deux espèces : le pied de roi, de 14 pouces, et le pied du comté, de 11 pouces.

Indépendamment de ces poids et mesures, ceux ci-après indiqués étaient usités tant sur le marché de Beauvais que dans les différentes branches de commerce, savoir :

Pour le blé et le seigle,	{ le sac ou setier de 6 mines, { la mine de 32 pintes de Paris,	
Pour l'orge,	{ le sac de 4 mines, { la mine de 40 pintes,	étaient usités sur le marché.
Pour l'avoine,	{ le sac de 4 mines, { la mine de 48 pintes,	
Pour les étoffes et la toile,	{ l'aune de Beauvais avait 43 pouces 8 lignes, { et l'aune de Paris portait 42 pouces.	
Pour les liquides,	{ la velte de 8 pintes, { la pinte de Paris.	
Pour le bois,	— la corde de 8 pieds, ou 107 pieds cubes.	
Pour les marchandises se vendant au poids,	{ le quintal de 100 livres, { la livre qui était de 14 à 15 onces.	
Pour le mesurage des terres,	{ des mesures dites de 100 verges, de la mine de { 50, et de la perche de 22 pieds 12 pouces.	

Tous ces anciens poids et ces anciennes mesures, qui occasionnaient si souvent des difficultés dans les transactions commerciales, n'existent plus fort heureusement. L'uniformité du système métrique, que nous avons l'avantage de posséder à présent, a frappé les esprits ; le besoin de l'adopter est devenu général, et chacun a senti la nécessité de s'y conformer. Cette uniformité est d'ailleurs une garantie réelle, tant pour les commerçans que pour les consommateurs.

---

(1) Une notice historique sur l'établissement du système métrique des poids et mesures en France, publiée en 1845, par M. Victor *Tremblay,* et insérée dans le premier volume des Bulletins de l'Athénée du Beauvaisis, fait connaître la *diversité* des mesures qui existaient anciennement dans chaque province, et les déplorables abus qui résultaient de leur usage.

DES LETTRES, DES SCIENCES ET DES ARTS.

Dès le dixième siècle, une Ecole aussi savante que célèbre florissait dans le faubourg Saint-Quentin; elle avait eu pour fondateur *Guy*, évêque de Beauvais. Les professeurs y consacraient leur existence à l'enseignement des humanités, et formèrent de très-bons élèves.

Dans le cours du treizième siècle, époque de la création des Universités de France, s'ouvrit à Beauvais l'établissement de l'école des Jacobins, alors nommés Dominicains. L'ensemble des études élémentaires qu'on y enseignait, réunissait les *sept arts libéraux*, sciences qui eurent pour interprète fidèle le dominicain *Vincent*, de Beauvais, sous-prieur des Jacobins. Les momens qu'il n'employait point à faire la classe, il les consacrait à l'étude, et s'y livrait avec une application si passionnée, que rien n'était capable de le distraire. Il composa un grand ouvrage, qui fut fort estimé de son tems : c'était une vaste encyclopédie qui embrassait toutes les sciences cultivées à cette époque. Cet ouvrage, connu sous le nom de *Miroir, speculum*, comprend quatre grandes divisions, savoir : le *Miroir doctrinal*, qui traite des matières d'enseignement, depuis la grammaire jusqu'à la rhétorique; le *Miroir historique*, qui expose l'histoire universelle depuis le commencement du monde jusqu'à l'an 1244; le *Miroir naturel*, qui retrace l'état de la science concernant l'étude de la nature; enfin, le *Miroir moral*, où sont détaillés les différens devoirs à remplir, les vertus à pratiquer et les vices à éviter. Il avait dédié cet ouvrage à saint Louis, qui l'affectionnait beaucoup, et qui se chargea de couvrir les frais de cette entreprise.

VINCENT, de Beauvais, est aussi auteur d'un traité de la *Grâce*, en quatre livres. Il composa un traité de l'éducation des princes, qu'il dédia à la reine, épouse de saint Louis, pour l'usage des jeunes princes. Le roi ayant perdu son fils aîné, Vincent lui fit hommage du livre des *Consolations*, qu'il composa à cette occasion. Cet auteur, qui fut sans contredit un des hommes les plus méritans de son siècle, mourut à Beauvais en 1264. Son corps fut inhumé dans le cloître des Jacobins.

Cette époque fournit plusieurs littérateurs d'un haut mérite, entre lesquels il faut distinguer :

FULCOIE, né en 1020, l'un des plus célèbres poètes de son tems. La bibliothèque de Beauvais possède un manuscrit de cet auteur, mort en 1083.

HUGUES, de Beauvais, gouverneur du roi Robert, qui l'appelait son *Educator*. Il avait presque l'autorité d'un maire du palais. Il fut tué en 1025, par ordre de la reine Constance.

ARNOULT, évêque de Rochester, en Angleterre, naquit à Beauvais en 1050, et mourut en 1124. Il a laissé quelques opuscules, insérés dans le spicilège. Il avait été moine de Saint-Symphorien de Beauvais.

Au douzième siècle, nous rencontrons :

GUIBERT DE NOGENT, abbé de Nogent-sous-Coucy, né à Beauvais en 1053, auteur d'une histoire des Français en Orient, était d'une famille noble et riche ; il mourut en 1125.

BÉRENGER DE NULLY, le premier des magistrats dont les Annales de la ville fassent mention ; il était un des *majores* en 1175.

Nous avons, du treizième siècle :

AUDRY, de Beauvais, évêque d'Ostie, cardinal et légat du pape Honorius III, se croisa et fit le voyage de la Terre-Sainte, en 1210.

DURAND (Guillaume), évêque de Mende en 1296, mort en 1328, était de Beauvais. Il a publié divers traités sur les affaires ecclésiastiques.

Le quatorzième siècle a produit :

DE VILLIERS DE L'ILE-ADAM (Jean), né à Beauvais, d'une des plus anciennes maisons de France ; s'engagea dans la faction de Bourgogne, et fut fait maréchal de France et gouverneur de Pontoise en 1418. Il fut tué à Bruges, en 1437, dans une sédition populaire.

DE GUEHENGNIES (Jacques), DE LIGNIÈRES et RICHARVILLE, célèbres par leur courage lors de l'attaque de notre ville par les Anglais, en 1433.

LOISEL (Thomas), qui a composé, en 1434, un ouvrage sur le concile de Bâle, et dont le manuscrit est déposé à la bibliothèque royale.

On peut rappeler encore au quinzième siècle :

MICHEL (Jean), né de parens pauvres. Il devint secrétaire du duc d'Anjou, roi de Sicile, secrétaire de la reine Irlande de Castille, et fut ensuite chanoine d'Aix, et enfin évêque d'Angers. Il mourut le 11 septembre 1447.

HACHETTE (Jeanne), dont l'héroïque dévouement sauva nos remparts, en 1472. (*Voyez* Histoire de Beauvais.)

DE CRÈVECŒUR (Philippe), maréchal de France, qui fut grand capitaine et habile négociateur. Il disait : « Je consentirais à passer un an ou deux » en enfer, pourvu que je puisse chasser les Anglais de Calais. » Il mourut à Larbresle en 1494, en allant en Italie avec Charles VIII.

Ce fut le seizième siècle qui jeta le plus d'éclat en illustrations de tous genres. Il a vu naître :

THIERRY (Jean), qui contribua à la rédaction du Trésor de la langue latine, de Robert (Étienne), et édita les douze petits Grammairiens latins. Il vivait en 1516.

BOUTHEMIE, qui se rendit célèbre dans l'orfévrerie, et par ses jolis caprices en ciselures.

DAVID (Charles), architecte de François Ier.

AUXCOUSTEAUX (Arthur), d'abord chantre à l'église de Noyon en 1527, puis maître de musique à la collégiale de Saint-Quentin, et à la Sainte-Chapelle de Paris. Il a publié plusieurs ouvrages.

D'Angrand, célèbre peintre sur verre. Plusieurs de ses tableaux ornent l'église Saint-Étienne. Mort en 1530.

De Villiers de l'Isle-Adam (Philippe), grand-maître de l'ordre de Saint-Jean de Jérusalem, qui commandait à Rhodès en 1522, lorsque cette île fut assiégée par 200,000 Turcs, et qu'une infâme trahison l'obligea de rendre; il mourut en 1534.

Thierry (Martin), qui publia diverses poésies latines, dont quelques-unes sont dédiées au cardinal de Châtillon. Il vivait en 1537.

Vast (Jean), architecte célèbre, qui a travaillé à la construction de l'église cathédrale de Saint-Pierre. Il mourut en 1542; avait pour collaborateurs, Casier, David, Maréchal, Naquet et Petit.

Mazille (Jean), fils d'un barbier de Beauvais qui demeurait rue Saint-Sauveur. Après avoir étudié la médecine à Montpellier et y avoir été reçu docteur, il revint à Beauvais. Il fut médecin de l'évêque, le cardinal de Chastillon, et ensuite choisi pour être celui des enfans de Henri II; puis fut premier médecin de la reine-mère et du roi Charles IX; après la mort de ce roi, il se retira dans sa ville natale, et y mourut en 1580.

Pastour (Nicolas), chanoine, chancelier de la cathédrale, qui donna, le 22 août 1545, un emplacement à la ville pour y établir un collège.

Caron (Antoine), peintre de François Ier, vers l'an 1550.

Gayet (François), peintre distingué pour la perspective.

Aurigny (Gilles d'), avocat au parlement, auteur du *Tuteur d'Amour*, petit poème, dont la renommée n'a pas vieilli. Il mourut en 1553.

Triston (Nicolas), célèbre avocat, qui a laissé des mémoires estimés; harangua Henri II, lors de son entrée à Beauvais, en 1555.

Frillon (Mathurin), auteur des *Remarques latines sur un Traité de Platon*, publiées en 1560.

Lepot (Jean), qui peignait parfaitement sur le verre, était en outre habile sculpteur. On lui doit les sculptures que l'on admire dans le chœur de Saint-Pierre. Il avait épousé la fille d'Antoine Caron, peintre de François Ier. Ce célèbre artiste mourut en 1563.

Leconte (Jean), fils d'un drapier du faubourg Saint-Quentin, qui, après avoir été sergent à Paris, puis huissier, auditeur et maître des comptes, devint intendant des finances sous Henri II, François II et Charles IX; on le nommait le seigneur de Voisinlieu. Il mourut à Beauvais vers l'an 1580.

Binet (Jean), avocat, qui fit, en 1581, la description du Beauvaisis en vers latins.

Binet (Claude), avocat au parlement de Paris, l'ami et le biographe enthousiaste de Ronsard. Il composa diverses poésies badines et autres. Il vivait en 1583.

Esther, de Beauvais, femme savante. Il existe quelques poésies de sa composition dans le Recueil des ouvrages de Bernalde de Verville, en 1588.

Godin (Nicolas), maire de Beauvais en 1589, pendant la ligue, fut, en 1592, lieutenant du duc de Mayenne, et refusa constamment de reconnaître l'autorité d'Henri IV, qui lui permit de se retirer à Bruxelles, où il mourut sans laisser de parens à Beauvais.

Gouïse (Claude), doyen de Saint-Pierre, qui raconta en vers latins la chute d'une partie de cette église, arrivée en 1573; auteur en outre de poésies latines admirées des beaux esprits du tems; fils d'un procureur de Beauvais, il fut lui-même célèbre avocat et bon royaliste, ce qui le fit chasser de la ville pendant la ligue. Il mourut en 1607.

Pinguet (François), marchand de vins, maire en 1599, auteur de quelques vers incorrects, mais dont le tour est heureux.

Driot (Léonard), avocat, et auteur d'ouvrages manuscrits sur la jurisprudence. C'est lui qui harangua Henri IV à Amiens, le 20 août 1594, lorsque la ville de Beauvais se rendit à ce prince; il mourut le 21 avril 1622, à 86 ans.

Loisel (Jean), né en 1536, médecin de Louis XII et de François Ier; il se fit connaître sous le nom de maître *Jean Avis* (l'Oiseau).

De Nully (Pierre), médecin du duc d'Anjou, frère de Charles IX.

Vaillant (Clément), jurisconsulte, d'une famille des plus recommandables de Beauvais; a publié, vers 1600, plusieurs ouvrages de jurisprudence.

Huchrr, savant médecin, mort en 1603, auteur de divers ouvrages relatifs à son art.

Leclère (Philippe), principal du collége de Beauvais en 1616, qui publia le *Verinus Belvacensis*.

Dupuis (Christophe), médecin distingué.

Delaon (Sylvestre), curé de Saint-Etienne; a fait imprimer, en 1604, un ouvrage ascétique, intitulé : *la Posture chrétienne*.

Raoul (Adrien), seigneur d'Arion, écrivain fécond; c'était un avocat distingué. Il mourut à Beauvais en 1606.

Varin (Quentin), peintre distingué de Louis XIII. Il quitta Beauvais en 1610.

Pauchet (Jean), habile sculpteur.

De Nully (Jacques), auteur de poésies latines et d'une rhétorique, publiés en 1616.

Loisel (Antoine), né le 6 février 1535, d'une famille féconde en hommes de mérite. Il fut l'ami du président de Thou, du chancelier de l'Hôpital et de plusieurs hommes illustres. Il mourut à Paris en 1617, laissant divers ouvrages de jurisprudence, et même de poésies latines. Ses mémoires sur le Beauvaisis sont pleins de recherches curieuses.

Remy (François), capucin, qui doit à son poème de la Madeleine l'immortalité du ridicule ; il vivait en 1620 ; il était grand ligueur, et fut obligé de quitter la France.

Aubert (Pierre), conseiller au présidial ; a publié, en 1622, un *Recueil des gestes et mœurs des rois de France*.

De Feuquières (Charles), avocat du roi, auteur de divers écrits sur la jurisprudence. Il vivait en 1626.

Nous distinguons au dix-septième siècle :

De Malinguehen (Pierre), lieutenant-général au présidial, mort le 22 janvier 1668. Son père était seigneur de Troussures en 1630.

Borel (Louis), chanoine, vicaire-général en 1656, consacra toute sa vie au soulagement des pauvres. Il s'était fait construire une habitation dans l'hospice des Pauvres, et voulut que son cœur fût déposé dans la chapelle de cet hôpital. Il mourut le 3 août 1745.

Brocard, célèbre chirurgien, qui a fait à Paris, en 1678, une expérience remarquable pour la dissolution de la pierre.

De Nully (Georges), maire de Beauvais en 1673, rendit à cette ville des services signalés, qui furent célébrés par les muses latines du pays.

Ricard (Jean-Marie), avocat au parlement, une des lumières du barreau d'alors. Il a publié divers traités estimés sur la jurisprudence. Ce célèbre avocat, qui écrivait bien et plaidait, dit-on, fort mal, mourut à Beauvais en 1678.

Tavernier, professeur de grec au collège de France ; a publié diverses poésies latines ; mort le 23 avril 1698.

Boileau (Charles), abbé de Beaulieu, prédicateur de Louis XIV, auteur de sermons et d'homélies ; il mourut en 1700.

Macaire (Pierre), natif de Beauvais, connu par sa grande piété, alla demeurer à Liège, où il est mort chanoine de Saint-Augustin.

Hubert (Jean), président au présidial de Beauvais. Il a composé un traité en vers français de l'église catholique, apostolique et romaine.

Coutel (Pierre-Joseph), lieutenant du premier chirurgien du roi, auteur d'un mémoire sur la découverte de la tourbe ; mort à Beauvais le 31 mars 1724.

Simon (Denis), conseiller au présidial, maire de Beauvais en 1712, auteur d'un supplément à l'histoire du Beauvaisis ; mort en 1731.

Dubos (l'abbé Jean-Baptiste), né en 1670, diplomate et historien très-distingué. Ses réflexions sur la poésie et la peinture sont lues encore de nos jours avec fruit. Il mourut des suites d'une attaque d'apoplexie, le 13 mars 1742. Il était secrétaire perpétuel de l'Académie française.

Vaillant-Foy (neveu de Clément Vaillant), né à Beauvais le 24 mai 1632, avait, à quatorze ans, terminé son cours de philosophie. Il fut reçu à dix-sept avocat au parlement de Paris; il se dévoua à la recherche des médailles : c'était sa passion la plus vive. Sans maître, sans émule, l'effigie la plus fausse, la légende la moins lisible n'étaient point à son épreuve. Il se mit en rapport avec le président de Lamoignon et le procureur général de Harlay, tous deux curieux de numismatique; ils le firent connaître au gardien des médailles du roi; recommandé ensuite au grand Colbert, qui sut lui ouvrir dans toute son étendue la carrière qu'il brûlait de parcourir, ce ministre le chargea d'aller en Italie à la recherche des médailles et d'autres antiquités destinées à enrichir le cabinet du roi; et ce fut sous les auspices de Louis XIV que notre savant concitoyen fit deux fois le voyage de Rome, visita deux fois le Levant, la Perse, l'Angleterre et la Hollande. Il mourut à Paris en 1706, à 75 aus. Ce célèbre antiquaire, qui a publié différens ouvrages sur la science des médailles, était allié aux familles de Regnonval, Lecaron de Troussures, Leuillier, de Malinguehen, Borel et Divry, qui existent encore à Beauvais.

Lenglet (Pierre), professeur d'éloquence au collége royal, recteur de l'Université, auteur de vers latins; mort en 1707.

Louvet (Pierre), né en 1574, médecin, qui a publié *la France en sa splendeur* (auteur qu'il ne faut pas confondre avec Pierre *Louvet*, avocat, natif de Verderel, à qui l'on doit l'Histoire sur le Beauvaisis).

Hermant-Godefroy, recteur de l'Université de Paris, auteur de plusieurs ouvrages contre les jésuites, et d'une Vie des saints pères. Il mourut subitement le 11 juillet 1690.

De Nully (Etienne), auteur d'intéressantes recherches sur le Beauvaisis.

Restaut (Pierre), grammairien célèbre, qui naquit en 1696. Son père, marchand drappier, le fit élever avec soin; il se rendit à Paris pour y terminer ses études. Après avoir passé quelque tems au séminaire de Saint-Sulpice, il entra au collége de Louis-le-Grand, où il fut chargé de l'éducation de plusieurs enfans de personnages éminens dans la magistrature; il devint ensuite avocat au parlement de Paris, ainsi qu'au conseil du roi, et mourut à Paris le 14 février 1764, à l'âge de 68 ans.

Lecomte, professeur de belles-lettres à Paris, et auteur de poèmes latins du genre lyrique.

Guy-Drappier, mort en 1716, à 93 ans, après avoir été pendant 59 ans curé de Saint-Sauveur; il est auteur d'un Traité des oblations et de quelques autres ouvrages.

Lefèvre (Hyacinthe), provincial des Récolets, auteur de plusieurs écrits mystiques.

Walon de Beaupuis, supérieur du séminaire. Indépendamment de ses ouvrages de piété, il a laissé des mémoires de sa vie.

Lenglet-Dufresnoy (Nicolas), fils d'un perruquier, connu par la bizarrerie de son caractère et la multitude de ses ouvrages. Le 16 janvier 1755, il s'endormit en lisant, tomba dans le feu, et y périt.

MÉSANGUY (François-Philippe), né en 1677, professeur de rhétorique au collége de Beauvais; auteur de plusieurs ouvrages religieux; meurt en 1765. Il fut généralement regretté.

Pendant le dix-huitième siècle se font remarquer :

BRUHIER (Jean-Jacques), savant médecin, a publié divers ouvrages relatifs à sa profession; mort le 24 octobre 1756.

DAUVERGNE (François-Jean), jurisconsulte, avocat au parlement de Paris, auteur de plusieurs ouvrages sur le droit; il mourut en septembre 1775.

MÉNARD (l'abbé), professeur de rhétorique au collége de Beauvais, chanoine de Notre-Dame-du-Châtel; a publié, en 1777, un éloge de Charles V et une rhétorique française.

VILLAIN (l'abbé Etienne-François), chanoine, auteur de quelques écrits historiques; mort à Paris en 1784.

VALLOT (Jean-Baptiste), pharmacien et médecin de Wisbourg, a publié un écrit sur les eaux de Beauvais et de Goincourt. Il est mort à Amiens en 1785.

LEMARESCHAL DE FRICOURT, né le 21 février 1741, qui, pendant 35 ans, remplit avec honneur une des premières places de la magistrature, à Beauvais. On lui doit quelques écrits et dissertations historiques. Il mourut le 27 décembre 1777.

BOREL (Eustache-Louis), ancien président et lieutenant-général au bailliage de Beauvais. Il y mourut le 19 avril 1797, étant président du tribunal civil. Il avait travaillé à la carte générale de France avec MM. de Cassini. On lui doit aussi des mémoires précieux et fort étendus sur la ville de Beauvais et le Beauvaisis, qu'il a composés avec MM. Bucquet et Danse.

CARPENTIER, qui remplit avec succès l'emploi d'expert-estimateur, et publia quelques ouvrages sur sa profession.

BUQUET (Louis-Jean-Baptiste), procureur du roi au baillage de Beauvais, a publié plusieurs mémoires couronnés par différentes académies; il possédait une belle collection de médailles et d'objets d'histoire naturelle. Ce savant jurisconsulte avait surtout une immense bibliothèque, riche en manuscrits les mieux conservés; il mourut à Marguerie, commune de Hermes, le 13 avril 1801. Son corps fut transféré à Bracheux.

GOUJON, avocat distingué, procureur fiscal de la justice de l'évêché, député de l'assemblée législative, enfermé à Chantilly en 1793.

DANSE (Gabriel-Claude), chanoine (petit-neveu de l'abbé Dubos), dont les veilles ont été consacrées à l'histoire de son pays, concurremment avec MM. Borel et Buquet; il est mort à Beauvais le 10 septembre 1806.

GUELFE, secrétaire du célèbre Arnoult, auteur d'une relation de voyages dans les Pays-Bas.

CARPENTIER, archiviste, expert-feudiste; mort à Paris à 39 ans.

Enfin, nous terminerons cette liste en signalant les hommes distingués, sous divers rapports, que le dix-neuvième siècle a vu mourir :

Acher, né à Beauvais, auteur d'un *Abrégé des Vies des Hommes illustres*, traduction inachevée. Il vivait en 1800.

Watrin, né à Beauvais en 1772, général de division, mort en 1803, dans dans l'expédition de Saint-Domingue.

Feuillet, horloger, a publié un projet de calendrier et quelques poésies. Il est mort le 9 juillet 1805. Il était parent de Nicolas Feuillet, chanoine de St-Cloud, fameux prédicateur, dont Boileau a parlé dans sa neuvième satire.

Brun, chanoine, compilateur des tablettes historiques et géographiques du département de l'Oise ; il est aussi l'auteur de l'*Almanach raisonné des architectes, peintres, etc.* ; il est mort en 1804.

Hermant, ancien chanoine de la cathédrale, qui fut, pendant 75 ans, attaché à l'église de Beauvais, tant comme enfant de chœur que comme habitué et chanoine. Ce respectable ecclésiastique a été trouvé mort le 14 juillet 1804, sur le chemin de Breteuil. Il se rendait à pied chez un de ses amis, près de cette ville. Il était âgé de 83 ans et ne paraissait pas en avoir plus de 60. Il se tenait aussi droit et marchait avec autant de fermeté qu'on peut le faire à 40. Le jour de la Fête-Dieu, il avait porté le saint-sacrement pendant tout le tems de la procession, sans paraître fatigué. Il avait dit la messe le jour de sa mort, et partit très-bien portant.

Portiez (Louis-François), avocat, rédacteur du *Journal de l'Oise*, député à la convention, aux cinq-cents, professeur à la troisième chaire du Code civil, mort doyen de l'école de droit ; a publié divers ouvrages sur la révolution française ; il est mort à Paris le 28 avril 1810.

Henri (Marc-Antoine), natif de Beauvais, qui avait d'abord été pendant 15 ans curé de l'église paroissiale de Saint-Martin, fut nommé ensuite, par M. le cardinal de Gesvres, à un canonicat de la cathédrale, et par M. de Larochefoucauld, son successeur, promoteur général de son diocèse. Lors de l'adoucissement du terrorisme révolutionnaire, dont il avait éprouvé les plus cruelles vexations, la liberté étant rendue à l'exercice du culte catholique, il fut élu l'un des vicaires-généraux capitulaires pendant la vacance du siège épiscopal de Beauvais. Ce vénérable ecclésiastique est mort le 16 octobre 1804, à l'âge de 80 ans, laissant à tous ses contemporains les regrets les plus vifs de sa perte et le souvenir le mieux mérité de son zèle, de ses talens et de toutes les vertus sacerdotales.

Ducancel, auteur dramatique, fils d'un chirurgien de Beauvais. En 1815, il fut nommé sous-préfet de Clermont, poste qu'il ne garda que peu de tems. On a de lui l'*Intérieur des Comités révolutionnaires*, comédie en un acte, jouée aussitôt la chute des anarchistes. Cette pièce, quoique faiblement écrite et peu riche d'intrigue, eut une vogue inconcevable, que l'auteur lui-même n'attribuait qu'aux circonstances dans lesquelles elle était représentée.

Lemaire d'Arion, ancien président du tribunal criminel à Beauvais, nommé, le 30 août 1803, membre du corps législatif. Mort en son château de Nivillers, où il fut généralement regretté des indigens de ce pays, qu'il secourait journellement.

LECARÓN DE TROUSSURES, ancien président du tribunal de première instance, décédé le 24 février 1821, après avoir extrait de sa bibliothèque tous
les ouvrages sur la jurisprudence, pour en faire don au tribunal.

DANSE-RENAULT, son successeur au même tribunal, ancien membre de la
chambre des députés, mort le 4 novembre 1830; fils de M. Jean-Charles
Danse, maire de Beauvais en 1772.

DANJOU (Jean-Pierre), bâtonnier de l'ordre des avocats à Beauvais, décédé
le 18 juin 1832, à la suite d'une violente attaque du choléra. M. Danjou
était procureur quand la révolution éclata. La supériorité de ses talens le
plaça bientôt en première ligne dans son département. Il fut nommé pro-
cureur-général-syndic du département; en 1794, il entra à la convention nationale; il en revint pour exercer les fonctions de commissaire du gouvernement, et plus tard de procureur impérial près la cour criminelle. La révolution de 1815 mit fin à sa carrière comme homme public. Il reparut au barreau en qualité de simple avocat, et se consacra entièrement aux fonctions
gratuites. Les hospices, les prisons, le collége, occupaient tous ses instans,
même au détriment d'une santé déjà délâbrée. Dans un âge assez avancé,
après l'existence la plus active, il conservait encore toute l'énergie et toute
la fraîcheur de son esprit. Sa conversation, vive et forte, faisait le charme
des amis qu'il se plaisait à réunir autour de lui.

LEMERCIER (Jean-Louis-Simon), né à Beauvais le 9 avril 1758, ancien
curé de la paroisse Sainte-Marguerite, puis chanoine et vicaire-général de
Paris, fut sacré évêque de Beauvais le 10 février 1833. Il a donné sa démission en novembre 1837. Il mourut quelque tems après chanoine du chapitre
de Saint-Denis.

LEGRAND-FOMBERT (Nicolas-François), président honoraire près le tribunal
civil de Beauvais. Né le 8 avril 1754. Ce magistrat consacra toute son existence à sa ville natale. Il fut, en 1777, avocat du roi au bailliage et siége
présidial de Beauvais; en 1785, procureur du roi au siége prévôtal; en
1787, membre de l'assemblée provinciale de l'Ile-de-France; en 1790, procureur de la commune, et la même année commissaire du roi près le tribunal; de 1800 à 1814, il fut commissaire du gouvernement, procureur impérial, procureur du roi près le tribunal de première instance, fonctions
qu'il exerça jusqu'en 1817, époque à laquelle il obtint sa retraite, avec le
titre de président honoraire. Il était grand amateur d'antiquités, dont il
laissa une assez curieuse collection. Mort le 27 novembre 1839.

GOUCHON-BELLIN, dont les œuvres dramatiques (en manuscrits) sont à la
bibliothèque de Beauvais.

DUCASTEL, fils d'un boulanger, professeur de troisième au collége de
Beauvais, auteur d'un Traité d'éducation et de diverses poésies. Mort en
août 1839, emportant avec lui les regrets de tous ceux qui l'ont connu.

BOUGON, graveur distingué, mort à Bruxelles il y a quelques années

BOREL DE BRÉTIZEL, né le 23 juillet 1764, d'une famille des plus honorables de Beauvais. Doué d'une facilité de travail qui le distingua toute sa
vie, il fut, dès l'âge de 19 ans, reçu licencié en droit et avocat au parlement de Paris, qui lui accorda, en 1786, les dispenses d'âge. En 1787, il

remplissait déjà à Beauvais les fonctions de lieutenant-général au présidial, que son noble père avait exercées pendant plus de 40 ans. L'un des membres les plus anciens et les plus distingués de la cour de cassation ; et pendant qu'il était attaché à cette grande institution, gardienne de nos lois, il fut, après avoir été du conseil des cinq-cents, président du collége électoral en 1807 et 1813, député aux chambres de 1818 et 1823, et membre du conseil général de l'Oise qu'il a souvent présidé. Indépendamment de ces hauts emplois, il fut chargé par le Roi de l'administration des biens considérables que le duc de Bourbon a légués au jeune duc d'Aumale. Cet honorable magistrat, d'un rare mérite, est mort le 1er mai 1839.

DE NULLY-D'HÉCOURT, maire pendant trente-cinq ans (*Voir* le tableau des maires), qui rendit de signalés services à son pays, dont la reconnaissance lui a voté, après son décès survenu le 13 juillet 1839, le monument qui se voit dans la grande salle de l'hôtel-de-ville ; de même que, pour éterniser son souvenir, l'autorité municipale donna son nom à la rue où il avait sa demeure. On a remarqué que toute sa famille a été, en différens siècles, dans l'administration de la ville ; nous ajouterons que son père occupait l'emploi d'officier chez le duc d'Orléans, père du roi actuel. L'épouse de M. de Nully-d'Hécourt, connue à Beauvais sous le nom de Mme *de Villers*, était une demoiselle *Testard du Lys*, dont les ascendans avaient été ennoblis par le roi, à raison de leur parenté avec l'infortunée *Jeanne d'Arc*.

DE BROÉ (Jacques-Nicolas), né à Beauvais en 1790, d'une famille dont divers membres se sont distingués dans la magistrature, l'armée et les finances. En 1810, ses premiers pas dans la carrière du barreau furent couronnés de succès. Son élocution était pure, sa logique profonde, et son action noble et mesurée : c'était une grande satisfaction de l'entendre. Il n'avait encore que 25 ans qu'il fut attaché au tribunal de première instance de la Seine en qualité de substitut ; il fut ensuite investi des fonctions de substitut de procureur général près la cour royale de Paris, et devint avocat général en 1822. Il fit partie, en 1827, du conseil d'état ; en 1828, avocat-général à la cour de cassation, où il fut bientôt nommé conseiller. Tant de travaux ayant altéré santé, il se retira à Saint-Rimaud, où il est mort en 1840.

DELAFONTAINE (Edouard), auteur de l'*Histoire politique et religieuse de Beauvais*, publiée en 1840, à laquelle il travaillait avec ardeur encore la veille de sa mort. Il n'avait que 24 ans. On lit avec intérêt, à la fin du deuxième volume de son histoire, les regrets exprimés sur cette mort prématurée, par un jeune auteur, son ami ; ils sont suivis d'un *sonnet* qui renferme un témoignage bien sincère sur les excellentes qualités que possédait M. Edouard Delafontaine (1).

Nous aurions pu poursuivre jusqu'à nos jours la nomenclature des personnages remarquables nés dans la ville de Beauvais ; mais on comprendra les motifs de la réserve que nous avons dû nous imposer à l'égard des vivans.

---

(1) Nous pourrions citer encore de ce siècle des hommes d'un grand mérite, nés dans le département de l'Oise, qui ont habité Beauvais ; mais notre travail devant s'étendre sur toutes les villes et communes de ce département, il est juste, pour suivre l'ordre que nous nous sommes prescrit pour la rédaction de cet ouvrage, de ne rappeler ces personnages qu'aux articles qui traitent des pays où ils sont nés.

ABRÉGÉ DE L'HISTOIRE DE LA VILLE DE BEAUVAIS,

DEPUIS L'AN 280.

BEAUVAIS a été le théâtre de beaucoup d'événemens extraordinaires, que les historiens rapportent avec des détails plus ou moins étendus : le cadre étroit de notre Dictionnaire nous force d'abréger ces détails, en ne faisant mention que des faits principaux, par ordre de dates.

Nos extraits sont pris dans les Histoires de *Loisel*, *Louvet* et *Simon*; dans les remarques curieuses de Jacques *Grévin* et de l'abbé *Lebeuf*; dans les recherches savantes sur le Beauvaisis, par *Hermant* et Etienne *de Nully*; dans les précieux manuscrits de MM. *Borel*, *Bucquet* et *Danse* (manuscrits soigneusement conservés dans la riche bibliothèque de Mme *Lecaron de Troussures*); dans les Tablettes historiques de *Brun*, et dans l'excellente Histoire du Diocèse de Beauvais, par M. l'abbé *Delettre*, vicaire-général.

Nous avons également puisé dans l'intéressant ouvrage de M. Edouard *Delafontaine*, jeune écrivain donnant les plus heureuses espérances, et mort avant d'avoir pu finir l'histoire de son pays; de même que nous avons consulté son continuateur, M. E.-L. *Doyen*, littérateur distingué.

Notre travail comprend encore quelques faits historiques, que nous devons à M. *Fabignon*, membre du Comité archéologique et de l'Athénée du Beauvaisis, qui a bien voulu nous communiquer les extraits qu'il a faits dans des anciens manuscrits sur la ville de Beauvais que possède aussi M. *Le Mareschal*, membre du Comité archéologique.

En ce qui concerne spécialement l'héroïne de notre ville (siége de 1472), nous avons fait toutes les recherches possibles pour parvenir à découvrir les véritables circonstances de sa belle action, en consultant les anciens auteurs, ainsi qu'un auteur moderne, M. *Fourquet d'Hachette*, l'un des descendans de Jeanne *Fourquet*.

Nous rappellerons d'abord, d'après ces premiers auteurs, que ce fut vers l'an 280, époque où Beauvais était occupé par une garnison romaine, que *saint Lucien*, premier évêque du Beauvaisis, éprouva les plus cruelles persécutions de ses adversaires à l'épiscopat. (*Voyez*, pour sa mort, *Montmille*, commune de *Fouquenies*.)

L'an 285, *sainte Romaine*, l'une des douze jeunes Romaines qui quittèrent Rome où leur foi naissante était exposée, vient habiter Beauvais. La pureté de ses mœurs, la vivacité de sa foi et la douce onction de ses entretiens, ne tardèrent point à lui gagner la confiance des chrétiens du pays; ils retrouvaient dans sa conduite toutes les vertus dont *saint Lucien* leur avait enseigné la pratique, et dans ses discours, toutes les vérités qu'il leur avait annoncées : en un mot, ils voyaient en elle un nouvel apôtre, et bientôt après ils ont vu un nouveau martyre.

6

En effet, *sainte Romaine* fut persécutée par le féroce *Maximien*, que Dioclétien avait associé à l'empire. Les vertus de *Romaine* jetaient un trop vif éclat pour ne point éveiller des soupçons : on la considère comme celle qui exerce le plus d'influence sur les chrétiens de Beauvais ; on l'arrête et on la fait périr par le glaive. Le corps de cette vierge martyre fut soigneusement déposé en terre par les fidèles, et lorsque vint un tems plus calme, il fut transporté dans le chœur de l'église cathédrale (alors la Basse-OEuvre), et exposé à la vénération publique.

L'an 286, *saint Firmin*, évêque régionnaire, qui parcourait l'Auvergne et l'Anjou, ayant appris que les Beauvaisins étaient privés de premier pasteur, vint à Beauvais pour prêcher l'Evangile. Il fut persécuté par le préfet romain qui gouvernait Beauvais ; mais ayant recouvré sa liberté, il s'applique à affermir et à étendre l'empire de la foi des fidèles ; il fait construire, et place sous l'invocation de saint Etienne, un oratoire pour les y réunir et les encourager à la persévérance. Il quitta ensuite Beauvais pour aller prêcher l'Evangile à Amiens, où il fut persécuté de nouveau.

Dans nos anciens historiens, nous voyons que, de 340 à 360, les Beauvaisins éprouvèrent à différentes reprises les cruels effets de l'invasion des Barbares, et que ce fut en 470 que Childéric Ier fit, en vainqueur, son entrée dans Beauvais.

En 680, naissance d'*Angadrême* devenue patronne de Beauvais, et qui, après avoir été promise en mariage, obtint la rupture de ses fiançailles pour mener une vie exclusivement consacrée à Dieu. Elle fut nommée peu de tems après abbesse d'Oroër.

En 748, par suite du séjour d'un grand nombre d'hommes de guerre, il y avait dans Beauvais une dépravation de mœurs extraordinaire, que les autorités eurent beaucoup de peine à réprimer.

En 810, grande famine, suivie d'une effroyable mortalité.

En 880, les Normands, qui avaient précédemment fait quelques tentatives pour assiéger Beauvais, ravagèrent tous les environs de la ville ; et deux ans plus tard, ils y fixèrent leur quartier d'hiver.

En 900, du tems de Charles-le-Simple, des pièces de monnaie d'argent ont été frappées à Beauvais, avec cette légende : *Belgevacus civitas*.

En 923 et 926, la ville fut pillée par les Normands ; en 1018, elle fut brûlée par les mêmes ennemis.

En 1112, Lanscelin, comte de Dammartin, chef des Normands, s'était établi dans Beauvais et s'y livrait à d'intolérables exactions, en assiégeant toujours cette ville ; mais Louis-le-Gros le mit dans la nécessité de se rendre à discrétion.

En 1114, le 6 décembre, il fut tenu un concile national à Beauvais, par Conon, légat du pape Paschal II, qui en tint deux autres en 1120 et 1124.

En 1161, après la prise du château de Gerberoy, un synode fut convoqué à Beauvais, pour discuter quel pape on reconnaîtrait en France, à cause des différends survenus entre Alexandre III et Victor IV.

En 1182, Philippe-Auguste confirma l'institution des maires et pairs de la ville, qui avait été érigée en *majores* en 1178.

Dans la même année, il y eut de nombreuses et longues discussions entre l'évêque et les bourgeois, au sujet de la juridiction respective de chacun. Elles s'apaisèrent par un accord entre les partis : les bourgeois reconnurent l'évêque seigneur de la ville, et lui laissèrent la garde des murs, des forteresses et des clefs de la ville. Il eut le droit de visite sur les poids, mesures et balances des marchands, celui d'élire les jurés qui désignaient aux officiers les draps mal façonnés, pour être vendus en détail en plein marché. La police sur le pain appartenait aussi à l'évêque.

En 1188, une dîme sur le sel ayant été ordonnée par l'évêque, le peuple se révolta ; la ville fut la proie des flammes ; les mécontens mirent le feu à plusieurs églises. Philippe-Auguste supprima cette taxe qui était exorbitante.

En 1225, le chœur de la cathédrale de Saint-Pierre fut incendié ; sa reconstruction a lieu par les soins de l'évêque Millon.

En 1232, les bourgeois de Beauvais se constituèrent en commune spontanément, ou, comme s'exprime un contemporain, par suite d'une conjuration tumultueuse ; ils contraignirent leur évêque à jurer qu'il respecterait la nouvelle constitution de la ville, qui consistait en un réglement concernant la nomination du maire et des pairs, et de la police intérieure, pour la sûreté de ses habitans. L'élection du maire donna lieu à de grands désordres : saint Louis vint à Beauvais pour les apaiser, et y passa cinq jours ; il eut des démêlés avec l'évêque Millon, qui osa l'excommunier.

Depuis l'existence de ce réglement, les habitans de Beauvais furent gouvernés par un maire et douze pairs, qui étaient renouvelés tous les ans. Le nombre des pairs fut réduit à six les années suivantes. Le roi nommait le capitaine ou châtelain de la ville ; son lieutenant avait, ainsi que le maire, une des clefs de chaque porte.

D'après ce que rapportent nos anciens historiens, il existait à cette époque une *monnaie beauvaisienne* ; l'évêque de Beauvais avait le privilége de battre monnaie, qui avait cours forcé dans tout son diocèse. Loisel parle d'un denier d'argent frappé sous le règne de Charles-le-Simple ; mais d'après les savantes recherches de M. Woillez, il paraîtrait que le droit de monnayer accordé aux évêques remonte à Louis-le-Débonnaire, que les monnaies épiscopales de Beauvais étaient de deux tiers d'argent pur et d'un tiers de cuivre.

En 1305, le peuple se soulève contre l'évêque *Simon*, qui faisait percevoir un droit sur les moulins et les fours banaux qu'il possédait, et le contraint à sortir de la ville. Les émeutiers se portent sur les moulins de l'évêché ; ils s'efforcent de les détruire, détournent les cours d'eau qui les font mouvoir et comblent le lit de la rivière. Les gens de l'évêque se montrent empressés à le venger : ils s'emparent d'un grand nombre de bourgeois qu'ils jettent dans des cachots ; mais la foule se précipite sur eux et les met en fuite. Les rues sont barricadées ; les séditieux se rendent au palais épiscopal que l'évêque venait de quitter pour se retirer à Saint-Just, massacrent les chevaliers qui s'y trouvaient, brisent les portes, se livrent au pillage. La tour et les prisons sont forcées, les détenus mis en liberté, et les bâtimens livrés aux flammes. Ces troubles auraient pu continuer long-tems, si Philippe V n'était intervenu pour punir avec une égale sévérité l'un et l'autre parti, en faisant d'abord incarcérer le maire de la commune et le bailli de l'évêque. Il enjoint à Simon de ne plus s'opposer à l'approvisionnement de la ville, et donne tous les ordres nécessaires pour amener le rétablissement de la tranquillité, qui a été un laps de tems sans être troublée.

D'après une ordonnance du roi de 1314, Beauvais fut reconnu l'une des quarante-trois *bonnes villes* de France. Beauvais, ville d'échevinage, ayant droit de sceau, s'était choisi des *armoiries* qu'elle faisait peindre sur les bannières. Les sergens de ville avaient sur leurs bâtons et sur leurs casaques les armes du roi en haut, et celles de la ville en bas.

C'est depuis la même époque que Beauvais possédait la prérogative d'offrir un mouton au roi le premier jour de l'an. Cet ancien usage, supprimé en 1789, fut rétabli sous le règne de Louis XVIII, et aboli en 1830.

Après le siége de Charles-le-Téméraire, Louis XI ajouta aux armoiries, comme témoignage de la fidélité de Beauvais à ses rois : *de gueules*, ou *pal d'argent*, avec cette légende :

PALUS UT HIC FIXUS, CONSTANS ET FIRMA MANEBO;
GENS, BURGUNDA FEROX, ANGLAQUE TESTIS ERIT.

La suppression des armoiries ayant eu lieu à l'époque de la révolution, la ville a été autorisée, par lettres-patentes du 23 avril 1812, à prendre pour armes : *d'azur à un pal, au pied fiché d'or (alias d'argent)*, avec cette devise : PALUS UT HIC FIXUS, CONSTANS ET FIRMA MANEBO.

Conformément aux dispositions d'une ordonnance de 1350, il existait dans les attributions des officiers municipaux de faire peser le pain, dont la taxe portait alors sur le poids et non sur le prix. Quant à la viande, elle se vendait à la main, par morceau. Des soulèvemens eurent lieu dans Beauvais, parce que le maire, qui voulait soumettre les bouchers à la pesée, exigea qu'ils fissent serment de se contenter d'un bénéfice de 2 sous par livre parisis sur le prix des bestiaux qu'il tueraient ou vendraient. D'après la même ordonnance, toutes les marchandises et tous les salaires étaient taxés. Si l'on payait plus que le taux fixé, l'acheteur et le vendeur, l'ouvrier et celui qui l'employait, étaient également mis à l'amende.

D'après le tarif, les cordonniers ne pouvaient vendre au-delà de 4 sous une paire de souliers les plus forts et les meilleurs. Les gages des domestiques étaient également réglés. Les femmes qui gardaient les vaches gagnaient, de la Saint-Martin jusqu'à la Saint-Jean, 20 sous ; et de la Saint-Jean jusqu'à la Saint-Martin, 30 sous. Les chambrières des bourgeois de la ville, gagnaient 30 sous l'an, avec leur chaussement. Une nourrice qu'on avait chez soi, était payée 50 sous par an. Le prix d'une pièce à mettre à une chaussure ou avant-pieds, était fixée à 2 deniers.

A la même époque (suivant les registres des dépenses du chapitre), l'on faisait venir de Saint-Leu, près de Senlis, la pierre nécessaire pour la construction de l'église Saint-Pierre, à raison de 6 sous 6 deniers le pied, rendue à destination. La charpente de la flèche coûta 20 écus d'or (la valeur de l'écu d'or était de 10 fr. 55 c.). Le chef des charpentiers recevait 12 sous par jour et un pain du chapitre pour la journée. Les ouvriers avaient 5 sous par jour.

En 1357, les Anglais qui avaient dans Calais un refuge assuré, en sortaient continuellement pour venir ravager le Beauvaisis. C'est dans cette même année que prirent naissance les troubles de la *Jacquerie*, dont l'origine vient, d'après l'auteur Froissard, de ce qu'un nommé *Jacques* commandait les troupes de Beauvais, composées en grande partie de paysans qui portaient des *jacquettes*. Les seigneurs, dit Villaret, forts des secours qu'ils recevaient des Anglais, tinrent alors campagne, mettant tout à feu et à sang et massacrant indistinctement tous les paysans, hommes et femmes, qu'ils rencontraient, innocens ou coupables. L'insurrection spontanée du peuple contre les seigneurs fut terrible, parce que les paysans vengèrent par d'horribles représailles les atrocités dont ils avaient été les victimes. Cette insurrection, qui commença, à ce qu'on prétend, dans la commune de Frocourt près Beauvais, s'étendit rapidement dans plusieurs autres provinces, particulièrement dans celle de la Brie-Champenoise, et ne fut apaisée qu'en 1358, par la destruction totale de ces malheureux forcenés qu'on massacra par milliers. Il a fallu bien des années pour effacer les traces de ces sanglans désastres.

En 1360, on leva un impôt de 8,000 royaux d'or sur les habitans de Beauvais, pour acquitter au roi d'Angleterre la somme de 60,000 écus vieux, à laquelle avait été fixée la rançon du monarque français, prisonnier en Angleterre. Le 16 août de la même année, une nouvelle levée de 6,000 royaux d'or est faite sur tous les bourgeois, à l'exception des nobles; Charles V, en 1364, imposa une taille sur les habitans. On donnait le nom de *taille* à la perception des premières contributions, parce que les collecteurs chargés d'en toucher les deniers, la plupart ne sachant point lire, marquaient sur un morceau de bois de la forme de ceux toujours en usage chez nos boulangers, à l'aide d'un couteau, ce que le contribuable acquittait de sa cote.

De 1391 à 1392, Charles VI fit son séjour à Beauvais pendant la durée de l'hiver. Ce prince y fit ses pâques. Il y revint de nouveau en 1393, s'y faisant transporter à la suite d'un accès de fièvre chaude qui l'avait pris à Amiens; il habita le palais épiscopal jusqu'à sa guérison.

En 1394, Louis d'Orléans, religieux de Saint-Lucien et fils naturel du duc d'Orléans, frère du roi Jean, fut élu évêque de Beauvais, en remplacement de Thomas d'Estouteville, décédé.

En 1395, le 28 avril, une sentence arbitrale, rendue entre le châtelain de Beauvais, le maire et le bailli, régla le droit d'*estendelle* sur la halle au blé, coutume qui permettait à chaque bourgeois d'étendre son manteau ou sac sous la *mine*, ou autre mesure, pour recevoir le grain qui tomberait, puis reprendre ledit manteau ou sac avec le grain, sans payer le susdit droit d'estendelle.

En 1410, Charles VI, voulant donner à la ville de Beauvais des témoignages de sa reconnaissance de ce qu'elle était restée étrangère aux séductions et aux menées du duc de Bourgogne, et la dédommager par une faveur digne de sa fidélité et des sacrifices qu'elle s'était imposés depuis plusieurs années, lui accorda une exemption de ban et d'arrière-ban.

En 1413, la rupture de Charles VI avec le duc de Bourgogne était complète; elle fut suivie de la proscription des principaux chefs du parti bourguignon, et fut aussi la cause des troubles qui survinrent dans la ville.

En février 1414, Charles VI défendit aux habitans de Beauvais de prêter assistance au duc de Bourgogne et à ses adhérens, qui s'étaient emparés de Compiègne.

En 1417, un grand nombre de villes se déclarèrent pour le duc de Bourgogne, parce que ce duc avait promis à celles qui suivraient son parti, une exemption de tailles, aides, dîmes, gabelles et autres vexations dont le pauvre peuple, disait-il, était grevé : la plupart des villes du Beauvaisis ouvrirent leurs portes aux troupes bourguignonnes, et Beauvais suivit leur exemple. Cette ville passa ensuite au pouvoir des Anglais avec presque tout le reste de la France.

En 1418, de nouvelles querelles intérieures favorisaient encore les Anglais. Cependant Charles VI, la reine et le duc de Bourgogne vinrent à Beauvais et logèrent à l'évêché. Le duc, qui avait supprimé les aides, les rétablit ensuite sous prétexte de secourir Rouen qui était assiégé; le ban et l'arrière-ban furent publiés pour marcher sur cette ville : le point de ralliement était Beauvais.

En janvier 1419, la bourgeoisie de Beauvais essaya les voies d'accommodement avec le duc de Bourgogne, par l'entremise de Bernard, son évêque; mais ces conférences n'eurent aucun succès. Le 31 juillet, le maréchal de l'Ile-Adam vint tenir garnison à Beauvais, avec un grand nombre de gens de guerre.

L'évêque Bernard étant mort au commencement de l'année 1420, eut pour successeur Pierre *Cauchon*, Bourguignon ardent, homme influent dans le parti. Lorsque cet évêque fit son entrée, le 21 janvier 1421, par la porte Saint-Jacques, le duc de Bourgogne vint exprès à Beauvais pour y assister.

En 1421, Henri V, roi d'Angleterre, que Charles VI avait déclaré héritier de France, passe à Beauvais.

En décembre 1422, Charles VI, la reine et le duc de Bourgogne reviennent à Beauvais. La ville leur fait différens présens, dont 22 mines d'avoine valant 44 livres parisis : somme exorbitante, car la mine ne valait pas plus de 5 sols en 1400; mais il y avait alors une grande disette à Beauvais.

En octobre 1422, après la mort de l'infortuné Charles VI, Henri V, à qui Isabeau de Bavière, épouse de Charles VI et aïeule maternelle de ce jeune prince, avait, au préjudice du dauphin son propre fils, retiré à Bourges, fait assurer la couronne, prit le titre de roi de France et d'Angleterre, sous la tutelle de son oncle, le duc de Bedford. Les habitans de

Beauvais reconnurent alors son autorité. De 1425 à 1428, cette ville fut soumise aux Anglais ; mais en 1429, époque du réveil de la France, et lorsque Jeanne-d'Arc, victorieuse, eut fait sacrer Charles VII à Reims, la ville de Beauvais fut une des premières à se déclarer pour ce roi.

L'évêque Cauchon, ne voulant pas reconnaître Charles VII, fut forcé de quitter Beauvais, et se retira à Rouen auprès des Anglais et du soi-disant régent du royaume de France, ce même duc de Bedfort, là, où une odieuse célébrité l'attendait. Lorsque Jeanne-d'Arc, tombée au pouvoir des ennemis sous les murs de Compiègne, et vendue aux Anglais par le lâche et vindicatif Jean de Luxembourg, fut menée prisonnière, Pierre Cauchon, dans l'ardeur de sa haine contre cette jeune fille, dont l'apparition avait été le signal des premiers revers des Anglais, se fit commettre le soin de diriger son procès ; il donna même (à ce que l'histoire rapporte) dix mille livres en argent et cent livres de rente perpétuelle pour posséder la Pucelle d'Orléans.

Il faudrait sortir des bornes de cet ouvrage pour retracer les incidens du procès instruit contre Jeanne-d'Arc, pendant le cours duquel son noble caractère ne se démentit pas un seul instant, au milieu même des humiliations et des souffrances de la prison. L'évêque de Beauvais, qui fut l'instrument le plus actif de cette mémorable et inique procédure, est resté depuis lors sous le poids d'une réprobation nationale.

L'année même du supplice de Jeanne-d'Arc, en 1431, l'évêque Cauchon assista, en qualité de pair, au couronnement de Henri VI, et fut alors pourvu, sous l'influence de ce roi, du siége de Lisieux qu'il occupait encore à sa mort survenue en 1442. Quelques historiens rapportent, mais sans preuves, que lors de la révision du procès de la pucelle d'Orléans, il fut excommunié par le pape Calixte III, et ses ossemens jetés à la voirie. Une tradition populaire, qui s'est conservée dans nos contrées, assure que ce prélat fut assassiné par son barbier.

Ce fut vers cette époque qu'un officier du duc de Bourgogne, Jean Regnier, seigneur de Garcy, natif d'Auxerre, fut gardé prisonnier dans la grosse tour de la façade de l'évêché, donnant sur la rue de Limaçon. Pendant sa captivité, qui dura près de vingt mois, il composa l'histoire de ses *infortunes et adversités.* Il n'obtint sa liberté qu'au moyen d'une rançon de trois à quatre mille écus.

En 1432, une trève fut conclue entre Charles VII et le duc de Bourgogne ; les deux partis en jurèrent l'observation, qui, malheureusement, ne fut pas exactement suivie ; car, en 1433, des plaintes d'infractions graves arrivèrent de tous côtés, et les aggressions des Anglais devinrent plus fréquentes ; ils occupaient Gerberoy sous le commandement d'Arondel. C'est à ce siége que ce même sire Arondel fut blessé, d'autres historiens disent tué. La vallée dans laquelle cet événement eut lieu, a depuis porté et conservé le nom de ce guerrier, dont la tombe, placée dans le couvent des Jacobins à Beauvais, fut, comme tant d'autres qui s'y trouvaient, enlevée et vendue.

En 1433, Beauvais fut encore inquiété par les troupes anglaises ; le 7 juin, elles surprirent les portes de l'Hôtel-Dieu (actuellement porte d'Amiens), et tuèrent Jacques de *Guehengnies*, lieutenant du capitaine de la ville, qui, avec Jean de *Lignières*, d'une des premières familles du pays, avait fait échouer leur téméraire entreprise. Le premier s'était opposé avec force à leur entrée, en soutenant, avec quelques soldats, leurs efforts à toute outrance; l'autre eut la présence d'esprit de couper adroitement la corde qui soutenait la herse de fer pendante entre les deux portes, ce qui amena la défaite des ennemis qui s'étaient déjà introduits dans la ville jusqu'au pont Saint-Laurent : tous furent mis à mort par les habitans. C'est en mémoire de ce fait que fut instituée la procession qui se faisait chaque année, le 12 août, à la porte de l'Hôtel-Dieu.

En 1435, il y avait des femmes publiques dans presque toutes les rues de Beauvais; elles osaient même s'installer dans l'église Saint-Etienne, et là, par leurs agaceries impudiques, entraînaient avec elles les hommes qu'elles pouvaient séduire. Mises avec un luxe effréné, elles donnaient lieu à des méprises d'autant plus graves, qu'elles se confondaient toujours avec les femmes des bourgeois. Enfin, on comprit le mal, et les chefs de la ville décidèrent qu'on achèterait en quelque rue éloignée un lieu et place pour loger les *filles du péché*. En conséquence de cette délibération, on fit acquisition, rue du Franc-Mûrier, qui à cette époque portait le nom de rue *Porte-Chair*, d'une maison pour caserner ces mauvaises filles. Cette mesure fut quelque peu favorable au rétablissement des bonnes mœurs.

Ce fut en 1454 que l'on éleva le *pilori* sur la grande place. Lorsqu'il y avait des condamnations à mort, le maire de Beauvais, sur l'avis du prévôt de l'évêque, faisait sonner la cloche de la commune, et était *obligé* de répondre du malfaiteur exposé à ce pilori ; puis, lorsque les officiers de l'évêque le conduisaient au supplice, le maire et les échevins devaient les accompagner pour les aider.

————

Nous arrivons à l'époque mémorable où les annales de Beauvais s'enrichissent de la glorieuse action de son immortelle héroïne.

Exposons d'abord qu'à cette époque, un sieur *Gommel*, seigneur de Balagny, après la prise de Roye, s'étant retiré à Beauvais, s'empara, de son autorité privée, du commandement de cette ville ; mais les habitans ne lui accordèrent jamais leur confiance.

Cet intrigant, qui avait été frappé de la beauté de *Jeanne Fourquet*, et de son courage, alors généralement connu, en devint éperdument épris ; toutefois il ne put, quoi qu'il entreprît, parvenir à s'en faire aimer. Désespéré de son insuccès, sa folle passion, au lieu de se rebuter, se ranima avec plus de violence lorsqu'il apprit que le maréchal Joachim de Rouault s'avançait pour le remplacer dans le commandement de la ville. Il se décida, dans sa cruelle déception, à livrer Beauvais au duc de Bourgogne, ainsi qu'il avait précédemment fait de Roye. Il associa à la réussite de cette odieuse trahison un de ses officiers, nommé *Jean Legoix*.

Ce fut le samedi 27 juin 1472, à sept heures du matin, que le duc de Bourgogne, surnommé Charles-le-Téméraire, vint assiéger la ville, à la tête de 80,000 hommes. Il avait déjà ravagé la Picardie, et partout inspirait la terreur. Il livra d'abord un premier assaut, donné à la porte Limaçon, au fort nommé le Déloy, près du pont de pierre et de l'église Saint-Hippo-lyte, qui joignait alors ladite porte. Ce fort fut pris par les Bourguignons, qui se répandirent aussitôt dans le faubourg Saint-Quentin, *croyant la ville gagnée*; mais ils se virent arrêtés par le fossé tenant à ce faubourg.

La ville de Beauvais étant alors dépourvue de garnison, ce furent les ha-bitans qui soutinrent cet assaut qui se prolongea pendant onze heures : hommes et femmes combattirent si courageusement, que la victoire leur de-meura. Ils avaient déposé sur les remparts la châsse contenant les reliques de sainte Angadrême, patronne de la ville, espérant que Dieu les proté-gerait et les délivrerait de la fureur des Bourguignons.

Le même jour, à huit heures du soir, arrivèrent des troupes envoyées par le roi et commandées par les capitaines de La Roche-Tesson et de Fonte-nailles. Le dimanche 28 juin, à deux heures après midi, survint également Joachim de Rouault, maréchal de France, accompagné de plusieurs régi-mens ; et le lundi 29, de nouvelles troupes arrivèrent encore d'Amiens, de Rouen et de Senlis, sous le commandement du comte de Dammartin, grand maître-d'hôtel de France.

Les habitans furent tellement satisfaits de recevoir ces secours, qu'ils don-nèrent au maréchal de Rouault, ainsi qu'à tous les chefs des troupes réu-nies, une fête magnifique, dans laquelle on se livra à la joie la plus vive, malgré le danger qui environnait encore la ville.

Pendant cette fête, *Jeanne Fourquet*, ayant remarqué que *Balagny* ve-nait de recevoir une lettre du duc de Bourgogne, par ses espions Giacomo et Bernadi, *Jeanne*, au risque de sa vie, arracha cet écrit des mains de Ba-lagny et le renferma au même instant dans son sein. Balagny, se voyant dé-couvert, allait ôter la vie à Jeanne ; mais les cris qu'elle fit entendre ayant attiré vers elle son amant *Pillon*, le maréchal de Rouault et beaucoup d'autres personnes, Balagny fut obligé de s'enfuir. Dès que le maréchal eut fait prodiguer des soins à Jeanne, qui s'était évanouie, et qu'il eut appris la trahison de Balagny, il donna l'ordre de l'arrêter et de le plonger dans un cachot, ainsi que Jean Legoix, son lieutenant (1).

Balagny ayant cherché à s'évader, fut surpris par *Jeanne*, qui épiait toutes ses démarches : elle ordonna à un arquebusier de faire feu sur lui. Il fut atteint d'un coup mortel et roula dans le fossé intérieur, du côté du magasin à poudre ; mais il eut encore assez de force pour se traîner jusque dans ce magasin, dont il avait une clef, et armé d'un pistolet, il le fit sauter pour y mourir. Le bruit terrible de l'explosion, dont le feu avait embrasé l'église Saint-Hippolyte, ayant un peu déconcerté les habitans, les Bour-guignons profitèrent de ce moment de terreur, dont ils ignoraient la cause,

---

(1) Dans la liste des maires de Beauvais, que nous avons placée à la fin de l'abrégé de l'histoire de cette ville, on remarque qu'un nommé *Jean Legoix* était maire en 1475.

pour attaquer de tous côtés la ville, et au même instant tous les remparts furent garnis de troupes et d'habitans.

Le même jour, le feu fut mis, aussi par trahison, au palais épiscopal, où siégeait monseigneur Jean de Bar, mort à Beauvais en 1497, et inhumé dans le chœur de Saint-Pierre, près de l'autel.

Enfin, le 9 juillet, treizième jour du siége, les troupes ennemies se retirèrent dans leurs retranchemens, sans paraître vouloir assiéger la place, quoique ce fût toujours dans leur intention ; car, dans la même journée, ils livrèrent un nouvel assaut à la ville, entre les portes de Bresles et de l'Hôtel-Dieu, où ils se trouvèrent en si grand nombre, qu'ils remplissaient tous les remparts situés à la droite de ces deux portes.

Les femmes de Beauvais se signalèrent dans cette défense par leur grand courage, et surtout *Jeanne Lainé*, dite *Fourquet*, surnommée, après le siége, *Jeanne-Hachette*, par le maréchal de Rouault, en souvenir de l'arme dont elle avait fait un si noble usage. C'est effectivement d'un instrument de ce nom qu'elle se servait pour combattre et repousser l'ennemi ; c'est en frappant avec cette arme qu'elle parvint à prendre l'étendard des mains d'un soldat bourguignon, au moment où il venait le planter sur la muraille. Cet étendard fut porté en triomphe, le jour même, à l'église du couvent des Jacobins, édifice le plus proche de la demeure de Jeanne.

Enfin, vers les huit heures du soir, les habitans reçurent de nouveaux secours et forcèrent le duc de Bourgogne à lever le siége ; mais ce ne fut que le 22 juillet suivant que Charles-le-Téméraire se retira, avec ses troupes, par Poix, Eu et Saint-Valery, immortalisant sa honteuse défaite par le pillage et l'incendie des lieux placés sur son passage.

La magnanime action des femmes de Beauvais leur mérita les lettres-patentes par lesquelles Louis XI instituait, pour le 14 octobre, jour de la *Sainte-Angadrême*, à la protection de laquelle on attribua la levée du siége, une procession annuelle où il voulut que les femmes précédassent les hommes. L'ordonnance portait qu'en outre toutes les femmes et filles pourraient prendre, le jour de leurs nôces, et aussi souvent que bon leur semblerait, tels atours, vêtemens, joyaux et habillemens qu'elles voudraient.

Les lettres-patentes relatives à cet événement, données à Senlis le 22 février 1473, portent : « En considération de la bonne et vertueuse résistance qui fut faite l'année dernière par notre chère et bien-aimée *Jeanne Laisné*, fille de *Mathieu Laisné*, demeurant en notre ville de Beauvais, à l'encontre des Bourguignons, nos rebelles et désobéissans sujets, auxquels elle a enlevé l'étendard, nous avons eu, par ces causes, et en faveur du mariage de *Collin Pillon* et elle, lequel a été, par notre moyen, naguère traité, conclu et accordé, et pour autres considérations à ce nous mouvant, octroyé et octroyons, voulons et nous plaît de grâce spéciale par ces présentes, que ledit *Collin Pillon* et *Jeanne* sa femme, et chacun d'eux, soient et demeurent, toute leur vie durant, francs, quittes et exempts de toutes tailles, qui sont et seront dorénavant mises et imposées de par nous, en notre royaume. »

Les habitans de Beauvais gardent encore avec un religieux respect le drapeau enlevé sur la brèche par *Jeanne-Hachette*; il est déposé à l'hôtel-de ville; il était porté, autrefois, tous les ans, par de jeunes filles, à la procession de *Sainte-Angadrême*. Dans cette cérémonie, les femmes avaient le pas sur les hommes; elles tiraient plusieurs coups de canon en traversant la place.

Cette cérémonie a toujours lieu; mais elle a été modifiée par Mgr. l'évêque *Feutrier*, en ce qui concerne les décharges d'artillerie.

L'étendard dont il s'agit est dans le plus grand état de vétusté, et, pour le conrerver, on a été obligé de l'appliquer sur une forte toile; il en manque même une partie. On y voit encore les armes de Charles-le-Téméraire, la figure de saint Laurent, deux arquebuses croisées et les lettres *Burg*, commencement du mot *Burgundia*. Il est question de cet étendard dans le Recueil des monumens de *Villemin*, et l'on en a donné un dessin d'après nature dans le quatrième volume du *Magasin universel* de janvier 1837.

Malgré toute la croyance que l'on doit accorder aux noms donnés à notre héroïne, dans ces lettres-patentes, on ne peut dissimuler que la plus grande incertitude règne encore à cet égard : d'anciens historiens en parlent sous le nom de *Jeanne Fourquet-Mathieu*, et les auteurs de l'*Art de vérifier les dates*, l'indiquent sous celui de *Jeanne Laisné*.

M. *Fourquet-d'Hachette*, qui se dit l'un de ses descendans, a donné à ce sujet des détails qui pourraient concilier toutes les opinions; mais malheureusement ils ne sont appuyés du témoignage d'aucune autorité (1). Suivant lui, Jeanne *Fourquet* naquit à Beauvais le 14 novembre 1454; elle était, dit-il, fille d'un officier des gardes de Louis XI, qui périt à la bataille de Monthléry, et laissa sa fille, très-jeune encore, entre les mains d'une dame nommée *Laisné*, qui lui prodigua les soins d'une mère; assertion qui permettait de penser qu'elle fut connue sous son nom et sous celui de sa mère adoptive. Quant au surnom d'*Hachette*, il lui aurait été donné sans doute à cause de l'arme qu'elle portait, et qui ressemblait à une hachette. Quoi qu'il en soit, la valeur de cette jeune fille est demeurée célèbre par l'étendard qu'elle arracha des mains d'un soldat bourguignon.

En janvier 1473, édit donné par le roi Louis XI, daté de Beauvais, portant création et établissement de quarante arbalétriers dans la ville, en leur accordant les mêmes privilèges, prérogatives et prééminence qu'aux arbalétriers de Paris.

Le 19 janvier du même mois, Louis XI passe à Beauvais, rend visite à sainte Angadrême, puis se rend à l'église Saint-Pierre, où Jean d'Ypres, pénitencier, le reçoit, lui donne à baiser la croix et les livres des Evangiles.

---

(1) La brochure de M. *Fourquet-d'Hachette*, sur le siège de Beauvais en 1472, contenant trente petites pages, du prix de *trois francs*, deuxième édition publiée en 1833, par Brunot-Labbe, libraire de l'Université, porte que cet ouvrage a été *dédié à M. le maire de Beauvais*; ce qui, en 1846, était entièrement ignoré à la mairie de cette ville.

En 1474, le 16 janvier, Louis XI arriva à Beauvais, accompagné du duc d'Orléans (depuis Louis XII). Après avoir été harangué par l'évêque, le maire et les pairs, et reçu les présens de vin du pays, il se rendit directement à l'église Saint-Michel, où il fit ses dévotions aux reliques de sainte Angadrême ; puis il visita la cathédrale, et laissa une offrande de 972 livres pour y faire construire la chapelle de Notre-Dame-de-la-Paix.

Louis XI vint de nouveau à Beauvais en juillet 1474, époque où la peste régnait dans plusieurs quartiers. A l'approche du roi, on fit vider et fermer les maisons frappées de la contagion ; on alluma de grands feux dans les carrefours et sur les places pour purifier l'air.

En 1475, il n'y eut pas d'élection de maire ; Jean Legoix, lieutenant du capitaine de la milice bourgeoise, était parvenu à se faire nommer verbalement par Louis XI, à son passage à Beauvais ; cet incident ne produisit qu'un mécontentement général, qui se prolongea jusqu'en 1477.

En février de cette année 1477, Louis XI fait demander à la ville *six cents écus d'or*, par forme d'emprunt ; cette somme fut payée par les nobles et les plus aisés.

Le samedi 13 juin 1477, Beauvais eut la visite d'Alphonse, roi de Portugal et de Castille : ce monarque fut reçu avec de grands honneurs par les autorités.

Le 17 juillet, Louis XI écrivit d'Amiens qu'il autorisait la ville à nommer *en conscience* un nouveau maire ; mais ce ne fut qu'à la suite des lettres-patentes du 13 octobre suivant qu'il accorda aux habitans le droit d'élire annuellement les officiers du corps de ville. Le 28 du même mois, le lieutenant-général ayant fait réunir, pour l'élection d'un maire, et au son de la cloche, tous les corps de métiers, Guillaume Binet, maire pendant le siége de 1472, fut réélu à une seconde majorité, en remplacement du sieur Jean Legoix.

En 1478, Louis XI séjourna quelque tems à Beauvais, et y fit amener un nommé Baude Legay, doyen d'Arras, qu'il avait fait arrêter au moment où il se rendait en Autriche. Il donna ordre de l'*enferrer* et de garder à vue ce prisonnier, qui a été ensuite transféré à Tours.

En juin 1480, il y eut au faubourg Saint-Quentin un soulèvement d'ouvriers drapiers ; il s'écoula un mois entier avant que l'agitation eût complètement cessé.

Il régnait alors une déplorable mésintelligence entre les autorités et l'évêque. Le 25 juillet, Jean de Busaulieu, capitaine des gens de guerre, et quelques autres, forcèrent la maison de Philippe Duquesnel, sergent du comité, et l'insultèrent gravement. Le maire fit prendre le capitaine et ses complices dans l'église Saint-Sauveur, où ils s'étaient réfugiés ; et après l'instruction faite, Jean de Buseaulieu et ses accolites furent condamnés à demander pardon au roi, au maire et aux pairs, à genoux, en présence du bailli du comité. Cette sentence fut exécutée.

En 1482, de grandes réjouissances célébrèrent la conclusion de la paix ;

un théâtre fut élevé devant l'hôtel-de-ville, et une *Moralité* y fut jouée par les *Baladins du Pont-Pinard.*

En 1483, Louis XI, instruit des menées de l'évêque Jean de Bar, qui venait toujours envahir la juridiction de la ville, lui fit de *nouvelles défenses* d'user contre le maire et les pairs de censures ecclésiastiques, et de troubler la commune dans ses droits de justice, de police et dans ses priviléges.

Cette même année, Charles VIII, qui venait de monter sur le trône, séjourna à Beauvais depuis le 10 août jusqu'au 18 septembre ; il confirma ce qu'avait fait Louis XI ; mais l'évêque refusa toujours de souscrire aux ordres du roi.

En 1486, cet évêque avait défendu au curé de la paroisse Saint-Sauveur d'admettre à la communion, le jour de Pâques, le maire *Marcadé*, voulant contraindre celui-ci par l'excommunication à lui révéler les secrets de l'hôtel-de-ville.

Ces excès d'abus donnèrent lieu à un procès, qui était encore pendant au parlement lorsqu'il fut éteint, comme toutes les actions d'injures, par le décès de l'évêque Jean de Bar, qui mourut à Beauvais le 15 mars 1488.

Mais malheureusement d'autres différends interminables qui se sont succédé, entre les maires et les évêques, donnèrent lieu à d'autres procès (au nombre de neuf) qui durèrent bien des années ; et ils ont prouvé que, dans ces derniers siècles, il n'y avait aucun accord entre ces deux autorités.

En 1498, Louis de Villiers, évêque et comte de Beauvais, eut aussi un procès avec la commune, sur l'abus qu'il faisait des clefs de la ville, dont il avait le dépôt.

En 1513, Louis XII, qui venait d'épouser la princesse Marie, sœur du roi d'Angleterre, passa à Beauvais, où il fut fêté par les habitans.

En 1514, la reine Marie fit à son tour un voyage à Beauvais : la ville lui offrit en présent deux flacons d'argent du poids de vingt-quatre marcs.

Le 9 mai 1520, Beauvais reçut dans ses murs François Ier et la reine ; ils y firent un long séjour, accompagnés du dauphin François. On leur fit présent de bougies de Beauvais et de vases de Savignies.

En 1521, l'évêque Louis de Villiers, mourut dans le courant du mois d'août. « Il avait été, dit Loisel, bon ménager, grand bâtisseur et grand » aumônier. » En effet, beaucoup d'églises du diocèse furent réédifiées pendant son administration, à l'aide de ses libéralités.

Parmi les différens successeurs de Louis de Villiers, nous citerons Odet de Coligny, seigneur de Châtillon, qui, malgré sa jeunesse, était déjà pourvu du titre de maréchal de France, et de nombreux bénéfices ; il fit son entrée à Beauvais le 28 mai 1535, au milieu d'un cortège nombreux de prélats : on y voyait les archevêques d'Auxerre, de Meaux, de Coutance, du Mans et d'Amiens, et tout le clergé du diocèse. Le chapitre lui offrit une coupe d'argent doré. Odet de Châtillon, qui n'était pas même prêtre, quoique réunissant tant de dignités, pria les chanoines qu'ils eussent pour agréable que l'archevêque de Vienne dît la messe et donnât la bénédiction en sa place.

En février 1534, François Ier ayant déclaré la guerre, au feu et à l'épée, au roi d'Angleterre, Beauvais fut le théâtre de nombreux mouvemens militaires, parce que la réunion des troupes avait lieu tant dans la ville que dans les environs.

En 1543, le roi, toujours en guerre avec l'Angleterre, fit un emprunt de 8,000 livres qu'on répartit *sur le commun des habitans*; l'année suivante, on entreprit de nouvelles fortifications près de l'Hôtel-Dieu, et du côté de la montagne Saint-Symphorien.

Le 31 octobre 1544, le dauphin (depuis Henri II) visita Beauvais; il fit son entrée, à cheval, par la porte de l'Hôtel-Dieu, et fut reçu sous un dais par Nicolas Chofflard, prévôt de Beauvais, Nicole, seigneur d'Hécourt, avocat, et deux notables de la ville, et conduit ainsi à la cathédrale, où il descendit pour faire ses oraisons.

Le 22 août 1545, Nicolas Pastour, docteur en théologie, chancelier et chanoine, natif de Beauvais, fonda le collège de cette ville par une donation de ses biens (1).

En 1546, l'évêque défend aux ecclésiastiques de porter des souliers à jour, découpés, garnis de brillans et de petits miroirs; chaussure qui était alors adoptée par les nobles et le haut clergé.

En juillet 1552, édit du roi Henri II, donné à Compiègne, portant autorisation de former une compagnie de cent arquebusiers, en remplacement des quarante arbalétriers qui existaient déjà, avec privilège d'exemption des droits de huitième et vingtième, et autres subsides.

Le 10 mai 1555, le cardinal de Lorraine et le connétable, dit Jean Mollet, firent une entrée magnifique à Beauvais; ils étaient accompagnés de plusieurs évêques et grands seigneurs, lesquels allaient à Ardres, où devait se tenir une assemblée; ils sont repassés le jour du Saint-Sacrement, et reçurent tous les honneurs dus à leurs dignités.

Dans la même année, de grands travaux pour l'achèvement des voûtes de la cathédrale de Saint-Pierre furent confiés à Martin Chambiges, architecte de Cambray, auquel on accorda pour cette entreprise une maison, vingt livres tournois (quatre-vingts francs) de pension annuelle, plus quatre sous par chaque jour de travail, et un pain du chapitre; les maçons gagnaient deux sous par jour. François Ier, ami des arts, contribua beaucoup à la dépense. Martin Chambiges n'avait pas encore terminé tous les travaux lorsqu'il mourut à Beauvais. Il fut inhumé dans la nef de la cathédrale; on lui fit *gratis* de belles funérailles.

En 1564 eurent lieu l'organisation d'un tribunal de commerce et la création d'un auneur-juré, pour le mesurage des étoffes fabriquées à Beauvais.

(1) C'est dans ce collège qu'ont étudié ou professé des hommes célèbres, nés à Beauvais : Antoine *Loisel*, Jean *Racine*, *Godefroi-Herman*, *Foy-Vaillant*, Denis *Simon*, l'abbé *Dubos*, *Lenglet-Dufresnoi*, l'abbé *Nollet*, Pierre *Restaut*, et Pierre *Louvet*, auteur de l'Histoire du Beauvaisis.

En 1571, Charles IX passe à Beauvais et logé rue du Cloître-Saint-Pierre, n° 1661.

Le 30 avril 1573, jour de l'Ascension, au moment où le peuple sortait de l'église Saint-Pierre pour commencer la procession dans la ville, eut lieu l'écroulement de la tour pyramidale octogone qui avait 48 mètres d'élévation, dont la base, de forme quadrangulaire, avait 19 mètres sur chaque face et était terminée par une flèche en charpente de 45 mètres. Cette tour, à jour de toutes parts, était ornée de clochetons délicats, de vitraux peints, et construite de manière que du sol de l'église on pouvait en distinguer tout l'intérieur. Commencée en 1560, elle ne fut totalement terminée qu'en 1568, ne subsista que cinq ans, et s'écroula par suite de l'imprévoyance des architectes (Vast fils, de Beauvais, et de François Maréchal) à consolider convenablement les voûtes qui la supportaient.

En 1576, bénédiction des quatre petites cloches de Saint-Pierre, lors de la rentrée dans l'église après la chute du clocher.

En 1580, pendant les guerres de la ligue, les habitans de Beauvais refusèrent, sans rien entreprendre contre lui, de servir sous Henri III.

Le 6 avril de la même année, mercredi de Pâques, tremblement de terre à Beauvais. Il dura un demi-quart-d'heure. — Procession générale à Saint-Michel ; l'on y porta la vraie croix.

L'année 1586 fut des plus tristes : aux oppressions du pouvoir, au brigandage des gens de guerre se joignit une disette cruelle. Le peuple, sans ressources et affamé, se formait par bandes qui s'en allaient la nuit dans les villages, enfonçant les portes et s'emparant du blé des paysans.

Le 26 février 1589, le duc d'Aumale arriva à Beauvais suivi de troupes nombreuses. Il fut reçu à Saint-Lazare par le corps de ville, accompagné des arbalétriers à cheval, tous habillés uniformément en satin et velours noir, avec la croix blanche, et d'une compagnie de cent cavaliers volontaires revêtus de cuirasses.

En 1593, année de la conversion de Henri IV, un Beauvaisin illustre, Antoine Loisel, qui habitait alors Paris, écrivit plusieurs fois au corps de ville pour lui représenter la nécessité de se soumettre à ce prince, dont l'abjuration datait déjà de près d'une année. Comme Henri IV était à Amiens, Driot, l'un des plus célèbres avocats qu'ait produits Beauvais, fut chargé, avec plusieurs députés de la ville, d'aller haranguer le prince, relativement au traité de réduction (1).

Le traité fut confirmé par lettres-patentes du 24 août 1594. Le 6 septembre, toute la population prêta le serment de fidélité à Henri IV ; le rétablissement de la paix fut célébré par des processions générales ; un *Te Deum*, un service solennel et un feu de joie eurent lieu en mémoire de Henri III, dont le meurtre avait été accueilli cinq ans auparavant comme un bonheur public.

(1) Mme de Wambez, décédée il y a 30 ans, à Beauvais, était le dernier rejeton de ce même Driot ; le père de cette dame Driot était également avocat.

En 1596, M. de La Guesle, procureur-général au parlement, arriva à Beauvais en qualité de commissaire du roi, pour réconcilier les esprits, et régler toutes les contestations relatives à l'édit de réduction. La même année, Henri IV y fit un voyage, et logea en la maison canoniale, rue Sainte-Véronique, faisant le coin de la rue Saint-Pierre; sa présence donna lieu à proclamer l'*oubli* et l'*union* parmi les habitans. Il y revint de nouveau en avril 1597.

A dater de cette époque, Beauvais ne fut le théâtre d'aucun événement de guerre; mais cette ville fut ravagée en 1625, par une peste violente.

L'année 1629 présentant un intérêt tout particulier pour les habitans de Beauvais, attendu que ce fut cette même année qu'on y essaya les moyens d'établir un hospice, alors appelé *Bureau des Pauvres*, nous allons donner quelques détails sur la fondation de ce précieux établissement.

Par acte de messieurs des Trois-Corps de ville, en date du 6 avril 1629, on avait décidé que pour faire cesser les désordres que causait la classe ouvrière qui, par suite d'infirmités, ou par suspension ou manquement d'ouvrage, se trouvait inoccupée, il serait établi dans la ville un Bureau des Pauvres, dont la direction et l'administration appartiendraient aux Trois-Corps, lesquels nommeraient des personnes capables de recevoir et distribuer les deniers provenant tant de la *Maladrerie de Saint-Lazare* que des quêtes, aumônes, legs, et tous autres deniers, dont les comptes seraient soumis à l'examen de ces Trois-Corps.

Il est vrai que depuis 1629 jusqu'au 1er janvier 1655, la forme de cet établissement n'a pas été telle qu'elle fut réglée et arrêtée d'abord, les bonnes intentions des Trois-Corps n'ayant pu se réaliser aussi promptement qu'on le désirait.

Mais dans l'intervalle, le corps-de-ville, l'évêque (M. Augustin *Potier*), et le clergé des différentes paroisses, se concertèrent pour établir un ordre régulier dans la distribution des aumônes à domicile, afin, par ce moyen, de parvenir à *éteindre la lèpre de la mendicité* qui journellement exerçait ses funestes effets, tant dans l'intérieur de la ville que jusqu'aux portes des églises.

Les citoyens qui assistaient le plus les pauvres, applaudirent à ces sages mesures prises pour l'emploi de leurs dons; mais l'année 1652 ayant apporté avec elle un accroissement de besoins par l'effet d'une stérilité extraordinaire, faisait craindre un inévitable ralentissement dans la distribution des secours et la propagation des bonnes œuvres, attendu aussi la stagnation du commerce, l'excessive cherté des grains, et des autres denrées de première nécessité.

Néanmoins, par un effet merveilleux de la providence, ce qui devait naturellement priver les pauvres de toute consolation et les réduire au désespoir, devint une occasion favorable de les secourir complètement. On reconnut que la crainte augmente souvent les difficultés, et que la fâcheuse conjoncture des tems n'a point de force contre la toute-puissance de Dieu.

En effet, durant cette année si remplie de calamités, la charité des habitans de Beauvais fut une source abondante de secours, où non seulement l'on puisa de quoi faire subsister tous les pauvres à domicile, mais où l'on put encore se faire une réserve de fonds particuliers. Ce fut, à l'aide de ces moyens, que la *mendicité* se trouva abolie dans la ville et les faubourgs.

Encouragés par ce succès inespéré, les Trois-Corps prirent, en 1653, les mesures nécessaires pour former un véritable hôpital, en louant une grande maison dans la rue et proche le Moulin-à-l'Huile, où les pauvres résidèrent pendant trois ans.

Mais en 1655, on recourut à d'autres moyens pour établir l'hôpital d'une manière plus commode et dans un quartier plus propice et plus salubre.

La première acquisition faite pour former l'hôpital où il est situé à présent, fut une très-grande maison vendue par M. *Lecaron*, conseiller au présidial, moyennant 5,000 livres, par contrat du 18 février 1655. C'est dans une partie de cette même maison que la chapelle qui y existe encore aujourd'hui fut construite.

Deux autres maisons, joignant à cette première, furent données en 1657, l'une par M. *de Buzanval*, évêque, et l'autre par un sieur Pierre *Cantrel*, marchand d'étoffes, fils d'un ancien maire de la ville.

Parmi les personnes charitables qui ont aussi contribué à fonder ce précieux établissement, nous citerons :

Aubert (Henri), chanoine de la cathédrale, dont la mémoire sera toujours en vénération, parce qu'il s'est dépouillé en faveur du Bureau, non seulement du revenu de son canonicat, mais aussi de la presque totalité de son patrimoine, dont il avait affecté une partie pour établir plusieurs écoles de charité; *Dormesson*, doyen de la cathédrale, de pieuse mémoire, fondateur de la petite communauté de filles vertueuses, appelées *Barettes*, consacrées à instruire les pauvres filles; Mme veuve de *Saint-Maurice*; *Borel* (Louis), chanoine et vicaire général, qui consacra toute sa vie au service des pauvres; Mme veuve *de Beaupuits*; *Testu*, de Senlis, chanoine de Saint-Pierre de Beauvais; la demoiselle Marie *Goguet*, fille majeure; *Delacour* (Germer), chanoine de Saint-Michel; la dame Pierre *Ticquet*, personne d'une immense charité; *Tiersonnier* (Claude), conseiller du roi; *de Gaudechard* (Marie-Louise), fille majeure; *de Regnonval*, lieutenant de l'élection; *de Nully* (Jean-Baptiste), chanoine de la cathédrale; la demoiselle *Bingaut*, fille majeure; *Michel* (Claude), chapelain de la cathédrale; *Pillet* (Jean), chanoine de Gerberoy; lesquels ont tous fait des dons considérables pour la fondation de cet admirable asile.

Depuis ladite année 1657, les dons se multiplièrent à un tel point, qu'en 1725 les revenus de l'Hospice des Pauvres s'élevaient déjà à plus de 35 mille livres (1).

_____

(1) Les hospices de Beauvais (le Bureau des Pauvres et l'Hôtel-Dieu), actuellement administrés par la commission créée par les lois des 16 vendémiaire an V et 16 messidor an VII, jouissent à présent de revenus s'élevant à plus de 233,500 francs.

7

A l'époque de la révolution, cet hospice était administré par MM. Borel père, Delaroche-Lambert, de Blois, Danse père, Bernadet, Lescuyer, de Malinguehen, et Serpe, curé de Saint-Pierre. La demoiselle *Guérin*, qui en était directrice, en a exercé les fonctions pendant 55 ans; c'était une personne aussi pieuse que charitable, dont la perte a été vivement sentie par les pauvres.

La source de bienfaits que procure cette précieuse institution, rend bien chère à Beauvais la mémoire de ceux qui en ont posé les premiers fondemens; de même que cette ville doit être pénétrée de reconnaissance envers les honorables et zélés administrateurs qui, de tout tems, ont apporté les soins les plus constans pour améliorer le sort d'une classe pauvre, mais digne d'un véritable intérêt.

En 1650, Charles II, roi d'Angleterre, et la reine sa mère, Henriette de France, séjournent à Beauvais du 3 au 15 mars. Le roi loge en la maison canoniale de M. Guillet, rue Sainte-Véronique, faisant le coin de celle Saint-Pierre. La reine était logée à l'évêché.

Le 1er mars 1652, le duc d'Elbeuf et le maréchal d'Aumont quittèrent Saint-Lucien, longèrent les fossés des portes de l'Hôtel-Dieu, de Bresles, et la poterne Saint-André, passèrent la rivière à la porte de Paris. Leurs troupes allèrent camper dans les prairies de Sénéfontaine, d'Auxmarais et de Goincourt.

En 1662, le 30 novembre, Louis XIV traversa Beauvais sans s'y arrêter, se rendant à Dunkerque; à son retour, le 6 décembre suivant, S. M. reçut, au faubourg Gaillon, messieurs du corps de ville, et fit entrer son carrosse dans l'hôtellerie de Saint-Christophe, où elle demeura fort peu de tems.

Le 25 mars 1663, jour de Pâques, l'évêque de Chouart de Buzanval bénit, dans sa chapelle, le drapeau blanc et bleu pour le régiment de Bretagne qui allait à Arras.

En 1665, le 18 juillet, la reine d'Angleterre, allant à Paris pour visiter la princesse Henriette sa fille, femme du duc d'Orléans, frère de Louis XIV, arriva à Beauvais à six heures du soir. Le corps de ville l'attendait à l'hôtellerie de Saint-Martin, près l'enclos des Capucins. Elle descendit à l'évêché, où le maire, Anselme-Macaire, lui offrit les présens accoutumés.

Le 7 juin 1670, Louis XIV passa à Beauvais; S. M. changea de voiture à l'hôtellerie de Saint-Christophe, où le maire Eustache Mallet, à la tête du corps-de-ville, le complimenta et lui fit des présens de vins, de confitures et de bougies.

Le 1er août 1677, les élections eurent lieu. Le maire Lucien Motte, élu l'année d'avant, fut continué dans ses fonctions, mais il déclara refuser. Le conseil du roi envoya l'ordre aux habitans de Beauvais de *s'assembler et d'élire pour maire* M. Nicolas Legay, membre de l'élection. Cet ordre fut exécuté le 7 août.

La même année, construction du jubé de l'église cathédrale, sur les dessins de Léonor Foy de Saint-Hilaire, chanoine, et dont la démolition a eu lieu en 1792.

En 1679, la commune fut laissée en pleine liberté pour se choisir un maire. Elle élut Claude de Regnonval, marchand. Cette élection fut faite sans aucune entrave.

Dans la même année, le lundi 17 juillet, messire Nicolas Choart de Buzenval, évêque de Beauvais, tomba malade et mourut le 21 juillet, à midi. Il avait gouverné le diocèse pendant plus de trente ans. Il légua ses biens à l'Hospice des Pauvres. Peu de tems avant sa mort, *Boileau*, le satirique, lui avait fait connaître qu'il renonçait au prieuré de Saint-Paterne, près Pont.

M. de Forbin-Janson, qui avait été successivement évêque de Dijon et de Marseille, fut alors appelé à remplacer M. de Buzenval. Nommé au mois d'août 1679, il prit possession de son évêché le 20 décembre suivant. M. de Forbin-Janson, qui s'était acquis, à la diète de Pologne, la réputation d'un habile homme d'état, en contribuant de tous ses efforts à l'élection de Jean Lebierky au trône de ce royaume, était d'une des plus célèbres maisons de Provence. Il fut nommé cardinal en 1690. La cathédrale possède sa statue. (*Voyez* église Saint-Pierre.)

Le 18 juillet 1680, Louis XIV vint encore à Beauvais; il se rendait en Flandre avec toute la cour, pour visiter les pays nouvellement conquis. Le maire et les échevins attendirent S. M. au faubourg Saint-Jacques, où les clefs de la ville lui furent présentées. Le lendemain, le corps de ville porta à l'évêché les présens d'honneur au roi, qui témoigna, d'un visage riant et avec un signe de main, combien il en était satisfait. L'illustre Bossuet, abbé commendataire de Saint-Lucien, faisait partie de la suite du roi. Avant le départ de S. M., toute la cour s'était rendue à Saint-Pierre pour y entendre la messe.

En 1682, *Haudiquer de Blancourt*, qui habitait Beauvais à cette époque, fut condamné aux galères pour avoir supposé de faux titres contre quelques familles nobles. Il était auteur de *l'Art de la Verrerie*, publié en 1667. Il enseignait à faire le verre, le cristal, l'émail. On trouve dans son ouvrage la manière de contrefaire les perles, les pierres précieuses, les porcelaines, les miroirs; la méthode de peindre sur verre, de tirer des couleurs des métaux, des herbes et des fleurs.

Le 24 juillet 1684, trente pièces de canon de fonte qui se trouvaient à Beauvais, sont enlevées par ordre du roi.

En 1685, mesures prises par le chapitre contre les ecclésiastiques qui voulaient porter perruques à la mode du tems de Louis XIV.

Le 3 janvier 1689, la reine d'Angleterre passe à Beauvais et visite la cathédrale.

En 1690, les élections municipales, qui avaient eu lieu sans bruit depuis plusieurs années, furent troublées par trois artisans : Masson, menuisier, Lecomte, serrurier, et Boileau, savetier, qui cabalèrent pour gagner des voix à quelques personnes; ils tentèrent de causer une émeute, en faisant sonner les cloches. Ils furent mis en prison et condamnés à trente livres d'amende. Pour éviter de nouvelles cabales, l'intendant-général nomma, de sa propre autorité, trois nouveaux pairs en place des trois sortans.

Les élections reprirent, comme de coutume, en août 1692. M. François Gallopin, seigneur du Mesnil, fut porté à la mairie par les suffrages des bourgeois; mais son administration fut de courte durée, parce qu'à la fin du même mois parut un édit royal qui érigeait en offices vénaux, perpétuels et héréditaires, les fonctions de maire, et créait des offices également vénaux d'*assesseurs*. Messieurs du bailliage et de l'élection acquirent ces charges, pour les remettre à la ville, moyennant 22,500 livres.

L'office du maire fut acquis, par suite des dispositions de cet édit, sous le nom de M. Yves Auxcousteaux. Il s'en démit au profit de M. de Malinguehen, lieutenant-général au bailliage, et celui-ci en faveur de M. Vigneron-d'Hucqueville; mais ce dernier, fatigué d'un poste dont les impenses et les devoirs étaient hors de proportion avec la modique indemnité qui y était attachée, l'abandonna en 1704. Il fut remplacé par le président de l'élection, M. Léonor Tristan, qui n'exerça cette charge que pendant une année. En novembre 1705, le présidial y porta pour deux ans M. Claude Loisel, lieutenant particulier.

En 1706, on construisit des aqueducs pour conduire à Beauvais les eaux des fontaines de Miauroy. Le tems et le défaut d'entretien ont dégradé les aqueducs et ont privé la ville d'une entreprise aussi utile.

En 1707, il fut créé pour Beauvais une charge de *maire alternatif*, qui fut acquise par M. Benoît Motte, moyennant finance de 10,000 livres. La ville eut, jusqu'en 1718, deux maires exerçant alternativement d'année en année. L'on sait que le but de ces créations d'office était de remédier à la pénurie des finances causée par les guerres désastreuses des dernières années du règne de Louis XIV.

En 1708, lettres-patentes du 27 mars pour commutation du taillon de la ville et banlieue de Beauvais en droit d'entrée.

En 1713, mourut, dans un âge avancé, le cardinal de Janson, évêque et comte de Beauvais; il eut pour successeur François-Honoré de Beauvilliers de Saint-Aignan, qui était abbé de Saint-Germer depuis 1701. (*Voyez* le tableau des évêques de Beauvais.)

C'est en 1718 que Pierre-le-Grand, le czar de Moscovie, visita la France. Cet homme, justement célèbre dans le monde pour avoir tiré un peuple de la barbarie dans laquelle il était plongé depuis des siècles; ce prince, dont la personne, les mœurs rudes et les habitudes peu en harmonie avec son rang, offraient quelque chose de si nouveau et de si étrange, éveillant partout une curiosité mêlée d'admiration et de surprise, passa à Beauvais le 7 mai, venant d'Amiens. Le maire et les échevins avaient fait des apprêts pour le recevoir; mais malgré leurs instances et celles de l'évêque pour le retenir, il ne voulut point s'arrêter. On lui représenta que s'il passait outre, il ferait mauvaise chair dans les lieux où on n'était pas prévenu de son arrivée : « J'ai été soldat, répondit ce prince, et pourvu que je trouve du » pain et de la bière, je serai content. » L'artillerie de la ville le salua de plusieurs salves, et un détachement des compagnies privilégiées l'escorta jusqu'à Tillard, ancienne route de Beauvais à Paris.

Après les vicissitudes éprouvées les années précédentes pour l'organisation municipale, la vénalité des offices municipaux fut abolie, et les élections rétablies comme avant 1692. En 1717, le 4 décembre, M. Benoît Motte fut réélu maire, et trois échevins furent nommés pour succéder à ceux dont les offices avaient été supprimés.

En 1718, pour se rapprocher des anciens usages de la commune, on remit les élections au 1er août ; elles eurent lieu ainsi pendant quelques années ; mais un incident qui arriva en 1720 fit connaître le peu de cas qu'on tenait alors du principe électif. Deux procureurs, Louis Daugy et Pierre Compagnon, ayant été élus échevins, on attaqua leur nomination comme étant le produit de l'intrigue ; elle fut cassée par le conseil du roi, qui décida que les prédécesseurs des deux élus demeureraient en fonctions.

En 1722, la vénalité est de nouveau rétablie, et les élections proscrites. Les nouveaux officiers ainsi recréés étaient nombreux. On y avait assigné des gages de finances que devaient payer les titulaires. Les offices de maire étaient portés à 60,000 livres, ceux d'échevins à 12,000, et ceux d'assesseurs à 10,000. Par un arrêt du conseil, du 6 juillet 1723, on permit à la ville de racheter ces offices, afin de se conserver le droit d'élection, au moyen de quoi on pouvait continuer d'élire, comme autrefois, telles personnes qu'on jugerait convenables ; un édit de 1724, cette fois encore, supprima la vénalité.

Le 16 mai 1725, le comte Maurepas ordonna au maire de Beauvais, de la part du roi, de payer tous les ans 300 livres aux sœurs Barrettes, pour aider à leur subsistance, sur les deniers des octrois, à cause du service qu'elles rendaient à la ville.

Le 23 août de la même année, M. Dubout prête serment en qualité de maître des forteresses de la ville.

Le 26 janvier 1726, sur la demande des boulangers, le maire publie une ordonnance de police fixant le droit de mouture ordinaire, et portant en outre que les meuniers devront recevoir le blé et rendre la farine par poids ; qu'ils devront en outre se pourvoir, à cet effet, de balances et de poids.

En 1728, M. de Beauvilliers de Saint-Aignan, qui avait été nommé évêque de Beauvais le 13 avril 1713, fut contraint, après quinze ans d'exercice, de quitter l'évêché, par suite du dérangement éclatant de sa conduite, qui fit (d'après les Mémoires de saint Simon, tome 15) un étrange scandale, que ne purent faire cesser ni étouffer tous les soins de sa respectable mère madame la duchesse de Beauvilliers, ni tous les efforts méritans de M. le duc de Noailles ; mais cependant on lui donna, en échange de la perte de l'évêché de Beauvais, une superbe abbaye, celle de Saint-Victor de Marseille.

Il fut remplacé par le cardinal René Potier de Gesvres, dont la famille avait fourni, un siècle auparavant, deux pontifes à l'église de Beauvais. Il y fit son entrée solennelle le 25 octobre 1728.

En 1729, les nouvelles élections furent encore attaquées devant le conseil d'état, par quelques marchands qui réclamaient contre l'usage de prendre la moitié des échevins parmi les gens de robes. Après plusieurs années de poursuites, de requêtes et de plaidoiries, les marchands furent déboutés de leur demande par un arrêt du 2 août 1732, qui décida que sur six échevins trois continueraient d'être pris parmi les gens de justice, sans exclusion des procureurs.

Par un édit de novembre 1732, tous les offices municipaux furent recréés sous le prétexte que la liberté des élections était presque toujours troublée par les intrigues, qui en étaient comme inséparables. Elles furent donc suspendues, et les officiers municipaux alors en fonctions y restèrent par ordre.

En 1734, trois des nouvelles charges d'échevins furent acquises par MM. Cornu, Lemercier et Blanchard, lesquels, jusqu'en 1742, conservèrent les offices qu'ils avaient achetés.

Que de réflexions il y aurait à faire sur ces variations continuelles dans une partie si importante de l'administration ? mais elles sont du domaine d'un historien ; peut-être avons-nous nous-même déjà dépassé, sur ce point, dans la vue d'intéresser, les bornes que nous nous sommes tracées pour cet ouvrage.

Le 27 septembre 1738, érection dans le chœur de la cathédrale, du mausolée du cardinal de Janson qui, en 1804, a été replacé près de la porte de la sacristie.

En 1745, le forage d'un *puits artésien*, sur la grande place, fut essayé par les soins de M. de Fontenoy, ingénieur de la ville d'Hesdin, pour l'établissement d'une fontaine dont le plan avait déjà été dressé en 1706. Les premières fouilles commencèrent le 9 juin, en face de la maison des Trois-Piliers ; après six semaines de travail, et avoir porté la perforation à plus de cent pieds de profondeur, il jaillit enfin comme une source d'eau, laquelle toutefois ne monta dans les canaux et tuyaux entés les uns sur les autres, qu'à sept ou huit pieds au-dessus du rez-de-chaussée, et qu'à environ un pied au-dessus du lit et du niveau de la rivière ; il fallut, pour avoir de cette *mère-eau*, la tirer avec une pompe. Cette eau était fort claire et limpide, mais amère, âcre, en un mot toute minérale.

Le 28 septembre 1745, M. Berthier de Sauvigny, intendant de Paris, lors de son séjour à Beauvais, ayant voulu goûter de cette mauvaise eau, la rejeta en crachant. Il conseilla alors aux maire et échevins de faire au plus tôt boucher les ouvertures et perforations qui avaient été exécutées. M. Jacques Auxcousteaux, maire, qui avait compté s'immortaliser par l'érection de cette fontaine, fut désolé de sa non réussite.

En 1750, établissement d'une école gratuite de dessin, fondée par M. Oudry, à la manufacture royale des tapisseries, et dirigée par M. Dumont, peintre de l'Académie.

C'est dans le même tems que la suette, cette redoutable épidémie qui enleva un grand nombre d'habitans à Beauvais, laissa dans cette ville un mémorable et douloureux souvenir.

La même année, *Lénglet du Fresnoy*, de Beauvais, un des plus grands philosophes français, dont les écrits, le caractère et les actions ont toujours porté le véritable cachet de l'indépendance, fut enfermé à la Bastille, pour avoir injurié les censeurs qui bâtonnaient ses ouvrages. *Liberté! liberté!* était sa devise.

En 1752, le 30 avril, eut lieu la pose solennelle de la première pierre de l'hôtel-de-ville actuel, par M. de Gesvres, évêque-comte de Beauvais, en présence de M. Bucquet, maire, qui posa la deuxième pierre, des échevins, des autres fonctionnaires, et de toute la milice bourgeoise. Il y eut, le même jour, un grand dîner à l'évêché, où le corps de ville fut invité, et pendant lequel on fit cinq décharges de canon. M. l'évêque donna à la ville son droit d'indemnité sur le prix de l'hôtellerie du Petit-Cerf, réunie à l'emplacement du nouvel hôtel-de-ville, qui a été construit sur les dessins de M. *Boyeu*, architecte.

Le 29 juin 1755, jour de Saint-Pierre, au moment où l'on chantait en musique le verset du *Magnificat*, une pierre tomba de la voûte du chœur de l'église cathédrale, et frappa si rudement le sieur Claude-Nicolas *Mercier*, bourgeois et négociant, que l'on fut obligé de l'emporter à la sacristie. On essaya de le secourir; mais le coup avait été si violent qu'il avait déjà perdu connaissance. Les sieurs Frion et Lemaire, médecins, qu'on avait fait appeler, jugeant le coup mortel, on lui administra le sacrement de l'extrême-onction. Il fut porté à sa maison, où il mourut peu d'instans après avoir reçu l'absolution.

En 1756, le 18 février, à sept heures cinquante-cinq minutes du matin, on ressentit à Beauvais quelques secousses de tremblement de terre, d'ailleurs peu considérables. Il en fut parlé dans la *Gazette de France* peu de jours après. Le 30 avril de la même année, eut lieu un autre tremblement de terre qui n'occasiona aucun dommage.

En 1759, la première compagnie des gardes-du-roi commença à résider à Beauvais, dans des maisons particulières.

Par un édit du 20 février 1763, Louis XV confirma le privilége des femmes de Beauvais de précéder les hommes à l'offrande, le 14 octobre, fête de Sainte-Angadrême.

En 1765, la ville de Beauvais refusa de se soumettre à un édit royal prescrivant un mode uniforme pour l'organisation de toutes les municipalités de France, tant elle était attachée à ses anciens usages. Les élections furent suspendues par ordre, et les maire et échevins restèrent en exercice. Mais en novembre 1771, on érigea un titre d'offices héréditaires, un maire, un lieutenant de maire, quatre échevins, deux assesseurs, un procureur du roi, un secrétaire greffier-garde des archives, deux trésoriers-receveurs, deux contrôleurs des deniers et revenus patrimoniaux et d'octrois. Les gages furent fixés au denier vingt de la finance. Depuis, jusqu'à l'époque de la révolution, cette administration a été maintenue; il en fut de même à l'égard des officiers municipaux en possession des honneurs, privilèges, franchises, immunités, et exemptions des logemens de gens de guerre, dont ils avaient toujours joui.

En 1772, décéda à Versailles le cardinal de Gesvres, évêque et comte de Beauvais. Ce prélat eut pour successeur M. François-Joseph de La Rochefoucault, qui fit son entrée le 29 septembre. Il vint directement du château de Bresles à Beauvais. Le corps-de-ville l'attendait au faubourg de la Terre-Bourdon, avec les canonniers-arbalétriers, la milice bourgeoise et deux corps volontaires, l'un de cavaliers, en uniforme vert, brodé d'argent, composés des jeunes gens des premières familles ; l'autre, des grenadiers pris parmi les classes ouvrières, en habits bleus avec bonnets d'ourson ; ils étaient tous commandés par M. de Nully de Grosserve, négociant.

En 1780, il fut établi, par arrêt du conseil du 16 avril de la même année, un bureau général de correspondance commerciale, nationale et étrangère. Cet établissement, qui réunissait deux points d'un intérêt majeur, *commodité et sûreté*, et qui offrait de grands avantages au commerce, n'a pu se soutenir en 1789.

En 1781, il existait à Beauvais une société royale d'agriculture, qui était composée de MM. de Regnonval, directeur, Borel père, l'abbé Dubourg, Bucquet, Lecaron, l'abbé Danse de Boulaine, de Catheux, Fouquier père, Michel de Goussainville, Russe, de Nully-Grosserve, Renault de Berthecourt, Guérin et Ancel. Cette société, qui avait été instituée par arrêt du conseil, en date du 1er mars 1761, a cessé de s'assembler à l'époque de la révolution. M. Cambry, préfet, s'est efforcé de la relever en 1800, sous le titre de *Société d'agriculture, du commerce et des arts*; mais le succès n'a pas répondu à son attente.

Le 13 juillet 1788, la ville, ses faubourgs, et les communes environnantes, ont été dévastées entièrement par une grêle d'une grosseur extraordinaire. La moisson fut anéantie ; beaucoup de cultivateurs ont été ruinés. M. de La Rochefoucauld, évêque, donna 1,200 francs pour soulager les plus malheureuses victimes de cet irréparable désastre.

Dans le même mois de juillet, un monument de la féodalité, qui existait sur la place dès l'année 1454, que l'évêque Louis de Villiers fit reconstruire à neuf en 1514, bâtiment octogone, nommé le *Pilori*, que l'on conservait comme un signe de la puissance seigneuriale, fut détruit du consentement de M. de La Rochefoucauld, évêque-comte de Beauvais. Au dire de quelques-uns, ce pilori, tout en attestant les droits de justice que l'évêque avait dans la ville, était, selon eux, encore une preuve que depuis la conquête de César, Beauvais n'avait jamais subi le joug d'autres vainqueurs que celui de ses légitimes monarques.

Le 11 août de la même année, grande réjouissance à Beauvais à l'occasion de l'inauguration, sur la grande place, de la statue équestre de Louis XIV, donnée à la ville par M. le comte de Crillon ; cette statue avait été fondue pour la place Vendôme, à Paris ; mais trouvée trop petite pour cette vaste place, Louis XVI la donna au maréchal de Boufflers; elle passa ensuite à M. de Crillon, lorsqu'il acquit la terre de ce nom, à laquelle ensuite il donna le sien.

En décembre 1788, M. Walon, maire, fit placer dans la grande salle de l'hôtel-de-ville un tableau, sous tous les rapports, infiniment précieux pour la ville. Il retrace l'héroïque action de la libératrice de Beauvais : on y distingue celle-ci la hache dans une main et s'emparant de l'autre de l'étendard que retient encore le bras d'un soldat par elle abattu. Ce tableau, d'une large et heureuse exécution, sur 4 mètres 22 cent. de largeur, et 3 mètres 25 cent. de hauteur, fait et fera toujours beaucoup d'honneur au pinceau de *Barbier* l'aîné, membre de l'ancienne académie royale de peinture et de sculpture de Paris. Il l'avait entrepris par ordre de Louis XVI, qui, à la demande de M. de La Rochefoucauld, évêque de Beauvais, en fit le don à la ville.

Un autre tableau, représentant le même fait historique, peint par M. Achille *D'hardiviller*, de Beauvais, a été envoyé et donné à la ville le 10 septembre 1828 par M. le ministre de l'intérieur.

En 1789, une rixe cruelle eut lieu entre des ouvriers et des gardes-du-corps, dans la salle de spectacle qui existait rue de l'Ecu, dans une propriété particulière. Plusieurs de ces derniers, ayant refusé de se découvrir pendant la représentation, les ouvriers les ayant menacés et injuriés, un des gardes-du-corps tira son épée, sauta dans le parterre, et, en tombant, son arme fatale va percer le sein d'un ouvrier nommé Sarcus, de Beauvais, qui, transporté aussitôt chez lui, y mourut dans la même soirée. L'imprudent garde-du-corps fut arrêté sur l'ordre de son chef; mais il en fut quitte pour huit jours d'arrêt dans son logement, après quoi on le renvoya de la compagnie.

———

Nous voici arrivés à l'époque de 1789, qui a amené de bien pénibles événemens et de déplorables excès, qui se sont malheureusement prolongés pendant plusieurs années, et dont Beauvais, comme toute la France, a subi les funestes résultats.

Nous n'essaierons pas de retracer tout ce que notre ville a souffert durant cette triste période : ce serait prendre l'engagement de rappeler les atrocités commises dans toutes les communes du département, car il n'est que trop vrai qu'aucune commune n'a été épargnée; notre ouvrage ne peut comporter de semblables détails.

Pardonnons aux hommes qu'une exaltation a jetés dans ce tourbillon dévastateur, et disons cependant que parmi eux se trouvaient des gens paisibles qui ont été conduits aux excès auxquels ils se sont livrés, par la *peur* que leur inspiraient ces commissaires extraordinaires escortés de troupes révolutionnaires, et envoyés successivement à Beauvais par les chefs de Paris, avec mission de trouver, à tout prix, des victimes. L'on sait que ces hommes avaient un pouvoir absolu. Celui qu'ils exerçaient à Beauvais était le plus étendu, le plus justement redouté et le plus entreprenant; c'était un pouvoir qui scrutait tout, d'une manière aussi inquisitoriale que dangereuse.

C'est la peur, on ne peut en douter, qui a forcé bien des citoyens honorables, pour échapper aux périls dont ils étaient menacés, à dissimuler et à feindre : elle a même contraint d'estimables ecclésiastiques d'abdiquer leur caractère sacré....

Couvrons d'un voile épais les horreurs de ces tems désastreux, et donnons des regrets aux hommes recommandables qui en ont été victimes, et que nous avons connus....

Nous allons seulement indiquer quelques faits détachés de cette époque :

D'après la lettre royale du 24 janvier 1789, qui fixait l'ouverture des états-généraux, l'assemblée électorale des trois ordres du bailliage de Beauvais eut lieu le 9 mars suivant, présidée par M. le comte de Crillon, grand-bailli d'épée : le clergé, en tête duquel se trouvait Mgr. de La Rochefoucauld, évêque de cette ville, prit place à droite, la noblesse à gauche, et le tiers-état en face du président.

Le 14 juillet 1790 fut célébré l'anniversaire de la chute de la Bastille : le conseil de la commune avait fait construire, en face de l'hôtel-de-ville, un autel de la patrie, figuré en marbre vert, avec panneau de marbre blanc veiné. Cet autel était surmonté d'une pyramide terminée par un globe. L'élévation totale du monument était de 25 mètres ; le drapeau de *Jeanne-Hachette* fut déposé sur cet autel, où l'hymne *Veni Creator* fut chanté au bruit de l'artillerie, par M. Lefèvre Dufayel, chanoine et officier municipal. Il y eut un grand banquet donné par le maire, lequel se termina par un feu de joie et une illumination générale.

En 1790, les élections municipales, basées sur le principe de l'uniformité proposé par les états-généraux, eurent lieu à Beauvais du 9 au 28 février. M. Walon, fut élu maire, et MM. Legrand et Borel de Bretizel, l'un procureur de la commune, et l'autre substitut. Les officiers municipaux, au nombre de douze, et les notables en nombre double, pour former le conseil général de la commune, furent choisis parmi la bourgeoisie, des commerçans, des hommes de loi et des ecclésiastiques. La marque distinctive de ces magistrats fut l'écharpe aux couleurs nationales.

La même année, l'hospice de l'Hôtel-Dieu fut transformé en un hôpital général pour les militaires malades ; il était sous la surveillance des cinq membres composant le directoire du district de Beauvais. Les malades furent soignés par des religieuses de l'ordre de Saint-Augustin, consacrées par leur état au soulagement de l'humanité souffrante. Il y avait alors vingt-une religieuses et six tourières attachées à cet hospice, dont Mme *Ducauroy* était la supérieure.

Le 13 juillet 1790, veille de la fédération, un prisonnier détenu pour dettes depuis plus de six années, dans une des prisons de Beauvais, obtint sa délivrance.

C'était fort méritant, à cette époque, de s'occuper sérieusement du bonheur de ses concitoyens : quiconque est digne d'être le bienfaiteur des hommes, et le devient en effet, donne à ses semblables le plus touchant des exemples, et s'assure les hommages des siècles.

Nous nous plaisons à rapporter ici le fait suivant : M. Descourtils de Merlemont, colonel de la garde nationale de Beauvais, s'acquit un titre à l'at-

tachement et à la reconnaissance publique ; son noble cœur a été ému des souffrances d'un bon citoyen, et l'huissier *Humblot* de Clermont devient libre !

Cet infortuné, père de famille, gémissait dans les prisons depuis plus de
six ans : quel était donc le crime qu'il expiait par une détention si longue ?
Hélas ! l'évasion d'un prisonnier détenu pour dettes, et confié à sa garde,
que son œil plus vigilant, et son cœur peut-être moins sensible, n'auraient
pas dû perdre de vue.

Il était responsable, et sa responsabilité s'élevait à 1,000 livres. La totalité des frais faits se montait à peu près à la même somme, et Humblot se
trouvait dans l'impossibilité d'acquitter ces deux mille livres.

Dès le matin du 13 juillet, M. de Merlemont apprend que des citoyens
de Clermont étaient venus à Beauvais pour aviser au moyen de libérer l'honnête et infortuné Humblot, et que leurs efforts n'avaient à cet égard obtenu
aucun succès de madame veuve *Pain*, la créancière de ce malheureux huissier.

Que fait M. de Merlemont ? Il se rend lui-même chez cette dame et lui
adresse la parole en ces termes : « Je viens, madame, vous proposer une
» action qui doit vous couvrir de gloire, et qui ajoutera infiniment à l'es-
» time que vous avez su jusqu'ici mériter. Il est des occasions heureuses
» dont il faut savoir profiter : à peine se présentent-elles une fois dans la
» vie. Vous ne pourriez, demain, assister à la fête de la liberté, en tenant
» vous-même un père de famille plus long-tems dans les fers. Ayez donc la
» bienveillance de les briser pour que cet infortuné citoyen vienne au mi-
» lieu de nous respirer enfin un air libre et pur, faire éclater sa joie et célé-
» brer votre bienfaisance.

» Mais en vous invitant à accomplir un acte généreux, qui exige de votre
» part un tel sacrifice, j'aspire à l'avantage de le partager, et suis prêt à
» vous compter les 1,000 livres qui forment la dette principale du sieur
» Humblot, si vous consentez à oublier les frais et l'en tenir quitte. »

Mme veuve *Pain*, profondément touchée d'un procédé si noble, y consent
avec l'empressement le plus sensible ; M. de Merlemont se charge de solder
la dette et court lui-même à la prison. Le bonheur de rendre un honnête
citoyen à une ville du département, est un avantage précieux dont on peut
aimer à jouir, sans le partager ; il arrive sur les ailes de la liberté, fait ouvrir les portes de fer, et annonce à Humblot qu'il vient briser ses chaînes.
L'attendrissement fait précipiter celui-ci à ses genoux ; mais M. de Merlemont, le faisant aussitôt relever, lui dit : « Il ne s'agit point de reconnais-
» sance ; ce que j'ai fait est un acte de justice : je voudrais pouvoir les multi-
» plier pour le bien général. »

Il se hâte enfin de rendre Humblot à son épouse, à ses enfans, à la liberté ! Il est satisfait de son triomphe. Cette belle et mémorable action mérite à ce citoyen, noble de cœur autant que de race, des témoignages empressés de tous les habitans (1).

_____

(1) M. Descourtils de Merlemont fut proscrit en 1793. En 1797, l'assemblée
électorale envoie ce bon citoyen au conseil des anciens ; il est arrêté le 4 septembre et conduit au Temple.

Après avoir célébré, avec beaucoup d'éclat, l'anniversaire du 14 juillet, il y eut le 20 du même mois une autre fête bien plus remarquable, à l'occasion du retour des fédérés de Beauvais, qui avaient été chercher le drapeau donné à la garde nationale par la ville de Paris ; elle avait aussi pour but d'opérer la translation de l'étendard de *Jeanne-Hachette*, déposé dans l'église des Jacobins, à l'hôtel-de-ville, sur la demande qui en avait été faite d'abord par les dames de la ville, et ensuite par les dames de la halle, qui, les unes et les autres, réclamaient l'honneur qu'il fût porté par l'une d'entre elles.

Pour éviter les contestations que ce genre de gloire faisait naître, la municipalité fit très-sagement choix d'une orpheline du Bureau des Pauvres, à qui elle fit d'abord présent d'une croix en or, d'une paire de gants de soie, et d'une écharpe aussi de soie pour porter ce drapeau. Ce choix, généralement applaudi, devint bientôt une source de richesse pour Anne-Angélique *Boudeville* sur laquelle il tomba (1).

La fête fut annoncée par 21 coups de canon. Un autel magnifique, dédié à la patrie, avait été dressé sur la grande place de l'hôtel-de-ville, en face de la statue équestre de Louis XIV, qui décorait cette belle place. Entre la statue et l'autel, on avait construit un portique de dix arcades, et dans le grand panneau du piédestal qui faisait face à l'autel, était un trophée très-ingénieux, composé d'une croix, d'un sceptre, d'une couronne et de tous les instrumens de l'agriculture et du commerce, avec une banderolle sur laquelle on lisait : *Un seul lien nous unit.*

A dix heures, la garde nationale, commandée par M. Descourtils de Merlemont, son colonel, les gardes-du-corps du roi, en grand uniforme, ayant à leur tête M. le chevalier de Flomond, aide-major, et toute la maréchaussée du canton, sous les ordres de M. Ruste, leur lieutenant, se rendirent sur la place, et formèrent un bataillon carré.

A onze heures, toute la troupe, précédée de la musique militaire, alla avec le corps municipal à l'église des Jacobins, pour y prendre et transporter à l'hôtel-de-ville, selon le désir des dames, ce drapeau qui avait tant de titres à la vénération.

A ce cortège très-nombreux prirent part cinq ou six cents femmes vêtues de blanc et portant des écharpes tricolores ; elles étaient entourées de près de trois cents enfans en uniforme de guerre.

Au milieu des femmes, on apercevait *Anne-Angélique Boudeville*, dont la municipalité avait fait choix parmi les orphelines du Bureau des Pauvres, pour porter le drapeau. Elle était accompagnée de l'estimable Mlle *Guérin*, directrice de l'établissement.

On y voyait aussi le sieur *Thomas Lévêque*, maître taillandier, et *Marie Dubos* sa femme, de la paroisse du faubourg Saint-Jacques, qui, mariés

(1) Différentes personnes de Beauvais, très-âgées, rapportent qu'en 1790, on découvrit au Bureau des Pauvres deux des descendans, frère et sœur, de Collin-Pillon et de Jeanne-Hachette.

depuis 52 ans, avaient obtenu l'agrément de la municipalité pour renouveler leur alliance sur l'autel de la patrie. Vêtus l'un et l'autre des mêmes habits qu'ils avaient portés le jour de leur nôce, ces frondeurs de la mode, depuis cinquante ans, avaient été conduits à cette solennité par M. Pillon, leur curé, officier municipal, et par la garde nationale de leur paroisse ; ils étaient entourés d'un grand nombre de leurs enfans, petits-enfans, et de proches parens, qui ajoutaient beaucoup à l'intérêt qu'inspirait ce touchant et patriarcal spectacle.

Arrivés dans l'église des Jacobins, M. le maire prit le drapeau déposé sur l'autel, le mit entre les mains de la jeune orpheline, et le cortége marcha vers la place, recevant sur son passage des marques de sensibilité.

Ce fut au milieu des acclamations, d'un enthousiasme vraiment admirable, que le cortège arriva sur la grande place, et que la jeune *Boudeville* déposa le drapeau sur l'autel de la patrie. M. le maire adressa alors un discours plein de sentimens religieux aux deux époux, à l'orpheline et à toutes les dames qui l'avaient accompagné.

L'hymne *Veni Creator* fut entonné au bruit de l'artillerie. Dès qu'il fut achevé, M. Lefebvre-Dufayel, officier municipal, adressa un discours très-touchant aux deux anciens époux, et célébra la messe, pendant laquelle les musiciens de la cathédrale exécutèrent un *motet*.

Une mutuelle satisfaction causait une émotion générale, mais respectueuse, pendant que la voix bruyante du canon se joignait aux témoignages de joie, de fraternité, et de cris répétés de *vive la nation! vive le roi!*

Après cet acte religieux, que le choix du local rendait plus imposant encore, M. le maire et les officiers municipaux, suivis d'un grand nombre de dames, montèrent à l'hôtel-de-ville et placèrent, selon le désir de ces dernières, l'étendard à côté du tableau qui rappelle le siège mémorable où cet étendard fut enlevé par *Jeanne Laisné*.

Le même jour, M. le maire donna un dîner de soixante couverts, où Thomas *Lévêque*, Marie *Dubos*, sa femme, et Anne-Angélique *Boudeville*, qui y avaient été invités, furent placés avec distinction. On y porta des santés à la nation, au roi, à l'assemblée nationale, aux deux époux et à la jeune orpheline.

Ce jour d'ivresse, qui appartient à l'histoire du pays, est aussi celui d'un acte de bienfaisance, que nous sommes heureux de pouvoir rappeler : on éprouve toujours une véritable jouissance à citer de beaux exemples qu'on désire de voir se renouveler.

Au dîner dont il vient d'être parlé, deux dames de Beauvais, chez lesquelles la bienfaisance était un besoin autant qu'une habitude, avaient formé le projet de doter, ce même jour, Anne-Angélique Boudeville. A cet effet, une *rose* qu'au dessert lui fit offrir madame Walon, par sa petite-fille, était accompagnée d'une obligation de 300 livres, payable au moment de son établissement. Le symbole de la grâce et de la douceur devint en cet heureux jour le sceau de la bienfaisance.

Une seconde obligation de 200 livres, remise par madame de Changy, a suivi de près la première. Ces deux généreuses dames ont mis tant d'affection et de grâces, tant d'empressement et de charmes dans leurs offrandes, qu'elles leur méritèrent les applaudissemens les plus sincères.

Il nous est agréable d'avoir à ajouter que cet acte de bienfaisance, dont mesdames Walon et de Changy ont donné l'exemple, électrisèrent tous les convives. Un assentiment général augmenta les dons déjà faits à la jeune Boudeville, et la somme recueillie par les soins d'un officier municipal s'est élevée à celle de 650 livres, laquelle a été augmentée de 250 livres données par la municipalité. L'ordre, la décence et la tranquillité régnèrent pendant toute la durée de cette fête vraiment remarquable.

Le lendemain 21 juillet, une nouvelle fête eut lieu à Beauvais à l'occasion de la bénédiction de la *bannière nationale* donnée par la ville de Paris. Toutes les autorités et les troupes étaient réunies sur la grande place, autour de l'hôtel de la patrie, sur lequel cette bannière avait été placée. L'officiant municipal célébra la messe pendant laquelle eut lieu la bénédiction de la bannière nationale. A la fin de cette messe, un enfant mâle nouvellement né (de Claude-Nicolas *Secondé*, commis aux impôts, et de Marie-Jeanne *Davaux*, sa femme), de la paroisse Saint-Etienne, fut présenté pour être baptisé sur l'autel de la patrie; l'enfant fut nommé *Mars-Victoire*, par M. Langlumé, directeur des aides, et par dame Rose-Victoire *Ménageot*, épouse de M. Caron, notable, ses parrain et marraine, en présence de M. *Dumont*, curé de ladite paroisse.

Après cette cérémonie religieuse, qui avait attiré toute la population des environs de Beauvais, une salve d'artillerie annonça le service d'un dîner patriotique qui avait été dressé sur la place de l'hôtel-de-ville, par les soins de MM. les officiers municipaux.

Tous les administrateurs du département, le corps municipal, les autres fonctionnaires publics, l'état-major et les officiers de la garde nationale, les députés de la fédération de Paris, les gardes-du-corps du roi, et les vétérans des régimens d'Orléans et de Berri, en passage à Beauvais, formaient, avec autant de dames, le nombre des convives de ce grand banquet patriotique. Le soir, il y eut de superbes illuminations et un bal brillant, où les dames de Beauvais se faisaient remarquer par leur belle tenue. Comme à la fête précédente, tout se passa avec beaucoup d'ordre et de décence.

Nous devons dire que, malgré la crise désastreuse où se trouvait alors la France, les juges du tribunal, nommés par les citoyens électeurs, le 4 octobre 1790, furent choisis parmi les noms les plus honorables :

MM. Borel père, président.

Lecaron de Troussures,
Fouenet du Boury,   }
Michel-Grandcamp,   } juges.
Lemaire d'Arion,   }

Legrand-Fombert, commissaire du roi.
Pigory fils, greffier.

MM. Maréchal,
Brocart,
Lescuyer de Mival,   } juges suppléans.
Ledoux de Beauménil,

On reconnaîtra qu'il en a été de même relativement aux juges du tribunal criminel, les électeurs ayant fait choix des citoyens ci-après désignés :

MM. Dagneaux, président des hauts-jurés.
Danse-Renaud, accusateur public.
Prévost, greffier.
Le Porquier-Devaux,   } hauts-jurés.
Théroane,

Notables adjoints pour l'instruction de la procédure :

MM. Brisson.
Lemaire père.
Ticquet (Louis).
Walon de Valoir.
de Malinguehen.
Mauger père.
de Couvreuil, l'aîné.
Lescuyer-Soyer.
Le Maréchal, le jeune.
Baillehastre.
Danse de Boisquenoi.

MM. de Roany.
Langlois-Bernot.
Marsan.
Watrin (Nicolas).
Morgan.
Sommereux (Pierre).
Poilleaux.
Lévêque (Thomas).
de Rivière, l'aîné.
Bénard, huissier.
Fleschemer père.

Dans le mois de novembre de la même année, de nouvelles élections eurent lieu par les citoyens actifs : M. Walon fut maintenu dans les fonctions de maire ; M. Motel succéda, comme substitut, à M. Borel de Brétizel, qui fut nommé procureur du roi.

En janvier 1791, une commission, composée de MM. Blanchard de Changy, membre du directoire, Danjou, procureur syndic, Rigault, secrétaire, et Auxcousteaux, receveur des impôts, procéda au répartement des sommes à payer par la ville de Beauvais, pour quinze mois des années 1789 et 1790, à raison de 5 sous par personne, par mois, en remplacement

	liv.	s.	d.
de la gabelle	44,850	»	»
la marque des fers	865	8	8
la marque des cuirs	2,161	2	1
les huiles et savons	705	19	5
les amidons	1,756	12	6
	50;339	2	8

Le 20 février 1791, M. *de Larochefoucauld* se trouvant déchu de ses fonctions épiscopales par son refus du serment exigé des ecclésiastiques par la nouvelle constitution, l'assemblée électorale de l'Oise, réunie le dimanche 20 février, dans l'église Saint-Pierre, nomma, pour le remplacer, M. *Mas-*

sieu, curé de Sergy, député à l'assemblée nationale. Cet évêque constitutionnel fut sacré à Paris, d'où il se rendit à Beauvais le 20 mars pour prendre possession de son diocèse. Une messe en musique fut célébrée le jour de son installation.

Une chose digne de remarque, à cause de l'époque où elle s'est passée, et qui n'a pu nous échapper, c'est que ce choix populaire ramena l'agréable souvenir des vertus et des abondantes aumônes de M. de Larochefoucauld, pendant le long et cruel hiver de 1788. L'orateur éloquent de la commune ne dédaigna pas d'offrir à ce prélat bienfaisant un nouveau tribut de reconnaissance, en complimentant M. Massieu sur son élection.

Nous croyons devoir rapporter le compliment et la réponse.

La municipalité se rendit le 23 février auprès de M. Massieu ; M. Dutron, officier municipal, lui adressa le discours qui suit :

« Monsieur, la ville de Beauvais se félicite d'être la première à présenter
» son hommage au nouvel évêque du département de l'Oise ; mais permettez
» qu'à ces félicitations se mêlent quelques expressions de regret pour le
» prélat qui gouvernait ce diocèse.

» Sur le siége où la voix du peuple vous appelle, il a constamment honoré
» l'humanité par ses vertus ; il l'a consolé par ses largesses, et l'on peut dire
» de lui, comme de notre divin Maître, *qu'il a marqué tous ses pas par*
» *ses bienfaits.*

» Ces sentimens ne sauraient vous déplaire. Si nous étions incapables de
» reconnaissance, pourriez-vous être jaloux de notre amour? On ne veut
» être aimé que de ceux qu'on estime : et votre plus beau triomphe sera de
» le remplacer dans nos cœurs. Il aimait la religion et il aimait les mœurs :
» vous les ferez fleurir.

» La réputation qui vous devance, les suffrages des électeurs dont vous
» êtes honoré, le don de la parole que vous venez déployer au milieu de
» nous, tout annonce que vous avez acquis, depuis long-tems, les vertus,
» les talens et le courage nécessaires pour y travailler avec ardeur et avec
» succès. »

M. l'évêque Massieu a répondu :

« Messieurs, la vérité et le courage de la dire sont les premières qualités
» des hommes publics; et je vous laisserais peu d'espérance, si je ne vous
» paraissais pas digne de l'entendre.

» Je ne puis donc qu'applaudir au sentiment noble et louable qui vous
» inspire de justes regrets, pour un prélat dont les vertus me sont connues
» comme à vous, et auxquelles je rends hommage avec vous.

» Mais, messieurs, les vertus civiques et la soumission aux lois de l'em-
» pire sont bien aussi quelque chose; et si le prélat que vous regrettez
» eût couronné les vertus de son état par un patriotisme aussi pur, je ne
» m'affligerais point en ce moment de succéder à un homme vivant, à un
» homme riche et bienfaisant, et surtout à un homme vertueux. »

D'après les lois des 16 août 1790 et 14 mars 1791, sur l'organisation judiciaire, il avait été institué à Beauvais, dans le mois de février suivant, indépendamment des deux justices de paix, un *Bureau de conciliation;* les membres choisis à cette époque étaient :

> MM. De Catheux, avocat;
> Du Tron, ancien principal du collége;
> Garnier-Danse, négociant;
> Pasquier, procureur;
> Borel de Bretizel;
> Motel, notaire.

C'était un établissement fort utile que ce Bureau de conciliation, et infiniment précieux pour le bien général.

Il a été constaté qu'un mois après leur installation, ces infatigables membres avaient déjà su concilier ou éluder, sans frais, plus de 80 procès, et mis un terme aux efforts de la chicane; c'était une source réelle de bon ordre et un véritable bienfait qu'une semblable institution.

La publication de la loi du 17 mars 1791, portant suppression de tous les droits d'aides, d'entrée et autres, qu'une partie des citoyens regardait comme vexatoires, et que l'autre ne supportait qu'avec peine, donna lieu à des réjouissances spontanées dans la ville.

Le 11 mai de la même année, on mit à exécution le décret réduisant les différentes paroisses qui existaient à Beauvais, à deux seulement; ce qui excita dans la ville une grande agitation.

Le 26 juin 1791, la nouvelle du retour de Louis XVI à Paris fut reçue avec tous les sentiments de la joie, et les craintes que son évasion de la capitale et son arrestation à Varennes avaient fait naître, se dissipèrent. D'après le désir des corps administratifs de la ville, le clergé de l'église cathédrale se rendit sur la grande place, à quatre heures après midi, pour y chanter un *Te Deum.*

Le 22 juillet, le régiment de dragons, *ci-devant de Chartres,* dont M. *de Chartres,* aujourd'hui Louis-Philippe, Roi des Français, était alors colonel, arriva à Beauvais, allant de Vendôme à Valenciennes. Ce beau régiment fut accueilli avec enthousiasme par les habitans.

Le 15 septembre, au matin, des salves d'artillerie annoncèrent aux habitans l'acceptation de la constitution par le roi Louis XVI. Une joie universelle éclata à cette nouvelle, et un *Te Deum* fut chanté le soir de ce même jour en l'église cathédrale de Saint-Pierre.

Dans la soirée du 8 octobre 1791, la sécurité de la ville fut sérieusement troublée. Le bruit se répandant qu'un amas de blé venait d'être trouvé dans le bras de la rivière, près de la maison des dames de Saint-François, on imputa aussitôt à ces religieuses le projet d'affamer la ville. Un rassemblement considérable se forma autour de la communauté : quelques exaltés s'efforcèrent d'y pénétrer de force; mais M. Descourtils de Merlemont, commandant de la garde nationale, s'y opposa de tous ses moyens. Pour apaiser l'irritation populaire, la municipalité ordonna une perquisition chez les religieuses : on n'y trouva pas un grain de blé. L'origine de cette émeute est restée ignorée.

En novembre, M. Gouchet, notaire, fut nommé maire en remplacement de M. Walon, qui avait donné sa démission.

Année 1792. — Nous nous trouvons dans la nécessité, en raison des bornes restreintes de notre ouvrage, de ne rapporter que quelques faits particuliers à cette année.

Le 15 janvier 1792, la société particulière de bienfaisance qui s'était formée à Beauvais depuis plusieurs années, pour assurer l'existence des enfans pauvres, prit un arrêté portant qu'il serait placé à la caisse d'épargne de M. *Lafarge, deux actions* sur la tête de deux enfans pauvres de la ville, de l'un et de l'autre sexe, désignés par le sort.

MM. les curés des églises Saint-Pierre et Saint-Etienne, invités par les commissaires de la société, se concertèrent sur le choix des sujets les plus méritans, avec les dames de charité des deux paroisses; après quoi il fut présenté, dans une séance extraordinaire, par le curé de Saint-Pierre, dix jeunes garçons de quinze à dix-sept ans, et par le curé de Saint-Etienne, dix jeunes filles de dix à quatorze. Le sort favorisa Marguerite *Bouré* et Pierre-Nicolas-Isidore *Pouy*, pour lesquels deux actions de la caisse d'épargne de Lafarge furent placées sur leurs têtes.

La société de bienfaisance n'ayant point voulu congédier, avec le simple honneur de la séance, les jeunes gens *non dotés*, fit remettre à chacun d'eux un assignat de cinq livres.

Le 14 juillet, la fête de la fédération eut lieu à-peu-près comme l'année précédente. L'évêque *Massieu* célébra, sur l'autel de la patrie, un *Te Deum*, au bruit des salves d'artillerie.

Le 29 du même mois, la garde nationale et les autorités constituées étant rassemblées sur la grande place, le maire proclame que *la Patrie est en danger*, puis ajoute : *Il faut voler à son secours.* Aussitôt un grand nombre de citoyens, et parmi eux des pères de famille, s'enrôlèrent pour se rendre à l'armée.

Le 10 août, le renversement du trône est annoncé, dans la nuit, par un négociant de Saint-Just arrivant de Paris. — Grande agitation dans la ville; les hommes calmes et paisibles voyaient avec inquiétude l'avenir qui se préparait : ils n'osaient plus sortir de chez eux.

C'est à cette cruelle époque que l'on vit les agens de la dernière classe du peuple faire subir à de dignes et respectables ecclésiastiques une promenade burlesque dans les différens quartiers de la ville.

Le 13 août de la même année, le peuple ayant appris que les statues des rois avaient été renversées à Paris, s'exaspère et crie que Beauvais doit imiter cet exemple. Les officiers municipaux, dont le plus grand nombre s'opposait à cette destruction, délibèrent à ce sujet ; mais cette turbulente multitude, sans attendre la délibération de l'autorité, se précipite sur la statue de Louis XIV qui ornait la grande place, dresse des échelles contre le colosse de bronze auquel sont attachés des cables ; alors elle s'y attèle, et pendant que les officiers municipaux continuent de délibérer, l'image du grand Roi tombe au milieu des cris et huées de ces forcenés qui, quatre ans auparavant, presque jour pour jour, avaient salué son inauguration par des acclamations idolâtres. Ils se portent ensuite contre deux obélisques élevés de chaque côté de la place, et de chacun desquels devait jaillir une fontaine : ces deux précieux monumens sont à leur tour détruits. Le soir, la ville était illuminée.

Le 30 août, des commissaires du pouvoir exécutif arrivèrent à Beauvais afin d'y accélérer une nouvelle levée d'hommes pour la défense de la patrie : l'enthousiasme était à son comble ; chacun voulait être soldat. Parmi les volontaires on remarquait un grand nombre de pères de famille et de jeunes prêtres brûlant du désir de voler au champ de bataille ; tous, avec une égale ardeur, prêtent serment de haine à la royauté. Des dons patriotiques de tous genres furent faits par les habitans. En peu de jours, ces volontaires, habillés et armés, s'élancent vers la frontière, portés sur plus de trois cents voitures, mises à cet effet en réquisition. Par un contraste frappant, les femmes et les enfans se désolaient et pleuraient en voyant partir leurs soutiens, dont beaucoup ne paraissaient zélés que par peur.

A cette exaltation fiévreuse succéda bientôt une inquiétude générale, occasionnée par la disette des grains ; les cultivateurs refusant d'en vendre pour des assignats qui étaient discrédités, ne fréquentaient plus les marchés et ne les livraient qu'à ceux qui payaient en argent ou en or.

L'alarme des Beauvaisins était au comble ; par sa position aussi délicate que difficile, l'administration municipale, en ces jours néfastes, se trouvait réduite à tout redouter pour elle-même, à ne rien pouvoir entreprendre ni espérer pour alléger les maux de tant de citoyens, qui lui avaient confié leurs intérêts et leur existence.

Cependant, cette déplorable situation changea spontanément, et comme par miracle, à l'instant où l'on s'y attendait le moins. Une proclamation, aussi sagement qu'éloquemment rédigée par un jeune orateur, M. *Danjou*, procureur-général de la commune, proclamation dans laquelle se découvrait l'âme d'un compatriote et d'un véritable homme de bien, en dissipant la terreur des fermiers et calmant l'effervescence populaire, opéra l'approvisionnement des marchés, et fit succéder la tranquillité au désordre.

Les alarmes causées à l'égard des subsistances, alarmes qui heureusement s'étaient évanouies, furent bientôt oubliées, lorsqu'il fut question des élections municipales.

Ces élections, malgré l'ardeur révolutionnaire qui régnait toujours dans la ville, furent faites sans trop d'agitation. Elles eurent pour résultat la nomination de citoyens pris généralement dans la majorité qui appartenait à la classe paisible d'hommes honorables, parmi lesquels il y en avait encore, dans ces derniers tems, d'investis de hauts emplois; hommes recommandables; dont la perte a été vivement sentie.

Par suite de ces élections, l'administration municipale se trouvait composée, en 1792, de douze membres, ainsi qu'il suit:

MM. Gouchet, maire.　　　　　MM. Caron-Ducoudray.
　　Langlet.　　　　　　　　　　Langlois-Mouffle.
　　Diot.　　　　　　　　　　　　Dufour.
　　Pasquier.　　　　　　　　　Brismontier.
　　Anselin (Laurent).　　　　Taillefert.
　　de Catheux.　　　　　　　　Platel.

MM. Borel de Brétizel, procureur de la commune.
　　Motel, substitut.
　　Racinet, secrétaire greffier.
　　Auxcousteaux-Decouvreuil, receveur des impositions.

Noms des 24 notables élus la même année.

MM. Baillehastre.　　　　　　MM. Legrand-Descloizeaux.
　　Bigot père.　　　　　　　　　Massieu, évêque.
　　Blanchart-Fouquier.　　　Mignon fils.
　　Borel père.　　　　　　　　　Morel père.
　　Bureau fils.　　　　　　　　　Pillon père.
　　Butteux père.　　　　　　　　Poilleau, marchand.
　　Cormeille père.　　　　　　Roquez, négociant.
　　Danse-Watrin.　　　　　　　Roussel, orfèvre.
　　Daveluis père.　　　　　　　Sagnier, marchand.
　　Dupré (Toussaint).　　　　Tallon, marchand.
　　Laleau, négociant.　　　　　Tallon, prêtre.
　　Langlois-Bernot.　　　　　　d'Hervillé, huissier.

DES MAIRES DE BEAUVAIS.

Un Tableau des Maires de Beauvais, depuis l'origine de l'érection de cette ville en commune, jusqu'à ce moment, paraît être un travail d'autant plus intéressant, qu'il aidera à rappeler le souvenir des personnages à qui fut confiée l'administration de cette cité.

Il existe bien à la mairie de Beauvais une nomenclature de ces maires, qui, nous le présumons, a été extraite de l'ouvrage intitulé : *Supplément à l'Histoire de Beauvais*, par *Simon*, conseiller au présidial. Mais cette liste, fort incomplète, ne rapportant que des noms sans annotations ni faits particuliers, n'offre réellement aucun genre d'utilité, et n'inspire que peu de confiance (1).

Ces lacunes nous ont fait concevoir l'idée d'entreprendre un travail plus étendu, présenté sous la forme d'un tableau raisonné et en quelque sorte historique des Maires qui ont administré la ville jusqu'à ce jour. Nous avons dû nous livrer à des recherches longues et minutieuses, pour réaliser cette pensée. Nous désirions en effet faire connaître, autant que possible, à la suite du nom de chaque Maire, outre l'époque de sa nomination, les circonstances de son élection, l'indication de son état, les événemens survenus sous son administration, son décès, la paroisse où il a été inhumé, etc.

Nous avons eu particulièrement recours aux manuscrits les plus anciens qui traitent de l'histoire de Beauvais. Ces manuscrits existent dans la belle et riche bibliothèque de Mme *Le Caron de Troussures*, qui a eu l'obligeance de la mettre à notre disposition.

Cette bibliothèque est assurément l'une des plus remarquables de notre

---

(1) Cette simple liste ne comporte que 190 maires, et notre Tableau historique en comprend 222.

pays, tant à raison du grand nombre de manuscrits et de précieux ouvrages qu'elle renferme, que par l'ordre qui y règne.

Le classement des ouvrages est dû aux soins de M. *de Boncourt*, d'Amiens, frère de Mme Le Caron. Le catalogue qu'il a dressé et écrit de sa main, contient plus de 300 pages : il est divisé par ordre de matières, par ordre alphabétique, par noms d'auteurs et par numéros d'ordre des livres placés dans les rayons. C'est vraiment une œuvre non seulement de beaucoup de patience, mais aussi qui prouve le talent supérieur de son auteur, M. *de Boncourt*.

N'oublions pas de dire que c'est de cette importante bibliothèque que M. Le Caron de Troussures père, ancien président du tribunal de première instance, décédé le 24 février 1821, avait extrait toute la *Partie de Jurisprudence*, pour en faire don à la bibliothèque du tribunal.

En terminant notre travail sur la ville de Beauvais par ce tableau des Maires, nous avons satisfait au désir, bien naturel, de faire quelque chose qui pût intéresser les habitans de cette cité, à laquelle nous sommes glorieux d'appartenir depuis près de cinquante ans.

TABLEAU DES MAIRES DE LA VILLE DE BEAUVAIS,

DEPUIS L'ANNÉE 1176 JUSQU'EN 1846.

---

1. **BERENGARIUS DE NULLY** et **OFRANDUS**, majores (1).

1175. Les élections eurent lieu le 29 juin, sous le règne de Philippe-Auguste.

2. **VUALERINUS (Joannes)** et **RUCEM PETRUS**, majores.

1182. A partir de cette époque, on nomma deux maires alternatifs. Philippe de Dreux, évêque, participa aux élections des maires.

3. **RENARDUS** et **GONSCELINUS.**

4. **DE LANCELUS** et **DE LA FROMENTERIE (Jean).**

5. **BERNARD DE LA FROMENTERIE.**

6. **ABROC (Pierre)** et **ANTELME (Jean).**

7. **CRISET (Eudes)** et **VUALERANS (Jean).**

8. **URTINUS (Joannes)** et **BEKEL (Bartholomanus).**

1195-1206. Ces maires (d'après les anciens manuscrits) n'exerçaient leurs fonctions que sous la puissante autorité de l'évêque de Dreux, qui a régné 41 ans; il est décédé le 12 novembre 1217. (Voyez le tableau des évêques, qui renferme des détails sur les actions de cet évêque guerrier.)

9. **BAUDOIN (Raoul).**

1209. Il est seul indiqué au registre du chapitre. Une note manuscrite de cette époque constate une donation faite à la ville, en juin 1207, à la maison hospitalière de *Saint-Lazare*, fondée en 840.

10. **VUALERANS (Philippe).**

1220. Le registre du chapitre n'indique que ce maire, qui administra pendant le malheureux tems des croisades.

11. **LOUVET (Bobert)** et **THOMAS (Pierre).**

1225. C'est peu de tems après leur nomination que survint l'incendie du chœur de la cathédrale.

12. **GUÉRIN DE VERDELAY.**

1227. Exerça pendant la sédition de 1228, apaisée par saint Louis, qui vint exprès à Beauvais.

13. **VINCUS-LEFERONS.**

1229. Du tems de Milon de Nanteuil, évêque, qui fonda à Beauvais les couvens des Franciscains et des Dominicains. (*Voir* le n° 15.)

---

(1) C'est en 1144 que Beauvais a été érigé en majores par Louis-le-Jeune. C'est la première ville citée dans les chartes des rois. (*Mémoires de M. d'Héronval.*)

14. MURET (Robert), de Senlis.

1232. Nommé par le roi saint Louis, qui était à Beauvais lors de l'affaire des Changeurs; le peuple l'insulta et le traîna dans les rues. Epoque malheureuse, où l'évêque Milon de Nanteuil excommunia le roi.

15. VINCUS-LEFERONS.

1233. Réélu. (*Voir* le n° 13.)

16. DE LA RUELLE (Jean).

1258. Il est désigné dans une charte du chapitre. Il était maire à l'époque de l'établissement de l'école des Jacobins, dirigée par l'abbé *Vincent*, de Beauvais.

17. LE CHEVALIER (Pierre).

1267. Mentionné dans un titre du chapitre de Saint-Pierre. Il assista, en 1268, à l'inauguration de la cathédrale.

18. GUILLAUME LEVOYER, chevalier.

1279. Un arrêt du parlement lui accorda le titre de *Miles* ; il était maire lors de la chute des voûtes de la cathédrale.

19. LETONNELLIER (Philippe).

1293. Une quittance fut signée par lui comme maire, à l'époque des impôts créés par Philippe-le-Bel.

20. DE MOLIENS (Jean), bailli du comté.

1305. Il fut fait prisonnier à la suite d'une sédition, du tems de l'évêque Simon de Clermont de Nesle.

21. CORDUBONARIUS (Joannes), de Pont-Sainte-Maxence.

1307. Avait été désigné par le roi Philippe-le-Bel, après la sédition mentionnée ci-dessus. Il était payé.

22. GAUDEFROY DE CHAUMONT.

23. RAPINE (Pierre).

1310-1320. Exercèrent sous Jean de Marigny, évêque fort aimé, avec lequel les maires n'eurent que des rapports agréables.

24. DE NULLY (Pierre).

1329. Il était procureur fiscal du chapitre. (Quittance de lui comme maire à cette époque.) (*Voir* le n° 27.)

25. RAPINE (Pierre) et DE LÉGLANTIER (Jean).

1330. Deux maires alternatifs (d'accord entre eux). Registre du chapitre. Pierre Rapine a fondé une chapelle dans l'église de Saint-Martin.

26. BERTAUT BUQUET.

1331. Mort en fonctions la semaine de Noël 1332. — (Livre des Maires.)

27. DE NULLY (Pierre).

1333. Déjà cité. — Livre des Maires. (*Voir* le n° 24.)

28. COLARD DE GUEHENGNIES.

1352. Comptes arrêtés par lui, comme maire, en 1354.

29. ESTIENNE DE CREIL.

1355. Ancien bailli du comté, procureur fiscal du chapitre. — Il fut inhumé dans le chœur de l'église Saint-Michel. (Titre de 1356.)

30. BROCARD (Philippe).

1356. Ancien bailli du comté; il était maire du tems de la *Jacquerie*. Mort à Beauvais. — Inhumé dans le chœur de l'église Saint-Michel, avec Jeanne sa femme. (*Voir* les n°s 32 et 39.)

31. LE PICARD (Jacques), seigneur de Wagicourt.

1360. Il est fait mention de son installation dans le registre du chapitre. C'est sous son administration que le roi Jean exigea une forte rançon par paroisse. (*Voir* les n°s 35 et 43.)

32. BROCARD (Philippe).

1361. Commission du roi du 15 juillet. (*Voir* le n° 30.)

33. THIBAULT DE MOUY.

1363. Mentionné dans le livre des Maires, sans notes. (*Voir* le n° 38.)

34. LEBRET (Nicolas).

1364. Indiqué au livre des Maires, sans renseignemens.

35. LE PICARD (Jacques).

1365. (*Voir* les n°s 31 et 43.)

36. DEPUIS (Jean).

1366. Livre des Maires, sans renseignemens.

37. DE CONTEVILLE (Jean).

1367. Indiqué au livre des Maires, sans renseignemens.

38. THIBAULT DE MOUY (Jean).

1368. Il est parlé de ce maire dans un acte de Lebarbier, commis de la forteresse. (*Voir* le n° 30.)

39. BROCARD (Philippe).

1369. (*Voir* les n°s 30 et 32.)

40. DE BOULLON (Jean).

1373. (*Voir* le n° 44.)

41. LE FRANÇOIS (Jean).

1374. (*Voir* les n°s 54, 57 et 59.)

42. THIBAULT DE BONVILLERS.

1376. Livre des Maires, sans notes.

43. LE PICARD (Jacques).

1379. Mort en charge le 17 août 1380. (*Voir* les nᵒˢ 31 et 35.)

44. DE BOULLEN (Jean).

1380. Elu le dimanche qui suivit la mort de Le Picard. (*Voir* le nᵒ 40.)

45. THIBAUT-BECQUET, noble.

1381. Compte de 1382, dressé après son voyage à Senlis. — L'évêque se plaignit de son élection, prétendant que les maires devaient être des roturiers. — Enterré à Saint-Étienne, dans la chapelle de saint Joseph.

46. RAOUL-JOUAN.

1382. Etait avocat, conseiller de la ville. — Enterré à Notre-Dame-du-Châtel. — Titre de mars 1384.

47. HUE-GOSSELIN.

1387. Il visita Charles VI, tombé malade à Beauvais. Titre de 1388. — Enterré à Notre-Dame-du-Châtel.

48. DELACROIX (Jean).

1391. Avocat. — Compte de 1391. — Il rend visite à Charles VI, venu de nouveau à Beauvais.

49. LEBASTIER (Simon).

1394. Décédé le 22 août 1394. Inhumé dans le cloître du couvent des Cordeliers. Il était (selon un écrit de cette époque) homme de prudence, loyal, de bonne vie, d'une conversation agréable, très-riche, et l'un des hommes les plus habiles et renommés de la ville.

50. DE NOINTEL (Jean).

1395. C'est lui qui a fait refondre la grosse cloche de la commune en 1396. (*Voir* le nᵒ 52.)

51. NICAISE (Lucien.)

1397. Sous son administration eut lieu la réception de Louis d'Orléans, évêque de Beauvais. (Livre des Maires.) (*Voir* le nᵒˢ 52, 56 et 58.)

52. DE NOINTEL (Jean).

1399. Décédé la même année. (*Voir* le nᵒ 50.)

53. NICAISE (Lucien).

1400. Livre des Maires. (*Voir* les nᵒˢ 51, 56 et 58.)

54. LE FRANÇOIS (Jean).

1403. Mentionné dans un acte du 17 juillet 1403 (demeurait vis-à-vis le portail de Saint-Pierre). (*Voir* les nᵒˢ 41, 57 et 59.)

55. DELACROIX (Jean).

1404. Livre des Maires. (*Voir* le n° 48.)

56. NICAISE (Lucien).

1405. (*Voir* les n°s 51 , 53 et 58.)

57. LE FRANÇOIS (Jean).

1406. C'est du tems de ce maire, en 1410, que Charles VII accorda aux habitans une exemption de ban et d'arrière-ban, en reconnaissance de ce qu'ils étaient restés étrangers aux séductions du duc de Bourgogne. (*Voir* les n°s 41, 54 et 59.)

58. NICAISE (Lucien).

1411. Décédé en novembre 1413; enterré à Saint-Thomas, devant l'autel de l'OEuvre. (*Voir* les n°s 51 , 53 et 56.)

59. LE FRANÇOIS (Jean).

1412. Inhumé dans le chœur de Saint-Etienne, sous la plus grande tombe. (*Voir* les n°s 51, 54 et 57.)

60. GUÉRARD DE CREIL.

1413. Avocat. — Indiqué dans le livre des Maires.

61. DANSE (Laurent).

1415. Il demeurait à l'hôtel *du Heaume*, près celle des Balances. — Etat dressé par lui des dépenses faites aux forteresses de la ville, en 1414. — Compte du chapitre. (*Voir* le n° 65.)

62. MATHIEU DE BRAITEL.

1418. Avocat. — Le livre des Maires. (*Voir* les n°s 73 et 75.)

63. THIBAULT LEGOIX.

1419. Il était très-lié avec l'évêque Cauchon, qu'il reçut le 5 janvier 1420. (*Voir* le n° 68.)

64. LHOSTE (Philippe).

1421. Avocat et bailli du chapitre. — Il reçut, au mois de décembre 1422, Charles VIII, la reine et le duc de Bourgogne. — Il était du parti de l'évêque Cauchon, qui voulait se rendre maître de Beauvais, et en chasser les officiers royaux. (Livre des Maires.)

65. DANSE (Laurent).

1426. Mort en 1433. — D'après le livre des Maires, la guerre civile régnait dans le Beauvaisis. (*Voir* le n° 61.)

66. MATHIEU DE BONNEUIL.

1428. Il était seigneur de La Neuville-sur-Auneuil, receveur des aides; demeurait paroisse Saint-Pierre. (Quittance de lui du 16 janvier 1429.)

67. GUÉRARD-DAUCHY.

1432. Ancien marchand tanneur, propriétaire de deux fiefs à Sinancourt, paroisse d'Auneuil. Il était maître des forteresses. — Le 21 octobre 1432, entrée de Juvénal des Ursins, évêque. (*Voir* les n°s 71 et 76.)

68. THIBAULT-LEGOIX.

1433. Epoque de la défaite des Anglais à Gerberoy. Le comte d'Arondel y fut tué : on l'inhuma à Saint-Laurent. — Le 7 juin 1433, surprise de la porte de l'Hôtel-Dieu par les Anglais ; Jacques de Guehengnies, lieutenant de la ville, y périt. (*Voir* le n° 63.)

69. DE BRETEUIL (Pierre).

1434. En 1435, ce maire prit des mesures sévères pour éloigner de Beauvais les filles publiques qui y étaient en grand nombre. (*Voir* les n°s 72 et 77.)

70. DESPEAUX (Jacques).

1437. Il était receveur des forteresses lors de son élection.

71. GUÉRARD-DAUCHY.

1439. D'après le livre des Maires, les Anglais ravagèrent, à cette époque, les environs de Beauvais. (*Voir* les n°s 69 et 77.)

72. DE BRETEUIL (Pierre).

1441. (*Voir* les n°s 69 et 77.)

73. MATHIEU DE BRAITEL.

1444. (*Voir* les n°s 62 et 75.)

74. LEBEL (Jean).

1447. Porté au livre des Maires, sans notes.

75. DE BRETEUIL (Mathieu).

1449. (*Voir* les n°s 62 et 73.)

76. GUÉRARD-DAUCHY.

1451. (*Voir* les n°s 67 et 71.)

77. DE BRETEUIL (Pierre).

1454. C'est en 1454 que l'évêque de Beauvais fit élever le *Pilori* qui existait sur la grande place. (*Voir* les n°s 69 et 72.)

78. LE BOUCHER (Jean).

1456. Rétablissement de la tranquillité sous son administration.

79. DE CREIL (Pierre), le jeune.

1459. Il fut nommé le 9 juillet 1459 ; mais sa réélection fut annulée en 1462, parce qu'il avait donné à un de ses parens, tondeur de pièces, la place de receveur des deniers de la commune, d'où il résulta un procès entre lui et l'évêque.

80. DUBUS (Martin).

1463. Remplaça provisoirement Pierre de Creil, par décision du bailli, en date du 29 juin 1462.

81. BOILEAU (Jean).

1464. Décédé en 1483. Enterré en l'église de Saint-Sauveur, près du portail. (*Voir* le n° 84.)

82. BINET (Pierre).

1467. (Lettre de lui du 3 juillet 1472.) — (Livre des Maires.)

83. DE CREIL (Nicolas).

1468. Le livre des Maires, mais l'auteur Simon n'en fait pas mention.

84. BOILEAU (Jean), l'aîné.

1469. Le livre des Maires. (*Voir* le n° 81.)

85. BINET (Guillaume).

1470. Exerça jusqu'au 8 décembre 1472. (*Voir* le n° 90.)

86. MARCADÉ (Jean).

1472. Nommé le 8 décembre 1472. C'est ce maire qui a publié, en septembre 1473, avec quatre trompettes, les priviléges accordés à la ville par Louis XI, à l'occasion de la belle action de Jeanne-Hachette. (*Voir* les n°s 95 et 98.)

87. DE CREIL (Jean-Pierre), l'aîné.

1473. Il fut nommé en décembre 1473, et prêta serment au cimetière Saint-Etienne, en la manière accoutumée, mais on le fit destituer par acte du 15 octobre 1474.

88. DAVESNE (Jean).

1474. Fut nommé par le roi Louis XI pour finir l'année commencée par Jean-Pierre de Creil. — Mort le 17 mai 1489; il fut inhumé dans le cloître du couvent des Cordeliers.

89. LEGOIX (Jean).

1475. Nommé aussi par le roi, qui accorda ensuite aux habitans le droit d'élire leurs maires. (Lettres-patentes de novembre 1477.)

90. BINET (Guillaume).

1477. Il fut élu maire par les habitans, conformément aux lettres-patentes, mais en la présence du lieutenant-général de Senlis. (*Voir* le n° 85.)

91. DE LA BENNE (Pierre).

1479. Décédé en charge le 11 avril 1480. — (Livre des Maires.)

92. MARCADÉ (Jean).

1480. Déjà cité en 1472; a été réélu spontanément le 13 avril 1480; il demeurait rue du Puits Jesseaume, *à la Boule* : il y avait un boulet à sa porte. Son portrait existait contre le premier pilier du chœur de l'église Saint-André, près de l'autel. (*Voir* les n°s 86, 95 et 98.)

93. BOILEAU (Jean), le jeune.

1486. Signification signée de lui. — (Le livre des Maires.)

94. ENGUERRAND (Martin).

1487. Nommé en juin 1487, suivant les notes manuscrites appartenant à M. Le Mareschal, et analysées par M. *Fabignon.*

95. MARCADÉ (Jean).

1494. Déjà maire en 1472, 1480, il eut à soutenir les différens procès intentés à la ville par l'évêque. (*Voir* les n°s 86, 92 et 98.)

96. DE LIGNIÈRES (Pierre), fils de Jean de Lignières.

1497. Il fut nommé le 1er août 1497. Il demeurait au coin de la grande rue Saint-Sauveur, à l'ancien hospice de Froidmont.

97. BOILEAU (Jean), fils de Jean Boileau, maire en 1486.

1498. Ce maire attaqua l'évêque Louis de Villers sur l'abus qu'il faisait des clefs de la ville.

98. MARCADÉ (Jean).

1500. Décédé en 1517. — Enterré à Saint-André, où il avait fondé une messe le jour de Saint-Arnoult, en action de grâces d'avoir été maire pendant 17 ans. (*Voir* les n°s 86, 92 et 95.)

99. DE FEUQUIÈRES (Jean).

1507. Avocat. Il fut désigné par le roi, qui était à Beauvais, comme étant reconnu homme honorable et sage.

100. COURAS (Nicolas).

1514. Louis XII et la princesse Marie étant venus à Beauvais, il ordonna une grande fête pour leur réception. — Décédé en charge le 22 janvier 1515.

101. CANTREL (Pierre), fils.

1516. Nommé le 28 janvier 1515. — Décédé le 17 mai 1522. Inhumé en l'église Sainte-Madeleine, près de l'OEuvre.

102. PAJOT (André).

1519. En 1520, il alla au-devant du successeur de François Ier et de la reine. — Mort en 1521; a été inhumé à Saint-Etienne, près la chaire.

103. PAUNARD (Pierre).

1521. Il était conseiller en cour et prévôt d'Angy. C'est le premier qui ait possédé héréditairement cette prévôté. — Mort en 1552; il fut enterré en l'église Saint-Sauveur.

104. LE SCELLIER (Nicolas).

1523. Maître des forteresses; il rendit de grands services à la ville, qui l'a honoré en donnant son nom au cours qui est près de la porte Limaçon. Enterré à Saint-Etienne, dans la chapelle Saint-Nicolas.

105. GUY-DUPRÉ.

1528. Ancien marchand, qui demeurait à l'hôtel de *Froidmont*, dans la rue de ce nom, à laquelle on a donné, depuis 1770, celui de *l'Etamine.*

106. LANTERNIER (Nicolas).

1533. Fils de Pierre Lanternier, marchand, dont la mère était sœur de M. de Lignière. Il demeurait dans la rue des Trois-Lanternes, à laquelle il a donné ce nom, parce qu'il avait fait éclairer la rue avec trois lanternes. Ses armoiries figuraient trois *lanternes argentées.*

107. LEFÈVRE (Guillaume).

1537. Livre des Maires. — L'auteur Simon n'en fait pas mention.

108. BOISCERVOISE (François).

1539. Il était marchand d'étoffes. — Enterré à Saint-Sauveur. (Registre de la commune, de décembre 1540.)

109. DE NULLY (Pierre), seigneur d'Essuiles.

1543. Il était médecin. — C'est de son tems que le Dauphin, depuis Henri II, fit un emprunt de 8,000 livres à la ville. — Décédé en 1549. — Son père était marchand de draps.

110. LE BOUCHER (Eustache).

1545. Indiqué par Denis Simon, sans aucune note.

111. AUBERT (Pierre).

1546. Etait seigneur de Rochy-Condé. — (*Voir* le n° 118.)

112. GODIN (Jean).

1549. Ne se trouve indiqué que dans une note manuscrite appartenant à M. Le Maréchal, et copiée par M. Fabignon.

113. DE MALINGUEHEN (Jean), l'aîné.

1550. Marchand d'étoffes; il demeurait rue de l'Etamine. — Parent de la famille de M. de Troussures; il est mort de la peste qui régna à Beauvais.

114. DE CATHEUX (Jean).

1552. Ancien marchand; il demeurait rue du Lion-Rampant, entre le pont Saint-Sauveur et le pont de Lignières, à l'*hôtel du Chevalier*, à côté de l'hôtel des Trois-Pucelles.

115. CANTREL (Pierre).

1553. Il avait épousé la sœur de Jean Loisel; était lié avec Jean de Lisle, seigneur de Marivaux, lieutenant-général du gouvernement de l'Ile-de-France, qui commandait Beauvais en 1553.

116. DAUVERGNE (François).

1555. Ancien marchand. Il demeurait rue Saint-Jean, dans la maison qui a été occupée par M. de Grasse. C'était le frère du lieutenant-général au bailliage de Senlis, et parent de Loisel de Beauvais. Une de ses descendantes, Mlle Dauvergne, dont le père était directeur de la poste aux lettres en 1771, est morte à Beauvais il y a une quinzaine d'années. C'était une excellente musicienne.

117. PAUMARD (Jean).

1558. Prévôt et seigneur d'Angy; mort le 2 septembre 1590; enterré à Saint-Sauveur. — Etait fils de Pierre, maire en 1522.

118. AUBERT (Pierre).

1563. Seigneur de Rochy-Condé; mort le 5 février 1584, à l'âge de 79 ans; enterré dans l'église de la Basse-OEuvre. (*Voir* le n° 111.)

119. LANTERNIER (Claude).

1565. Il avait épousé la fille de François Dauvergne, maire en 1555; il habitait la maison des *Trois-Lanternes*, vis-à-vis le pont de Lignières, à l'enseigne des Trois-Lanternes.

120. BINET (Pierre).

1566. Son fils, Claude Binet, premier lieutenant-général de Beauvais, ensuite substitut du procureur-général au parlement de Paris, était très-considéré à la cour, avec rang des hommes illustres de France.

121. LOISEL (Pierre).

1569. Ancien tanneur, seigneur du prieuré d'Auneuil, demeurait rue des Flageots, à l'*Aigle-d'Or*. Par contrat du 8 octobre 1570, il fonda une distribution de 22 gâteaux, pour tirer *les Rois* à la mairie, la veille de l'Epiphanie. — Mort le 17 février 1587; enterré aux Cordeliers, dont il était le père temporel.

122. LEFEBVRE (Nicolas), l'aîné.

1572. Ancien marchand drapier. — Mort le 20 mars 1584; enterré dans le chœur de l'église Saint-Sauveur.

123. LEFEBVRE (Nicolas), le jeune.

1575. Il avait épousé la fille de Jean de Catheux, ancien maire; il fit bâtir une maison rue de la Taillerie, portant pour enseigne le *Mal-Assis*, où se trouvait un homme figuré dans cette position.

124. PAUMARD (Nicolas).

1578. Marchand et maître de l'hôtel du *Chariot-d'Or*; mort de la contagion; enterré à Saint-Etienne, devant l'autel de saint Sébastien.

125. BOICERVOISE (Lucien).

1581. Il avait épousé la fille de Pinguet (François), maire en 1594. — Il fut enterré dans l'église Saint-Laurent. (*Voir* le n° 129.)

126. AUSCOUSTEAUX (François).

1584. Avocat et médecin; fils de Jacques Auxcousteaux, contrôleur au grenier à sel. Il a eu à supporter les oppressions du pouvoir de l'évêque.

127. LE BOUCHER (Georges).

1587. Etait marié à la fille de Loisel, ancien maire. Sous son administration, il régna une grande disette dans la ville, par suite des brigandages des gens de guerre.

128. GODIN (Nicolas) (1).

1589. Marchand drapier; né à Beauvais le 26 mai 1550; neveu de Nicolas Loisel; avait épousé la fille de M. de Nully, médecin, ancien maire. — Exerçait pendant la ligue. Il fut, en 1592, lieutenant du duc de Mayenne; il demeurait dans la grande rue Saint-Sauveur. — Décédé à Bruxelles, en 1631; il s'y était retiré après l'extinction de la ligue.

129. BOICERVOISE (Lucien).

1592. Élu le 2 août. — Avait un fils médecin. (*Voir* le n° 125.)

130. GALLOPIN (Claude).

1594. Le 6 septembre 1594, ce maire fit prêter, à toute la population, le serment de fidélité à Henri IV, à l'occasion du traité de paix signé le 24 août précédent. Mort en charge le 22 juillet 1596; inhumé à Saint-Sauveur.

131. DE CATHEUX (Paul).

1596. Avocat du roi en l'élection, et médecin; fils de Pierre de Catheux, ancien maire. Est mort en 1608. — La maison dite du *Lion-Rampant* lui appartenait. — C'est en 1596 que le roi Henri IV fit un voyage à Beauvais, où il réclama du peuple l'*oubli* et l'*union*.

132. PINGUET (François).

1599. Marchand de vins, dit l'*Avocat*, avait pour enseigne au *Dieu-d'Amour*. Les registres font mention qu'après avoir préparé une *belle et gentille harangue, il demeura court au premier mot*. Il avait épousé Marie Potier. Décédé le 2 septembre 1613; enterré à Saint-Etienne, près de l'œuvre, devant la chaire. (Le 14 juillet 1845, on a trouvé, en démolissant le rempart Saint-Nicolas, une plaque de plomb où était gravé le nom de ce maire.)

133. LEFEBVRE (Claude).

1601. Marchand, rue des Trippes; il avait pour enseigne à l'*Epousée*. Mort le 21 mai 1624; enterré à Saint-Sauveur.

134. DE REGNONVAL (Jean).

1603. Depuis le voyage de Henri IV, la tranquillité ne cessa pas de régner pendant l'exercice de ce maire. — Mort le 21 janvier 1620; enterré à Saint-Sauveur.

135. FOY (Yves).

1606. Ancien juge-consul et receveur de l'évêché; avait épousé la sœur de M. Gayant, procureur à Senlis. On l'appelait l'*Homme-de-Bien*, et plus particulièrement le maire l'*Ange*, à cause de sa maison petite rue Saint-Sauveur, où pendait pour enseigne un *Ange*. — Mort le 28 juin 1637, âgé de 88 ans. Enterré à Saint-Etienne.

---

(1) Dans le Mémoire sur l'histoire de la Ligue, publié en 1846, par M. *Dupont-White*, procureur du roi à Beauvais, on remarque que Nicolas *Godin*, maire sous le règne de Henri IV, résista aux plus grands hommes et aux plus grandes puissances de son tems.

136. PAUMARD (Jean).

1609. Seigneur d'Angy, mort de contagion en 1624. — Ehterré dans le cimetière Saint-Etienne, près du clocher, où était placée son épitaphe.

137. HAINQUES (Antoine).

1612. Ce maire est mort en 1514 ; enterré à Saint-Etienne.

138. FOY (Yves).

1615. Déjà maire en 1606. (*Voir* le n° 135.)

139 LEBESGUE (Charles)

1616. Ancien député aux états de la ligue. — Il avait épousé la fille d'Arthur Danjou, lieutenant de Saint-Germer. (*Voir* le n° 141.)

140. MINETTE (Jean).

1619. Marchand drapier. Ce maire fut conduit à la commune, pour prêter serment, par Mgr. Auguste Potier.

141. LEBESGUE (Charles)

1622. Réélu. — Il a été conduit par l'évêque à la commune, pour prêter serment. — Mort le 7 octobre 1623. (*Voir* le n° 139.)

142. CAIGNARD (Pierre).

1623. Une peste violente régnait à Beauvais lors de sa nomination. — Il était marchand. — Décédé le 19 novembre 1633 ; enterré à Saint-Sauveur.

143. DAMPIERRE (Pierre).

1626. Bourgeois. — Mort le 1er avril 1666. Inhumé à Saint-Sauveur.

144. DE FRANCASTEL (Robert).

1629. C'est sous son administration qu'a été formé le premier projet de l'établissement d'un Bureau des Pauvres. — Décédé de la contagion, le 22 juin 1637 ; enterré dans le cimetière Saint-Etienne.

145 MAUGER (Antoine).

1632. Mort le 2 mars 1641 ; enterré à Saint-Sauveur.

146. DAVIE (Yves).

1635. Il avait épousé une demoiselle Le Mareschal. Mort le 3 mars 1649.

147. FOY (Yves)

1638. Fils de Foy, maire en 1606. — Il était trésorier de France. Mort le 6 février 1638, par suite de la peste qui régnait de nouveau à Beauvais.

148. DE REGNONVAL (Nicolas).

1641. Marchand, fils de Regnonval, maire en 1603; décédé le 14 novembre 1647; enterré à Saint-Sauveur.

149. GALLOPIN (Nicolas).

1644. Fils de Jean Gallopin, avocat, et lieutenant de la justice des maires.

— Mort à Paris le 14 octobre 1655. Il prêta serment à la tribune aux harangues, où il avait été conduit par l'évêque.

150. BOREL (Pierre).

1647. Il était lieutenant général ; demeurait dans la maison attenant au *Gloria-laus*, à l'enseigne des *Deux-Anges*.

151. DRIOT (Antoine).

1650. Célèbre avocat. — Mort le 11 février 1671. âgé de 86 ans.

152. FOY—DESCROIZETTES (Jean).

1651. Conseiller au présidial. Enterré à Saint-Thomas, le 11 mars 1671.

153. MINETTE (Claude).

1652. Conseiller au présidial. — Mort le 1er octobre 1682. — Epoque où Beauvais a beaucoup souffert des inondations.

154. TICQUET (Nicolas), l'aîné.

1655. Marchand d'étoffes. Ticquet (Pierre), son frère, a été un des premiers fondateurs du Bureau des Pauvres. — Enterré aux Cordeliers le 15 octobre 1659.

155. DURAND (François).

1657. Conseiller en l'élection. — Frère de Charles Durand, procureur au parlement. — Mort en 1659 ; enterré à la Madeleine.

156. LEROY (Antoine).

1660. Marchand. — Mort le 19 janvier 1681. En 1662, ce maire alla au-devant de Louis XIV au faubourg Gaillon, à l'hôtellerie de Saint-Christophe, où Sa Majesté avait fait entrer son carrosse.

157. ANSELME (Macaire).

1663. Conseiller au présidial. — Mort le 3 mai 1685 ; enterré à Saint-Sauveur.

158. RAOUL-LEBARBIER.

1666. Marchand. Mort le 18 juillet 1684 ; enterré à Saint-Sauveur.

159. MALLET (Eustache).

1667. Ce maire reçut Louis XIV, qui vint de nouveau à Beauvais, où on lui fit des présens de vins, de confitures et bougies du pays.

160. LEGUAY (Nicolas).

1671. Conseiller en l'élection. — Il demeurait rue du Moulin-Allard ; enterré aux Minimes.

161. DE NULLY (Georges).

1673. Marchand mercier. Il demeurait rue de la Boucherie, à la *Samaritaine* ; a rendu de grands services à la ville, pendant le peu de tems qu'il a exercé. Décédé le 3 août 1677 ; enterré à Saint-Sauveur.

162. RAOUL FOY.

1674. Seigneur de la Place, conseiller au présidial. — Il y eut, l'année de son élection, des troubles à Beauvais à l'occasion des logemens d'un régiment de dragons.

163. MOTTE (Lucien).

1676. Marchand. Mort le 19 août 1689 ; enterré à Saint-Sauveur.

164. LEGUAY (Nicolas).

1678. Conseiller en l'élection. Nommé maire en vertu d'une lettre du roi du 1er août 1678.

165. DE REGNONVAL (Claude).

1679. Appelé à la mairie par élections libres. Ce maire, marchand, fils de M. de Regnonval, ancien maire, avait épousé Marie Dubos, tante du célèbre abbé Dubos. — Mort en 1681, enterré à Saint-Sauveur. — C'est le 22 décembre 1679 que M. de Forbin Janson, évèque, fit son entrée à Beauvais. — Le 18 juillet 1680, ce maire reçut Louis XIV, qui était accompagné de l'illustre abbé Bossuet.

166. BOURRÉE (Robert).

1686. Marchand. — Fils de Nicolas Bourrée, notaire.

167. RAOUL-FOY.

1685. Seigneur d'Angy. Mort la même année ; enterré à Saint-Etienne.

168. WUALON (François).

1687. Marchand d'étoffes. (*Voir* le n° 189.)

169. RICARD (François).

1689. Marchand de toiles. Pendant son administration, il y eut une émeute extraordinaire à l'occasion de la nomination des échevins. (*Voir* Histoire de Beauvais, 1690.)

170. GALLOPIN (François).

1692. Il était conseiller au présidial ; avait été élu par les bourgeois ; mais il exerça peu de tems, le roi ayant créé charges de maire et de conseillers assesseurs. (*Voir* le n° 177.)

171. VIGNERON (François).

1692. Seigneur d'Hucqueville, président au présidial ; exerça onze ans. Mort en 1703 ; enterré à Notre-Dame-du-Châtel.

172. TRISTAN (Léonor).

1704. Seigneur d'Houssoy, président en l'élection. Mort la même année ; enterré à la Basse-OEuvre.

173. LOISEL (Claude).

1705. Lieutenant au présidial. — Mort le 22 mars 1733 ; enterré à Saint-Etienne.

174. **MOTTE** (Antoine-Benoît).

1707. Marchand d'étoffes ; nommé maire alternatif par commission, le roi ayant, à cette époque, créé cette charge. (*Voir* les nos 176, 178, 180, 182, 184 et 186.)

175. **TIERSONNIER** (Claude).

1708. Il avait épousé une demoiselle de Nully, fille de l'ancien maire. Mort en 1719 ; enterré à Saint-Etienne.

176. **MOTTE** (Antoine-Benoît).

1709. Maire alternatif en titre. (*Voir* les nos 174, 178, 180, 182, 184 et 186.)

177. **GALLOPIN** (François).

1710. Conseiller au présidial. — Maire en 1692. — Mort en 1711 ; enterré à Saint-Etienne. (*Voir* le n° 170.)

178. **MOTTE** (Antoine-Benoît).

1711. Déjà nommé. (*Voir* les nos 174, 176, 180, 182, 184 et 186.)

179. **SIMON** (Denis).

1712. Conseiller au présidial. Mort en 1713 ; enterré à Saint-Etienne.

180. **MOTTE** (Antoine-Benoît).

1713. Epoque de la mort du cardinal de Janson, évêque et comte de Beauvais. (*Voir* les nos 174, 176, 178, 182, 184 et 186.)

181. **LE MARESCHAL** (Claude).

1714. Conseiller au présidial. — Il avait épousé une demoiselle Divery de Beauvais. — Mort en 1738 ; enterré à Saint-Martin.

182. **MOTTE** (Antoine-Benoît).

1715. Déjà nommé. (*Voir* les nos 174, 176, 178, 180, 184 et 186)

183. **LE CARON** (Jean-Baptiste).

1716. Seigneur de Bongenoult ; président au présidial ; enterré dans l'église Saint-Laurent.

184. **MOTTE** (Antoine-Benoît).

1717. Exerça jusqu'au 4 décembre 1717 ; puis renommé par suite des élections rétablies comme en 1692. (*Voir* les nos 174, 176, 178, 180, 182 et 186.)

185. **MICHEL** (André).

1721. Etait marchand drapier. (*Voir* les nos 187 et 191.)

186. **MOTTE** (Antoine-Benoît).

1722. Déjà cité. Les offices de maire sont créés de nouveau. (*Voir* les nos 174, 176, 178, 180, 182 et 184.)

187. **MICHEL** (André).

1723. Déjà nommé. (*Voir* les nos 185 et 191.)

188. AUXCOUSTEAUX (Claude).

1724. Seigneur de Fercourt, conseiller au présidial ; avait épousé une demoiselle Le Mareschal. — Mort en 1725 ; enterré à Saint-Etienne.

189. WUALON (François).

1725. Marchand d'étoffes. Nommé le 1er août ; prêta serment le 6, et fut conduit à la tribune par Mgr. l'évêque-comte de Beauvais. — Mort en 1727 ; enterré à Saint-Sauveur. (*Voir* le n° 68.)

190. MOTTE (Jean), de Boiscamp.

1728. Marchand. — Epoque où M. de Beauvilliers de Saint-Aignan, évêque, fut obligé de quitter l'évêché, par suite du dérangement éclatant de sa conduite. — Mort en 1737 ; enterré à Saint-Sauveur.

191. MICHEL (André).

1731. Il était un des plus anciens de la ville. Mort le 20 mars 1742, âgé de 81 ans ; enterré dans l'église des Jacobins. (*Voir* les n°s 185 et 187.)

192. BINGANT (Jean).

1732. Marchand. — Un arrêté du 2 août 1732, décida que sur six échevins, trois seraient pris parmi les gens de justice, sans exclusion des procureurs. Par un autre édit de novembre de la même année, les offices municipaux furent recréés, sous le prétexte que la liberté des élections était toujours troublée par des intrigues.

193. TIERSONNIER (Simon).

1738. Conseiller au présidial. — Les élections étaient rétablies.

194. AUXCOUSTEAUX (Jacques).

1740. Marchand. — Exerça 7 ans ; a remercié en 1747. Mort peu de tems après ; enterré à Saint-Etienne. C'est sous l'administration de ce maire qu'on fit, sur la place de l'Hôtel-de-Ville, un premier essai de forage d'un *puits artésien*, mais on ne put obtenir de bonne eau.

195. CHARPENTIER (François).

1747. Marchand. — Il prêta serment à l'hôtel-de-ville le 19 août.

196. LE MARESCHAL (Claude-Joseph).

1748. Conseiller et avocat du roi au présidial. Prêta serment le 22 août. — Il avait épousé la fille de M. Auxcousteaux de Couvreuil. — Renommé maire en 1750, a refusé.

197. BUCQUET (Jean).

1750. Marchand, alors échevin. C'est du tems de ce maire qu'eut lieu l'établissement d'une école gratuite de dessin. C'est aussi lui qui a posé la première pierre de l'hôtel-de-ville, le 30 avril 1753.

198. BLANCHART (Nicolas-François).

1753. Marchand. — Renommé en 1755, a refusé ; demeurait sur la paroisse Saint-Sauveur, où il a été enterré.

199. DANSE (Jean-Charles).

1755. Marchand. Réélu en **1756**, a refusé. (*Voir* le n° 205.)

200. DUBOUT (Pierre Louis).

1756. Marchand; était échevin. — Il y eut, pendant cette première année, deux tremblemens de terre à Beauvais, l'un le 18 février et l'autre le 30 avril. — Enterré aux Cordeliers.

201. HENRI (Pierre-Louis).

1759. Marchand, alors échevin. — Epoque où la première compagnie des gardes-du-corps du roi est venue résider à Beauvais.

202. LEBESGUE DE CAURAS (François).

1760 Conseiller au présidial. — Renommé en **1761**, a refusé.

203. MOTTE DE BOISCAMP (Gabriel).

1761. Conseiller en l'élection. — Mort à Paris le 29 février **1764.**

204. PÉPIN (Jean-Pierre). (1)

1764. Procureur fiscal. — Exerça huit ans. — M. Le Caron de Troussures était alors bailli du comté, et lieutenant-général de police.

205. DANSE (Jean-Charles).

1772. Négociant, rue du Purgatoire. — Aïeul de M. Danse-Renault, président du tribunal civil, et de M. Danse-Desaunois, conseiller de préfecture, tous les deux décédés. (*Voir* le n° 199.)

206. WUALON DE MESSY (Georges-François).

1773. Etait président du grenier-à-sel. Elu le 13 janvier 1773.

207. FOMBERT (Louis Claude).

1778. Conseiller du roi. — Demeurait rue Saint-Jean.

208. DANSE (Jacques-François de Sales).

1779. Ecuyer, secrétaire du roi et du grand collége.

209. GARNIER DE CAUVIGNY (Claude François).

1782. Négociant. — Elu le 1er août 1782.

210. FOURNIER (Pierre-Louis).

1783. Ecuyer du roi, seigneur de Cambronne, connu dans la ville sous le nom de Fournier-Major; il demeurait dans l'ancienne maison de M. Canon, rue du Pont-de-Lignières; il avait l'estime de toutes les classes de la société. Une chanson, plus naïve que poétique, exprima la satisfaction de son avènement à la mairie.

211. WUALON (Claude-François).

1788. Ecuyer, conseiller-secrétaire du roi. — Avait épousé la demoiselle

---

(1) Les anciens manuscrits sur Beauvais, que nous avons consultés, ne donnent de renseignemens sur les Maires que jusqu'en 1764.

Darras, fille d'un tanneur de Beauvais. Il maria sa fille à M. le comte de Montbreton, neveu du baron d'Oigny, intendant-général des postes.

212. GOUCHET (Antoine).

1790. Fut pendant long-tems le doyen des notaires de Beauvais; il préférait les travaux de son cabinet à l'illustration momentanée dont l'accabla la faveur populaire : son court majorat fut plus, pour ce respectable et paisible citoyen, une pénible épreuve, qu'une honorable récompense accordée à sa rare et constante probité

213. BRISSON.

1791. Ancien inspecteur des manufactures. Cet administrateur, homme de bien et d'un grand mérite, mourut des suites du chagrin auquel sa prévoyance sur l'avenir de la France le fit succomber. — Le savant M. *Biot*, ancien professeur à l'école centrale de Beauvais, épousa l'aînée des deux demoiselles Brisson.

214. LANGLET.

1792. Fut nommé pour succéder à M. Brisson — N'accepta point. — Il était chirurgien en chef de l'Hôtel-Dieu.

215. DUBOUT-BOULANGER.

1793. Ancien député à la législative. — L'un des premiers administrateurs du département de l'Oise. — Le 25 février 1804, il fut trouvé mort dans son lit.

216. LEMAIRE (François).

Du 12 frimaire an 3 au 11 prairial. — Il fallait un maire, et personne n'enviait cet honneur, acquis alors au prix de tant de fatigues et de dangers. On pensa fort heureusement à un négociant zélé, estimable et ami de ses compatriotes, et M. François Lemaire fut élu.

217. DE LACHAISE.

Du 12 prairial an 3 au 12 fructidor an 5. — A cette époque, la ville, qui manquait de ressources, obtint un octroi municipal pour subvenir à ses dépenses et à celles de ses hospices.

218. MICHEL-TICQUET.

Du 24 fructidor an V et 1er prairial an VIII. — Président, pendant cette période, de l'administration municipale qui fut confiée à plusieurs commissaires. — Il était négociant, ancien membre du tribunal de commerce.

219. DE LACHAISE.

Il fut renommé maire en 1802. — Avait pour adjoints, MM. de Nully-d'Hécourt et Descourtils de Merlemont.

Le samedi 14 novembre de la même année, *Bonaparte*, venant de Rouen, arriva à Beauvais, accompagné de *Joséphine* et de plusieurs hauts dignitaires de l'état et de l'armée. Le maire, à la tête du conseil municipal, harangua le premier consul. Le soir, il y eut grand bal à l'hôtel-de-ville.

Le lendemain, une messe fut célébrée à Saint-Pierre, par M. de Villaret, évêque d'Amiens : Bonaparte et Joséphine y assistèrent. Après la messe, le maire présenta au premier consul les notabilités de l'industrie beauvaisine. Celui-ci visita ensuite les établissemens publics et plusieurs manufactures. Peu de tems après cette réception, le 12 mars 1803, M. Delachaise fut nommé à l'importante préfecture du Pas-de-Calais.

On doit à M. de Nully-d'Hécourt, alors adjoint, l'heureuse idée de la suppression des remparts, notamment du côté Est (quartier Saint-André), où les eaux stagnantes, par suite du comblement des fossés, étaient une cause continuelle d'émanations malfaisantes. C'était une amélioration sensible sous le rapport de la salubrité. Avant cette époque, ce quartier, voisin des *aires*, était sujet, au renouvellement du printems et de l'automne, à des fièvres intermittentes, qu'on a cessé de voir depuis que les remparts ont été transformés en promenades.

220. DE NULLY-D'HÉCOURT.

Nommé maire par arrêté du 1er avril 1805, il fut installé le 20 du même mois ; exerça jusqu'au 13 juillet 1839, jour de son décès.

M. de Nully-d'Hécourt était né à Villers, section de la commune d'Allonne, le 4 janvier 1764. Sa famille avait de tout tems occupé un rang distingué dans la ville de Beauvais. Cette considération rappelle les *de Nully* qui, en 1175, 1543 et en 1673, furent revêtus des fonctions de maires. Trois autres de Nully, de cette même famille, furent aussi, pendant le seizième siècle, juges-consuls, dignité analogue à celle de juges du tribunal de commerce, qui lui a été substituée.

Avant d'être appelé à la dignité de maire, M. d'Hécourt eut à subir les proscriptions de la terreur ; il fut enfermé à Chantilly et transporté ensuite aux Madelonnettes, à Paris ; il attendait le sort réservé à tous ceux qui encombraient les prisons de la capitale ; quand le 9 thermidor le rendit à la liberté. La confiance de ses concitoyens lui ouvrit presqu'aussitôt la carrière des emplois publics ; il exerçait depuis six ans les fonctions d'administrateur du canton d'Auneuil, lorsqu'il entra, en avril 1801, dans le corps municipal de Beauvais, en qualité d'adjoint. Lorsqu'il fut nommé maire, il s'efforça de réorganiser la cité pour ainsi dire en fusion, à la suite de la tourmente révolutionnaire, et de lui assurer sa tranquillité, à travers toutes les vicissitudes qui agitèrent la France pendant quelque tems encore.

Certes, c'est moins à l'illustration de sa famille qu'aux services qu'il a rendus au pays, pendant une longue carrière, que M. d'Hécourt a dû la haute position qu'il s'est faite dans l'opinion publique. Les regrets qu'il a laissés après lui, ont été excités autant par ses précieuses qualités comme administrateur, que par son mérite personnel.

Les obsèques de M. d'Hécourt, qui possède tant de titres au souvenir et à la reconnaissance de ses concitoyens, ont eu lieu le 15 juillet 1839, avec un grand appareil. La foule immense qui accompagnait le convoi, où se trouvait la généralité des fonctionnaires et des employés des administrations, montrait qu'aux yeux de tous ce n'était pas là une mort ordinaire, et qu'une grande existence venait de s'éteindre.

Peu de tems après son décès, l'administration municipale, pour perpétuer la mémoire de celui qui lui laissa d'aussi beaux exemples à suivre, vota l'érection d'un monument en marbre blanc, aujourd'hui placé dans la grande salle de l'hôtel-de-ville. Elle a en outre arrêté que la rue où il demeurait prendrait désormais le nom de *rue de Nully-d'Hécourt*.

Un dernier mot sur ce digne magistrat, qui consacra trente-cinq années aux intérêts de ses administrés. Tous ceux de nous qui l'ont connu, se rappellent que peu de jours avant que la mort le frappât, il disait : « Je re- » grette de n'avoir pu réaliser divers projets sur le percement de plusieurs » rues ; je regrette surtout de n'avoir pu doter la ville d'une fontaine pu- » blique, d'un abattoir, d'une halle aux grains, etc. »

A ce maire, ont succédé :

211. M. Sallé (Jean-Pierre-Marie), dont le père avait été manufacturier de toiles peintes à Beauvais, fut nommé Maire le 6 août 1839 ; il exerça jusqu'au mois de septembre 1843, époque où il donna sa démission.

Doué de mœurs douces, ce modeste maire fut généralement aimé et estimé de ses concitoyens.

Aucun fait mémorable n'a marqué le cours de son administration, qui, par l'effet de fâcheuses circonstances, fut de peu de durée. L'altération de la santé de son épouse et de l'un de ses enfans, le contraignit d'aller séjourner dans le midi de la France, où l'attendait la perte la plus douloureuse. Ses chagrins le déterminèrent à se démettre des fonctions de maire.

222. M. Lequesne (Jean-Baptiste-François-Amand), ancien notaire à Paris, et ensuite maire de Bornel, canton de Méru, qui avait fixé sa résidence depuis peu de tems à Beauvais, fut nommé pour remplacer M. Sallé. Il a été installé maire le 10 octobre 1843.

Ce Tableau des Maires fut offert primitivement par l'Auteur à l'Athénée du Beauvaisis, qui en vota l'impression. — Il se trouve dans son Bulletin du premier semestre de 1846.

CANTONS DE BEAUVAIS.

COMMUNES RURALES.

RENSEIGNEMENS STATISTIQUES.

| Numéros d'ordre. | NOMS des COMMUNES. | Superficie du territoire en hectares. | NOMBRE | | | d' électeurs payant 20⁰ fr. de contributions. (1846.) | Montant des revenus communaux. (1846.) | Montant en principal de la contribution foncière. (Pour 1846.) |
			d'habitans des deux sexes.	d' maisons d'habitations.	de patentables annuellement.			
1	Allonne	2,056	1,513	472	86	16	3,565	14,265
2	Fouquenies	635	208	61	10	»	243	1,977
3	Goincourt.......	652	545	140	28	1	620	3,550
4	Herchies........	441	271	95	29	1	435	2,333
5	Marissel........	747	830	255	50	5	1,977	5,390
6	Notre-Dᵐᵉ-du-Thil	952	1,386	347	81	10	182	6,883
7	Pierrefitte.......	567	492	173	54	»	507	2,740
8	St-Just-des-Marais	480	604	143	64	12	966	3,249
9	St-Martin-le-Nœud	1,119	817	227	39	4	1,150	5,394
10	Savignes	983	705	257	65	8	953	3,118
		8,632	7,371	2,170	506	57	10,598	48,899

Nota. Il est remarquable que malgré l'importance de plusieurs de ces communes, il n'y existe qu'un seul Bureau de bienfaisance, celui de *Beauvais*, dont les revenus sont (en 1846), d'environ 13,500 francs, dans laquelle somme est comprise une subvention de 4,000 francs, votée par le conseil municipal sur les fonds de la ville.

Allonne, vaste commune comptant pour dépendances trois forts hameaux : *Bongenoult*, *Voisinlieu*, *Villers-sur-Thère*, et six-écarts qui sont : *Saint-Lazare*, *Saint-Mathurin*, *Thère*, le *Petit-Bruneval*, la *ferme du Bois-Fleury* et le *Pressoir-Coquet*.

Cette commune est traversée par la route royale de Paris à Calais et par la route départementale de Beauvais à Pontoise.

Elle est arrosée par la rivière du Thérain et le ruisseau de Berneuil. Sa distance de Beauvais est de 4 kilomètres.

Son territoire est planté d'arbres fruitiers à cidre, et de vignes situées particulièrement vers la côte de Bongenoult ; son vin est assez estimé dans le pays ; celui de la récolte de 1811 fut très-recherché.

On trouve tant à Allonne que dans les hameaux qui en dépendent, huit moulins à eau, dont quatre à blé, deux à foulon et deux à tan ; deux filatures et un lavoir à laine.

C'est au hameau de *Voisinlieu*, attenant à Beauvais, traversé par la route royale de Paris à Calais, et le plus important de la commune, que se trouve la belle fabrique de poteries de grès céramiques (imitation de poteries de l'époque de la renaissance), fondée par M. *Ziégler*, et dirigée depuis plusieurs années par M. *Mansard* de Beauvais, qui a obtenu une médaille d'argent à l'exposition de 1844.

Il existait à Voisinlieu, avant la révolution, à l'endroit qui fixe aujourd'hui la limite du territoire d'Allonne et celui de Beauvais, une grande croix en pierre où les pélerins, au retour de leur voyage à *Saint-Jacques de Compostelle*, venaient en procession faire leurs prières.

Près du hameau de *Bongenoult* se trouve l'immense carrière dite de Saint-Pierre, d'où l'on a, dit-on, tiré les pierres qui ont servi à la construction de l'édifice de Saint-Pierre de Beauvais. (Voyez *carrières des environs de Beauvais*, pag. 20.)

Dans la partie du Pré-Martinet, qui appartient actuellement au hameau de Voisinlieu, près du fossé Posta, existait une espèce de forteresse nommée *Valbelle*, qui figure sur les plans de l'époque.

C'est au hameau de *Villers-sur-Thère*, sur le Thérain, et près du ruisseau de Berneuil, qu'est située la propriété où résidait, pendant la belle saison, M. *de Nully-d'Hécourt*, ancien maire de la ville de Beauvais.

Entre la rivière qui forme une presqu'île de la ferme de Thère, propriété actuelle des héritiers de M. de Nully-d'Hécourt, existait anciennement un moulin qui fut détruit par la violence des eaux, ce qui fit donner à cet endroit le nom de *Gouffre*. C'est là que périrent, en se baignant, trois Cordeliers du couvent de Beauvais. On appela depuis ce gouffre, toujours dangereux, la *Fosse-des-Cordeliers*.

Saint-Lazare, sur la route de Paris, était autrefois une maison hospitalière fondée en 840, destinée à recevoir les personnes qui étaient attaquées de maladies dites épidémiques. Cette maison et ses dépendances ont été converties en ferme. —Il n'y a pas encore vingt ans qu'on voyait les loges en briques qui composaient la léproserie.

Entre la grande route de Paris et le chemin d'Allonne, sur l'extrémité de la langue de terre qui sépare ces deux voies, s'élevaient les fourches patibulaires, monument hideux, détruit en 1790.

L'église d'Allonne, qui est fort dégradée, paraît appartenir aux premiers tems de l'architecture romane ; elle est remarquable par son clocher et les restes de son portail primitif ; le chœur et la nef offrent quelques objets curieux.

Allonne possède un presbytère et une maison d'école.

Cette commune dépend de la perception de Notre-Dame-du-Thil.

Le 25 avril 1832, apparition du choléra; sur quinze malades, sept succombèrent; l'épidémie régna jusqu'au mois d'août.

Le 3 septembre 1837, eurent lieu, sur le territoire d'Allonne, un concours de charrues et une distribution de prix faite par la Société agricole.

Il y existe une forte compagnie de pompiers, divisée en trois sections, ayant trois pompes, dont l'une est en dépôt à Allonne, la deuxième à Voisinlieu, et la troisième à Villers-sur-Thère.

Un incendie survenu à Allonne en plein jour le 7 juillet 1825, y dévora près de 90 maisons, depuis entièrement reconstruites, couvertes en ardoises et tuiles; la cause de ce sinistre fut attribuée à l'imprudence d'un maréchal-ferrant.

Fouquentes est une petite commune. Ses dépendances sont les hameaux du *Mont-Mille*, le *Petit-Bracheux* et *Saint-Maxien*.

Elle se trouve placée entre la route royale de Paris à Calais et le chemin de grande communication de Beauvais à Gournay.

Fouquenies, distant de Beauvais de 6 kilomètres, est situé sur la rive droite du Thérain, qui y fait tourner deux moulins, dont un à blé et un à huile. Il n'y a pas d'autre commerce dans cette commune. Les habitans les moins aisés s'occupent de culture, de maçonnerie et de charpenterie.

Les hameaux de *Mont-Mille* et *Saint-Maxien* sont situés au haut d'un coteau fort agréable; c'est sur la montagne de *Mont-Mille* que *saint Lucien* fut martyrisé, vers l'an 250 de Jésus-Christ, après avoir été chassé de Beauvais où était alors un Préfet romain; il se retira dans ce lieu, où il fut découvert et mis à mort, avec saint Maxien et saint Julien. Les païens lui coupèrent la tête, qui fut portée jusqu'au village nommé depuis *Saint-Lucien*.

Le *Mont-Mille*, comme la montagne de Saint-Symphorien, était une des réserves du camp établi par César à Froidmont.

Il existait dans ce hameau un prieuré, fondé dans le dixième siècle, dont il ne reste que des bâtimens à usage de ferme.

L'église, située dans le hameau du Mont-Mille, offre peu d'intérêt archéologique. Mont-Mille est un lieu de pèlerinage, toujours très-fréquenté à la mi-carême.

Quoique la montagne de ce hameau soit extrêmement raide et difficile à parcourir en voiture, les gens du pays assurent qu'il n'y est jamais arrivé d'accident. L'on prétend qu'il y existe un souterrain ou crypte dans lequel furent déposés les corps des deux martyrs *Julien* et *Maxien*, transportés ensuite dans l'abbaye de *Saint-Lucien*, lors de sa création.

Il a été trouvé au hameau de Mont-Mille, en 1845, sur la façade occidentale de l'église, dans un ancien bâtiment qui masque cette église, une *croix byzantine*. Cette croix, fort curieuse, se distingue des autres monumens du même genre en ce qu'elle n'est pas nue comme celles qui décoraient plusieurs de nos églises romanes, mais elle est revêtue, dans sa partie antérieure, d'une seconde croix échancrée, superposée à la première, et sur laquelle est placée une statue du Christ, couverte de la tunique qu'on ne rencontre que dans les monumens du style byzantin. Cette découverte précieuse est due à M. Weil, architecte à Beauvais.

La commune est desservie par le curé de Troissereux (canton de Nivillers).

Elle dépend de la perception de Notre-Dame-du-Thil.

Fouquenies possède, indépendamment d'une maison d'école, plusieurs pièces de terres, et un bois dit des Landes, qui est partagé, par coupe régulière, en autant de parts qu'il y a de ménages dans le pays.

Goincourt, grande commune, ayant pour dépendances les hameaux d'*Outrebas*, la *Haye-Tortue* (appelée communément Terre-Tortue), l'*Italienne*; deux écarts : *Valoir* et le *Mont-Guillain*.

Elle est traversée par les routes royales de Rouen à Reims et d'Evreux à Breteuil, et par la route départementale de Beauvais à Chaumont. Sa distance de Beauvais est de 4 kilomètres.

Le territoire est arrosé par la rivière de l'Avelon et le ruisseau dit de Wallot.

Il y a dans cette commune différens établissemens : une fabrique de faïence brune très-estimée ; une manufacture de sulfate de fer ou couperose verte, qui a été très-considérable, mais dont les produits sont à présent bien moins importans, parce les mines qui l'alimentaient sont presqu'entièrement épuisées.

Il existe près de cette usine des indices d'une mine de fer, dans un espace qu'on nomme les Forges, et aussi des eaux ferrugineuses en usage dans le Beauvaisis depuis un tems immémorial. *Louvet*, dans son Histoire des Antiquités, les fait connaître comme étant fort saines à ceux qui ont la gravelle ou la pierre.

L'on voit aussi, dans le centre de la commune, une fontaine d'eau excellente, dont la source a été découverte au lieu dit les Fontaineaux, par M. *Wallot*, ancien pharmacien à Beauvais.

On trouve, sur le territoire de Goincourt, deux moulins à blé et une briqueterie, de même qu'une espèce de tourbe pyriteuse combustible; on en extrait, par la décomposition des pyrites, le sulfate de fer.

Il a été fait à l'église de cette commune, depuis 1842, des changemens et des embellissemens fort remarquables. Le chœur, qui autrefois n'avait qu'un transept, a été complété. La nef, déjà rétablie en 1778, vient d'être consolidée de nouveau ; et le clocher, qui, primitivement, était au-dessus du chœur, a été reconstruit en pierre au bout de la nef, dans laquelle on distingue un beau buffet d'orgues, ce que l'on voit rarement dans les églises des communes rurales; mais ce qui est plus curieux encore, c'est la chapelle de la Vierge, où l'on admire un superbe tableau en relief, genre nouveau, qui décore l'autel, et que l'on doit au goût éclairé de M. *Maillard*, curé, qui en a fait l'acquisition à la dernière exposition des produits de l'industrie à Paris.

La cure de Goincourt n'a pas d'autres communes à desservir.

On remarque aussi à Goincourt la belle maison de campagne du séminaire de Beauvais, qui est dans une position fort agréable.

Indépendamment d'une école de garçons, il y a, dans cette commune, une pension de demoiselles dirigée par les religieuses de Saint-Aubin (près d'Elbœuf), où l'on compte plus de 60 élèves qui y reçoivent une instruction propre à les rendre de bonnes et précieuses ménagères, et une autre pension destinée aux orphelines, dirigée par les soins des dames du même ordre.

Ces deux établissemens, fort bien tenus, offrent des avantages réels pour l'éducation des jeunes personnes, dont les parens ne sont pas assez fortunés pour les placer dans des maisons plus importantes.

La commune possède un presbytère et une maison d'école.

Depuis le 9 avril 1832, époque où un incendie considérable a détruit 44 habitations de cette commune, il y a été organisé une compagnie de pompiers.

Goincourt dépend de la perception de Notre-Dame-du-Thil.

Herchies, petite commune, a pour unique dépendance le hameau du *Plouy-Louvet*.

Elle est située près de la route départementale de Beauvais à Dieppe, et est arrosée par la rivière du Thérain. — Sa distance de Beauvais est de 6 kilomètres

Les habitans ne s'occupent que de la culture de leurs terres.

Le Thérain y fait tourner deux moulins, un à blé, l'autre à huile ; une filature de laine est attenante à l'un de ces moulins.

L'église, dont les petites fenêtres du chœur sont sans ornemens, ne présente pas d'intérêt archéologique.

Elle est desservie par la cure de Milly, canton de Marseille.

La commune possède, avec une maison d'école, quelques pièces de pâturage.

Elle dépend de la perception de Notre-Dame-du-Thil.

Il y existe une compagnie de pompiers.

Marissel est un très-fort village, à l'est de Beauvais, dont il est limitrophe, placé au milieu d'un coteau qui longe la vallée du Thérain. Le hameau de *Bracheux* est situé sur la rivière nommée Wage (étymologie du nom de Wagicourt), dont la source vient du canal du tour de ville de Beauvais, laquelle est augmentée par plusieurs petits courans dérivant du Thérain.

Ce village, qui n'est distant que de 2 kilomètres de Beauvais, est un des lieux de réunion et de promenade les plus fréquentés par la classe ouvrière de cette ville. Son territoire est traversé par la route royale de Rouen à Reims, et par la route départementale de Beauvais à Montdidier.

L'industrie des habitans consiste dans la culture des céréales, des gros légumes, et celle de la vigne, dont le vin est peu estimé. Toutefois, l'on prétend dans le pays qu'en 1757 l'évêque de Beauvais, se rendant à Rome, fit emplir sa voiture du vin de Marissel, auquel il était accoutumé, parce qu'il le trouvait léger et apéritif.

Tous les jours, les femmes de cette commune viennent vendre à Beauvais du lait, du beurre, des œufs et des légumes.

Un établissement d'une grande importance existe sur la partie du territoire de Marissel, qui longe la route d'Amiens, du côté et vers la limite de Notre-Dame-du-Thil : c'est la fabrique de produits chimiques, fondée depuis une douzaine d'années par M. *Danse-Compagnon*, actuellement dirigée par M. *Delmasse*. La fabrication de noir animal, de colle forte et de gélatine se fait en grand dans cette usine, qui est très-étendue et fort remarquable.

Il existe aussi sur le même territoire un clos d'équarrissage, et une fonderie de suif.

L'église de Marissel, construite avec beaucoup de goût, a un portail très-ancien : il est orné de guirlandes de vignes, sculptées, dit-on, d'après les ruines d'un *Temple de Bacchus* qui existait jadis dans les environs, sur un monticule appelé le *Mont-Capron*, et dont on découvrit les débris en 1625; on pense généralement que cette église, qui n'est pas tournée vers l'orient, comme le sont toutes les églises chrétiennes, était elle-même un temple païen; il y a quelques années, on y voyait encore, dans une espèce de cercle, la figure d'un taureau; on remarque dans la nef une passion en bois, sculptée avec un talent surprenant; ce bel œuvre ornait autrefois l'église de Bracheux, et a été rapporté dans celle de Marissel lors de la réunion de ces deux communes; Mme *de Casteja*, propriétaire du château de Bracheux, a fait restaurer, pour la chapelle de Marissel, ce beau tableau de l'un des frères Porbus. Ce sujet mérite l'attention des amateurs.

Il a été trouvé, il y a fort long-tems, dans une pièce de vigne non loin de cet édifice, une statue de Mercure, que M. *Bucquet* avait destinée pour la ville de Beauvais, lorsqu'il y aurait un lieu disposé pour y recevoir des antiquités. M. *Auxcousteaux*, directeur des contributions directes, petit-fils de M. *Bucquet*, qui l'avait précieusement conservée, en a fait le dépôt au Musée de Beauvais depuis son établissement. Elle a été décrite et gravée par Montfaucon et expliquée par Vaillant : tout porte a croire que c'est un Theutatès ou Mercure gaulois.

On voit au hameau de *Bracheux*, un peu au nord de la route de Clermont à Beauvais, un monticule de sable quartzeux rempli de *coquilles d'huîtres* très-grandes, et quantité d'autres coquilles fossiles; on y a trouvé une médaille de Titus en or. Ce monticule se nomme encore la Justice de Bracheux : les anciens seigneurs de ce lieu y avaient des fourches patibulaires; elles existaient encore en 1783.

Le château de Bracheux est peu remarquable; il est situé près de la rivière qui fait tourner un moulin à blé établi en vertu d'une ordonnance royale du 10 octobre 1829. M. *Bucquet*, dernier possesseur de la seigneurie de Bracheux, fut enterré à l'entrée de la chapelle de cette commune. Son épitaphe est de M. l'abbé Blandurel. Depuis, ses dépouilles mortelles ont été transportées à Hermes, d'où dépend le hameau de Marguerie, où M. Auxcousteaux a son château.

Le hameau de *Bracheux* fut réuni à Marissel, pour le spirituel, en 1802, et pour le civil en 1827.

Saint-Antoine, autre hameau, est situé sur la route de Clermont. Il y existait anciennement une chapelle. Lors de sa démolition, en 1794, on découvrit une tombe en plomb, dans laquelle se trouvait une médaille d'une grande dimension, également en plomb, portant diverses inscriptions; plus tard, en abaissant le sol de cet endroit, on a rencontré une très-grande quantité d'ossemens humains, ce qui donne lieu de penser que ce terrain servait autrefois de cimetière.

On trouve près de Marissel des carrières de pierres tendres, difficiles à employer, ainsi que des mines de sable et d'argile.

Pierre de *Braquel*, de l'ancienne famille de Bracheux, se distingua dans les guerres d'outre-mer,

Entre les bosquets appelés les Aulnaies et le Pré-Martinet, s'élevait une espèce de forteresse, qui donna à cet endroit le nom de *Fort-Martinet*, nom que lui ont conservé les habitans de Marissel, et qu'on trouve encore sur d'anciens plans déposés à la Préfecture.

Un incendie considérable, survenu en 1817, détruisit à Marissel plus de 50 maisons, qui ont été reconstruites et couvertes en tuiles et ardoises.

Le 5 juin 1839, cinq individus de cette commune furent écrasés par un éboulement survenu en extrayant de la marne.

La commune possède un presbytère et une maison d'école, ainsi qu'une partie du marais dit *Pré-Martinet*, qui s'étend le long du Thérain jusqu'à Therdonne. Ce fut, dit-on, le cardinal *Chalet* qui donna la propriété de ce pré à diverses communes limitrophes.

La cure de Marissel n'a pas d'autres communes à desservir.

Il y existe une compagnie de pompiers.

Cette commune dépend de la perception de Notre-Dame-du-Thil.

Notre-Dame-du-Thil. vaste et importante commune qui, pour dépendances, a les hameaux de *Saint-Lucien*, *Le Plouy*, *Villers-Saint-Lucien*, *Praillon*, *Prélong*, *La Mie-au-Roy*, et six écarts : *La Folie* ou *Beauséjour*, *Brûlet*, *la Ferme-de-l'Hôtel-Dieu*, *la Ferme-du-Bois*, *la Briqueterie* et *Sainte-Hélène*.

Elle est traversée par la route royale de Paris à Calais, par la route départementale de Beauvais à Crevecœur, et arrosée par les rivières du Thérain et de l'Eaunette.

Sa distance de Beauvais est d'un kilomètre.

Cette commune s'appela long-tems Notre-Dame, nom de son église; mais, comme dans l'origine, on élevait beaucoup d'églises sous l'invocation de Marie, elle fut nommée, pour la distinguer des autres, *Notre-Dame-du-Thil*. On pense d'ailleurs que ce nom a pu être donné à cet édifice à cause de l'éminence sur laquelle il est bâti, puisque Thyl ou Thal, en langue celtique, signifie *cîme*, *hauteur*, *montagne*.

Notre-Dame-du-Thil et ses dépendances, du côté de la rivière, forment un des lieux les plus frais et les plus agréables qu'on puisse parcourir pour la promenade dans les jours ardens de l'été.

Le territoire est couvert de vignes dont le vin est fort médiocre; on y trouve une filature de lainage; un moulin à blé, et deux à foulon.

Le hameau de Saint-Lucien, traversé par la route royale, et qui tient au faubourg Gaillon de Beauvais, présente un aspect fort riant : il est considéré comme chef-lieu de commune.

L'église, située au milieu du cimetière, sur le penchant d'une côte, présente les caractères de l'architecture romane. Les bâtimens servant de mairie et de maison d'école, dont la construction est nouvelle, sont au centre de la commune, sur la grande route.

C'est dans ce hameau que se trouvait, avant la révolution, la célèbre abbaye de *Saint-Lucien*, superbe édifice, qui, de même que l'église qui y tenait, pouvait être compté parmi les monumens les plus anciens et les plus

10

curieux de la France. En 1472, les Bourguignons, après leur défaite, se retirèrent en grand nombre dans cette abbaye, dont les bâtimens furent détruits en 1790; on n'y voit plus qu'une tour qui est restée long-tems en ruine, mais que le propriétaire actuel vient de faire restaurer.

On peut voir à la Préfecture, dans la liasse des plans concernant Saint-Lucien, le plan de l'ancien couvent, figuré avec toutes ses dépendances, ainsi que la prison. On y trouve aussi les armoiries de l'abbaye (1).

Cette abbaye, qui était de l'ordre de saint Benoist, fut fondée dans le cinquième siècle, par *Childebert*, roi de France. On y voyait les statues des rois et des reines de la première race, qui étaient au haut du sanctuaire. Richelieu et Bossuet en furent abbés commandataires.

Saint Lucien, qui fonda la religion catholique dans les Gaules, vers l'an 250, subit le martyre sur la montagne de Mont-Mille, commune de Fouquenies. On a trouvé à Saint-Lucien des médailles de Trajan et d'Antonin.

Il existe dans le cimetière de Notre-Dame-du-Thil, une chapelle que fit construire, en 1538, *Pasquier-Lévêque*. Cette chapelle fut réparée cent ans plus tard, en 1638, par Laurent *Lévêque*, qui y fit placer, au-dessus de la porte, l'inscription suivante que l'on y voit encore :

« En l'année 1538, *Pasquier-Lévêque* fit faire cette chapelle. En 1638, cent ans après, *Laurent Lévêque*, sieur de la Rague, premier agent et ordinaire du roi, pendant trente-six années conseiller de sa majesté, intendant des postes du roi et maître des courriers d'Amiens, Calais, pays reconquis, Artois et généralité de Picardie, et Catherine *Canivet*, sa femme, ont fait rétablir leur chapelle, qui est dedans ce cimetière, pour inviter la pitié des passans d'y faire leurs prières. »

Une partie de cette inscription se lisait encore, il y a quinze ans, au bas d'un vitrage de la chapelle Saint-Nicolas, dans l'église de Notre-Dame-du-Thil, dont Laurent Lévêque était le donateur.

Dans le même cimetière se trouve une croix portant une inscription, sur une plaque de cuivre, qui indique que ce cimetière était une place publique du tems de Dominitien, empereur, en laquelle saint Lucien, martyr et premier évêque de Beauvais, *eslut* sa sépulture et fut inhumé.

Pendant long-tems, les religieux de Saint-Lucien enterrèrent dans ce cimetière les chanoines et les officiers de la cathédrale de Beauvais, qui se faisaient honneur de reposer auprès de leur premier apôtre. L'évêque de Beauvais venait autrefois processionnellement à Saint-Lucien, avec tout son clergé, pour y faire la bénédiction des rameaux.

Les abbés de Saint-Lucien jouissaient de grandes prérogatives; ils avaient le droit de porter la mitre et la crosse, et d'excommunier leurs religieux. Enfin, leur juridiction était égale à celle d'un évêque sur son diocèse.

---

(1) Une description fort intéressante de l'abbaye de Saint-Lucien, qui rapporte dans les plus grands détails tout ce qu'elle renfermait de beau et de curieux, a été rédigée avec beaucoup de soin par M. *Daniel*, médecin à Beauvais, membre de la Société des Antiquaires de Picardie. Cette notice, lue dans la séance solennelle et publique d'archéologie, qui a eu lieu à Beauvais le 28 avril 1844, a été insérée dans le tome 8e, année 1845, des Mémoires de cette Société; l'auteur en a fait hommage à l'Athénée du Beauvaisis, dans sa séance du 23 juin 1846.

Le 17 mai 1815, il a été trouvé, lors de la démolition de l'église abbatiale de Saint-Lucien, un cercueil en pierre contenant une lame de plomb portant cette inscription : *Hic requiescit Hugo eps*, qui concerne *Hugues*, évêque de Beauvais, mort en 991, attaché à cette abbaye lorsqu'il fut nommé au siège de cette ville.

En 1843, on a recueilli à Notre-Dame-du-Thil, au-dessous des Bois-Brûlé et de la Carte, dans une propriété appartenant à M. Jourdain de Beauvais, vice-président au tribunal de la Seine, différentes médailles romaines. De nouvelles fouilles, faites au même endroit le 20 octobre 1845, ont amené la découverte d'autres médailles, dont deux gauloises en argent.

Il a été remarqué que la pièce de terre dans laquelle ces médailles ont été trouvées en 1843 et 1845, est située près de la vallée qui conduit à Troissereux, et tout près de l'ancienne voie romaine qui paraissait conduire de Beauvais à Eu.

On voit au hameau de *Miauroy*, joli paysage, une ancienne chapelle où se faisait un pélerinage annuel, qui a été supprimé par l'évêque M. *de Lesquen :* ses tourelles, en ruines, laissent deviner qu'il existait un antique château, ou peut-être un vieux monastère, consacré par l'amour d'un de nos premiers rois pour sa *mie*, ce qui fit, selon toutes les apparences, donner à ce hameau le nom de la Mie-au-Roy. Cet écart n'offre pour habitations qu'un moulin à blé d'assez belle construction et une autre maison.

Beau-Séjour, appelé aussi la Folie, ancienne maison de plaisance des génovéfains du couvent de Saint-Quentin, est occupé aujourd'hui par un propriétaire qui rend de plus en plus cette habitation agréable.

Le nouveau séminaire, situé au hameau de *Brûlet*, institué en vertu d'une ordonnance royale du 23 mai 1806, est remarquable par sa belle construction et son étendue.

La cure de Notre-Dame-du-Thil n'a pas d'autres communes à desservir.

Réné *Binet*, professeur au lycée Bonaparte et à l'école militaire, avant la révolution, ensuite recteur de l'ancienne université, naquit à Saint-Lucien en 1732, et mourut à Paris le 31 octobre 1812, âgé de 80 ans. Ses traductions en prose, de Virgile et d'Horace, sont généralement estimées. Son éloge funèbre a été prononcé le 26 novembre 1812, en l'église de Saint-Étienne de Beauvais, par M. Delassaut, vicaire.

Dom Nicolas *Palin*, ancien prieur de l'abbaye de Saint-Lucien, a publié quelques écrits mystiques au commencement du dix-septième siècle.

La commune possède un presbytère, une maison d'école et une mairie.
Elle est pourvue de 3 pompes et d'une belle compagnie de pompiers.
C'est le chef-lieu de perception des communes du canton de Beauvais, à l'exception de Saint-Just réuni à Beauvais.

Pierrefitte, grande commune située près du chemin vicinal de grande communication de Beauvais à Gournay, a pour dépendances les hameaux d'*Herculez* et du *Détroit*. — Sa distance de Beauvais est de 10 kilomètres.

Il n'y a presque pas d'industrie dans cette commune, qui est cependant assez considérable. Une partie des habitans est occupée à la culture, et l'autre se charge du transport des poteries des fabriques de Savignies.

Le territoire de Pierrefitte est très-étendu ; il produit en abondance du blé que sa qualité supérieure et son poids font rechercher sur le marché de Beauvais; il y existe beaucoup d'arbres fruitiers à cidre; il se fait à Pierrefitte un petit commerce de bestiaux. On y trouve une briqueterie.

Il existait au hameau d'Herculez un très-beau château qui a été incendié. M. de Siry, ancien officier aux gardes françaises, l'avait fait reconstruire sur un nouveau plan : il fut en partie détruit à l'époque de la révolution de 1789, et vendu pour être démoli il y a environ 10 à 12 ans.

Ce pays, patrie du célèbre chirurgien *Petit*, mort en 1708, a été habité par plusieurs savans : *Binet* dit *Desprez*, seigneur d'Herculez, et Gilles *Binet-Desprez*, aumônier de la reine Eléonore, mort à Amiens en 1559.

Le 24 juin 1830, la demoiselle Caron, de cette commune, fut assassinée à coups de couteau par le sieur Gorin, instituteur, qui se tua ensuite d'un coup de pistolet. La jalousie fut la cause de cet événement.

Il n'existe pas d'église dans cette commune. Les habitans se rendent à Savignies pour assister au service divin. Il y a même peu d'années qu'elle possède une maison d'école avec mairie, construite avec le produit de souscriptions faites par tous les propriétaires du pays.

Pierrefitte dépend de la perception de Notre-Dame-du-Thil.

On y trouve une compagnie de pompiers.

Saint-Just-des-Marais. Les dépendances de cette belle commune se composent du hameau de *Breda* et de quatre écarts : La *Trépinière*, la *Ferme-Rouge*, le *Gros-Chêne* et la *Briqueterie*.

Le chef lieu est traversé par la route royale de Rouen à Reims, et son territoire par le chemin vicinal de grande communication de Beauvais à Gournay.

Cette grande commune, arrosée par la rivière du Thérain, et limitrophe de Beauvais, et qui n'en est distant que d'un kilomètre, est considérée comme faisant partie de la cité, parce qu'elle n'en est séparée que par le faubourg Saint Quentin.

Ce pays, assis dans un marais entouré d'eau qui lui a fait donner le nom qu'il porte, est malsain; mais sa situation sur la grande route le rend assez agréable aux habitans, qui ont cependant éprouvé plusieurs fois les funestes effets des inondations.

Saint-Just, autrefois renommé par ses manufactures de toiles peintes et ses blanchisseries, n'a plus aujourd'hui que quelques fabriques de passementeries, dont l'une, fort remarquable, occupe un grand nombre de femmes et de jeunes filles.

On y trouve aussi une filature de lainage, un atelier pour l'apprêt des draps, un chantier considérable de bois de construction et de chauffage, une fabrique très-importante de poteries et quatre briqueteries.

L'église de Saint-Just-des-Marais, restée fort long-tems dans un état de dégradation déplorable, et qui, sauf le portail, ne présente aucun caractère archéologique, vient d'être réédifiée avec beaucoup de goût dans toutes ses parties intérieures : les voûtes sont refaites solidement en boiserie de chêne; le carrelage, tant du chœur que de la nef, a été renouvelé et exécuté de manière à éviter l'humidité extraordinaire qui y existait auparavant.

Indépendamment du chœur, dont l'autel est richement orné, on remarque

donnée par M. *Michel de Mazières*, père, à l'époque où il exploitait une blanchisserie dans la commune. Au fond de la nef, on a fait établir une assez belle tribune en menuiserie soignée, pour suppléer à l'insuffisance des places, l'église étant devenue trop petite en raison de la population actuelle.

Le cimetière, qui entourait l'église, en été transféré dans un terrain près de la route de Savignies, et peu distant de la ferme dite du Gros-Chêne.

Il est à regretter que l'église se trouve autant éloignée du centre du pays, ainsi que du presbytère, dont M. Demorlaine, curé actuel, est propriétaire.

Nous devons ajouter que cet estimable ecclésiastique, ayant pris en considération les faibles ressources de la commune, a contribué, presqu'entièrement de ses deniers, aux embellissemens de l'église, et que lui-même en a dirigé les travaux avec des soins aussi particuliers que bien conçus.

La cure de cette commune n'en a pas d'autres à desservir.

Saint-Just est la patrie d'*Antoine Blandurel*, qui y naquit le 5 juillet 1734. Il fut, avant la révolution, professeur de rhétorique au collège de Douai, chanoine d'Arras, membre de l'Académie de cette ville, et secrétaire de Mgr. l'évêque de Conzier. Il occupa depuis la chaire de rhétorique au collège de Beauvais : il est auteur d'une infinité de jolies poésies latines et françaises. Cet estimable ecclésiastique, professeur de belles lettres à l'école secondaire de cette ville, mourut à Beauvais à l'âge de 82 ans, le 28 novembre 1813.

C'est en 1764 que la manufacture de toiles peintes de M. Baron père a été établie. Il avait pour associé M. Sallé père.

Le 5 mai 1832, invasion du choléra. Sur 24 malades, 6 sont victimes du du fléau. L'épidémie régna jusqu'au mois de juillet.

La commune possède pour toute propriété une maison d'école.

Une compagnie de pompiers y est bien organisée.

Saint-Just dépend de la perception de Beauvais.

Saint-Martin-le-Nœud, grand village, duquel dépendent les hameaux de *Flambermont*, *Grand-Camp*, *Auxmarais*, *Sénéfontaine*, et le *Château-Bleu*, écart. Sa distance de Beauvais est de 3 kilomètres.

Ce village, près la route royale d'Evreux à Breteuil, a un territoire assez étendu ; il est arrosé par la rivière de l'Avelon. Il s'y trouve quelques parties de bois, et des arbres fruitiers à cidre. Les habitans ne sont occupés qu'à la culture de leurs terres.

Il existe au hameau dit *Auxmarais*, un moulin à blé.

L'église, très-éloignée du centre de la commune, à mi-côte de la montagne de Saint-Martin, offre peu d'intérêt archéologique.

La cure de Saint-Martin-le-Nœud n'a pas d'autres communes à desservir.

Saint-Martin-le-Nœud dépend de la perception de Notre-Dame-du-Thil.

On remarque deux châteaux au hameau de *Sénéfontaine* : l'un, fort ancien, ci-devant propriété de M. Leprêtre de Jaucourt, et appartenant à présent à M. Adam père ; l'autre, d'une construction moderne, édifié par M. de Baillehache en 1842, est actuellement occupé par M. de Grécourt, qui en est le propriétaire.

On trouve sur le territoire plusieurs carrières. La plus considérable est celle d'où l'on extrait, depuis 1845, les pierres pour la construction du grand séminaire de Beauvais. Elle est exploitée à ciel ouvert, et coupée à pic sur une hauteur de plus de 50 mètres. Il serait utile que les bords fussent munis de garde-fous, pour éviter les accidens.

Savignies, belle commune qui a pour annexes les hameaux de *Courcelles*, *les Gorguets*, *la Frénoye*, *le Mont-Bénard*, *le Moncel*, et *le Moulin-à-Vent*, écart. Sa distance de Beauvais est de 10 kilomètres.

Le chef-lieu est traversé par le chemin vicinal de grande communication de Beauvais à Gournay; il est arrosé par le ruisseau de la *Frénoye* qui prend sa source au hameau de ce nom, et se jette dans l'Avelon, après un cours de 4 kilomètres.

Savignies est un village renommé par ses fabriques considérables de poteries de grès. Deux sortes de poteries y sont façonnées : l'une brute, l'autre vernissée. Il s'y confectionne des vases d'une grandeur extraordinaire, des terrines, des cruches, des bouteilles et beaucoup de creusets pour la fonte du cuivre.

Les poteries de Savignies sont de la plus haute antiquité, ce qui est prouvé par l'identité des vases qu'on a trouvés dans les fouilles de *Bratuspance*.

L'auteur Rabelais parle des anciennes poteries de Savignies; Bernard Palissy les célèbre; Loisel assure qu'elles fournissaient non-seulement la France, mais l'Angleterre, les Pays-Bas, etc.

Quand les princes passaient autrefois à Beauvais, on leur offrait, dit-on, des poteries de Savignies.

Le chemin de grande communication qui conduit de Beauvais à Savignies est fort beau. Il est bordé de coteaux, de vallons, de bois et de vergers, qui en rendent le parcours fort agréable; aussi, va-t-on souvent en partie de plaisir dons ce pays, dont la place principale a l'aspect d'un bourg, à raison des divers établissemens d'épicerie, de mercerie, de nouveautés, d'auberges, de cafés et billards qu'on y trouve. Les habitans y sont généralement hospitaliers, gais et francs.

La place où est située l'église est ornée d'une fontaine nouvellement érigée, d'où jaillit une eau excellente.

On trouve sur le territoire des carrières de grès, dans lesquelles on rencontre des pierres calcinées, mêlées de fragmens de coquilles.

La nef et le chœur de l'église, dont la construction paraît appartenir au onzième siècle, sont fort remarquables.

La cure de cette commune n'en a pas d'autres à desservir.

La terre de Savignies était possédée en 1665 par Claude-François *Du Biez*, qui se signala aux batailles de Lens et de Rethel.

Savignies est la résidence d'un notaire et d'un médecin.

Cette commune fait partie de la perception de Notre-Dame-du-Thil.

Elle possède un presbytère et une maison d'école avec mairie.

Il y existe une compagnie de pompiers.

Toutes les communes de ce canton fréquentent le marché de Beauvais, et sont servies, pour la correspondance, par le bureau de poste de cette ville.

OUVRAGES publiés sur la Ville et les environs de BEAUVAIS.

Comme il existe différens Ouvrages traitant de l'histoire de la Ville et des environs de Beauvais, nous croyons devoir les indiquer, avec d'autant plus de raison que plusieurs d'entre eux nous ont fourni des renseignemens précieux.

Notice sur les prétendus camps de *César* dans les environs de Beauvais. (Mémoire de l'Académie des belles-lettres.)

Description du Beauvaisis, par Jacques *Grevin*; in-8°. — 1558.

Histoire de la ville de Beauvais, par Pierre *Louvet*; 2 vol. in-8°. — 1609.

Mémoires sur le Beauvaisis, par Antoine *Loysel*; in-4°. — 1617.

Discours sur le siége de Beauvais, en 1472, par le *duc de Bourgogne*; in-8°. — 1622.

Histoire du Beauvaisis et du diocèse de Beauvais, par Pierre *Louvet*; 3 volumes. — 1631 et 1640.

Le Nobiliaire du Beauvaisis, par *Haudiquer de Blancourt*; in-12. — 1693.

Discours sur l'établissement de l'hospice, dit Bureau des Pauvres, en 1653, par *Hermant*, chanoine de la cathédrale. — Imprimé en 1670.

Supplément à l'histoire du Beauvaisis, par Denis *Simon*; in-12. — 1706.

Recueil de tout ce qui a été fait pour l'établissement du Bureau des Pauvres, par Louis *Borel*; in-12. — Imprimé chez Pierre Desjardins en 1732.

Voyage en 1732, à Beauvais, par l'abbé *Lebœuf*; brochure. — 1733.

Mémoire pour les maîtres drapiers et sergiers de Beauvais, contre le Principal du Collége, qui voulait augmenter le droit qu'il avait de percevoir *douze deniers* sur chaque pièce de drap, serge ou autres étoffes qui se vendaient dans la ville; par Pierre *Restaut*, avocat. — Imprimé en 1750.

Dissertation sur la ville de Beauvais (Mémoire de l'Académie des belles-lettres, tome 19e, pages 505 et 510.)

Le Siége de Beauvais, tragédie en cinq actes et en vers, par *Araignons*, avocat à Paris. — 1810.

Notice sur la ville de Beauvais, par *Tremblay* aîné; publiée sur la demande du maire, et aux *frais de la ville*; in-8°. — 1815.

Jeanne-Hachette, drame en cinq actes, par *Duperche*, représenté au théâtre de l'Ambigu-Comique, en 1820.

Annuaire du Beauvaisis, par Victor *Tremblay* ; in-8°. — 1822.

Réception faite à Son Altesse Royale madame la Dauphine, lors de son séjour à Beauvais, le 27 avril 1825, par M. *Lévisse*, avocat.

Notice historique et descriptive de l'église cathédrale de Saint-Pierre, par Antoine *Gilbert* ; in-8°. — 1829.

Histoire du siége de Beauvais, par *Fourquet d'Hachette*, l'un des descendans directs de l'héroïne de Beauvais ; in-8°. — 1833.

Notice sur l'origine de l'établissement de la manufacture royale des tapisseries, par M. *Dubos* ; brochure. — 1834.

Jeanne Hachette, ou le Siége de Beauvais, poème, par madame Fanny *Dénoix* ; brochure in-8°. — 1835.

Description de la cathédrale de Beauvais, accompagnée de plans et de vues, par M. Emmanuel Woillez ; in-4°. — 1835.

Les deux Jeanne, sonnet, par M. Henri *Dottin*. — 1840.

Extraits des mémoires originaux sur la ville de Beauvais, par M. *Bernier*, avocat à Amiens. — 1835.

Chants de guerre des *Jacques*, poésies par Henri *Dottin*. — 1841.

Histoire politique, morale et religieuse de la ville de Beauvais, par Edouard *Delafontaine* ; 2 volumes in-8°. — 1840.

Histoire de la ville de Beauvais, depuis le quatorzième siècle, par C.-L. *Doyen*, pour faire suite à l'histoire précédente ; 2 vol. in-8°. — 1842.

Notice sur un manuscrit trouvé dans la bibliothèque de M. *Le Mareschal*, mais appartenant à la famille *Borel*, de Beauvais, concernant les principaux événemens qui se sont passés dans cette ville, depuis le commencement de l'année 1572 jusqu'en 1593 ; par M. *Fabignon*, membre titulaire de la Société des Antiquaires de Picardie ; brochure in-8°. — 1842.

La Cathédrale de Beauvais, poésie, par Henri *Dottin*. — 1842.

Notice sur les anciennes tapisseries de la cathédrale de Beauvais, par M. l'abbé *Santerre* ; brochure in-8°. — 1842.

Jean *de Lignières*, de Beauvais, poésie, par Henri *Dottin*. — 1843.

Archéologie des monumens de l'ancien Beauvais, depuis le cinquième siècle jusqu'au douzième, par M. *Woillez* ; in-f°. — 1840 et 1843.

Notice historique et descriptive de l'église Saint-Etienne, par M. Stanislas *de Saint-Germain* ; in-8°. — 1843.

Histoire du diocèse de Beauvais depuis son établissement, au troisième siècle, jusqu'en 1792, par M. l'abbé *Delettre* ; 3 vol. in-8°. — 1843.

Comptes-rendus, en ce qui concerne Beauvais, des articles les plus inté-ressans, rapportés dans les procès-verbaux des séances mensuelles du Comité archéologique de cette ville, imprimés dans les Mémoires de la Société des Antiquaires de Picardie, dont le siége est à Amiens.

Notice sur le Siége de Beauvais, en 1472, par M. *Danjou*, directeur du Comité archéologique ; in-8°. — 1844.

Description de la célèbre abbaye de Saint-Lucien, près Beauvais, rédigée par M. *Daniel*, médecin, membre de la Société des Antiquaires de Picar-die ; brochure in-8°. — 1845.

Mémoire sur l'histoire de la Ligue à Beauvais, par M. *Dupont-White*, procureur du Roi, membre du Comité des Antiquaires de Picardie, et de l'Athénée du Beauvaisis ; in-8°. — 1846.

Bulletins de l'Athénée du Beauvaisis, depuis 1843 jusqu'en 1846, dans lesquels se trouvent différens articles sur la ville ou les environs de Beauvais, par MM. *Bourgeois* (Jules), *Duttin* (Henri), *Dubos* (Ernest), *Fabignon*, *Famin* (Auguste), *Magnien* (Victor), *Mahu*, *Paringault*, *Rathery* (E.-J.-B.), et *Tremblay* (Victor).

Nous devons mentionner aussi les précieux manuscrits qui traitent de l'Histoire de la ville de Beauvais jusqu'en 1736, par *Borel*, *Bucquet* et *Danse*; ainsi que d'autres manuscrits qui sont en la possession de M. *Le Mareschal*, membre du Comité archéologique de Beauvais.

Il existe également différens ouvrages sur le département de l'Oise, où l'on rapporte des détails concernant la ville de Beauvais ; savoir :

Description du département de l'Oise, par Jacques *Cambry*, ancien pré-fet ; 2 volumes in-8°. — 1803.

Renseignemens statistiques sur le département de l'Oise, par *Chanlaire* et *Peuchet;* brochure in-4°. — Paris : 1809.

Notice archéologique sur le département de l'Oise, par M. *Graves*, an-cien secrétaire général de la préfecture ; in-8°. — 1838.

Procès-verbaux des séances de la Commission archéologique du diocèse de Beauvais, insérés dans le *Journal de l'Oise*, depuis 1840 jusqu'à ce jour.

L'Almanach du département de l'Oise, publié depuis 1841 jusqu'en 1846, par M. Constant *Moisand*, imprimeur.

On trouve aussi quelques articles qui ont rapport à la ville de Beauvais, dans le *Guide du Voyageur en France*, et dans la *France pittoresque*.

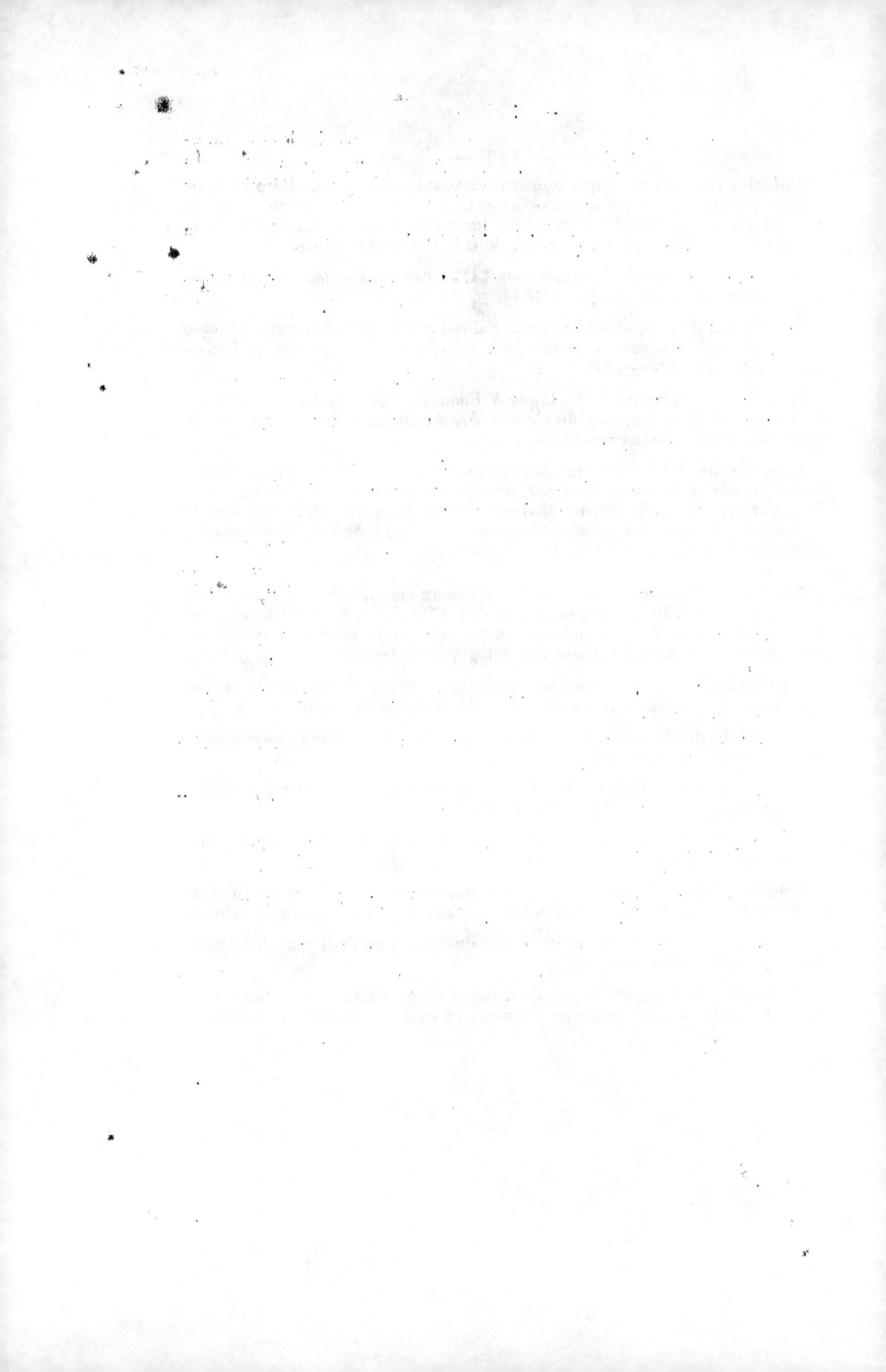

TABLE DES MATIÈRES

CONCERNANT LA VILLE ET LES CANTONS DE BEAUVAIS.

	Pages.
Administrations publiques	62
Antiquités de la ville	28
Aspects des environs de Beauvais	2
Belles-lettres	71
Bibliothèque de la ville	63
Boulevards (embellissemens des)	6
Bureau de bienfaisance	64
Bureau des Pauvres	64
Caisse d'épargne	65
Caractères et mœurs	25
Carrières des environs de Beauvais	20
Casernes de gendarmerie	61
Casernes de cavalerie	61
Cathédrale de Beauvais	33
Chapelles diverses	37
Cimetière de la Ville	9
Climat et salubrité	27
Collége de Beauvais	60
Commerce et industrie	21
Communes des cantons	139
Contributions directes et indirectes	66
Description de la ville	5
Eclairage de la ville	20
Ecrivains célèbres	71
Edifices et monumens publics	58
Eglises de Beauvais	33
Etablissemens industriels	22
Etablissemens de bienfaisance	64
Etat ecclésiastique	62
Etat militaire	63
Etendard pris par Jeanne-Hachette	91

Pages.

Evêché de Beauvais.......................... 58
Evènemens remarquables 81
Evêques depuis 250 (tableau des)................ 43
Fabriques et manufactures..................... 21
Faubourgs (les différens) 7
Femmes (privilège des)....................... 90
Fontaine publique........................... 6
Franc-Marché 24
Garde nationale............................ 64
Gendarmerie............................... 64
Halle aux laines 25
Histoire de la ville 81
Hommes célèbres........................... 71
Hospices (les deux)........................ 65
Hôtel-de-Ville............................ 60
Imprimeries et imprimeurs 23
Industrie et commerce...................... 21
Instruction publique....................... 63
Jacquerie de Beauvais...................... 88
Jeanne-Hachette........................... 10
Justices de paix.......................... 1
Jury médical.............................. 65
Libraires................................. 23
Maires de Beauvais (tableau des)............ 117
Maisons remarquables 14
Manufacture royale........................ 24
Marchés 24
Médailles trouvées........................ 30
Médecins célèbres......................... 71
Mères de charité 64
Mères des prisonniers..................... 65
Militaires distingués..................... 71
Mœurs et usages........................... 25
Monnaies battues à Beauvais............... 83
Monumens religieux détruits............... 38
Moulins à eau............................. 23
Mouton offert au roi...................... 84
Octrois (ancien et nouveau) 67
Ordre civil............................... 62
Ordre judiciaire.......................... 62
Ouvrages publiés sur Beauvais............. 151

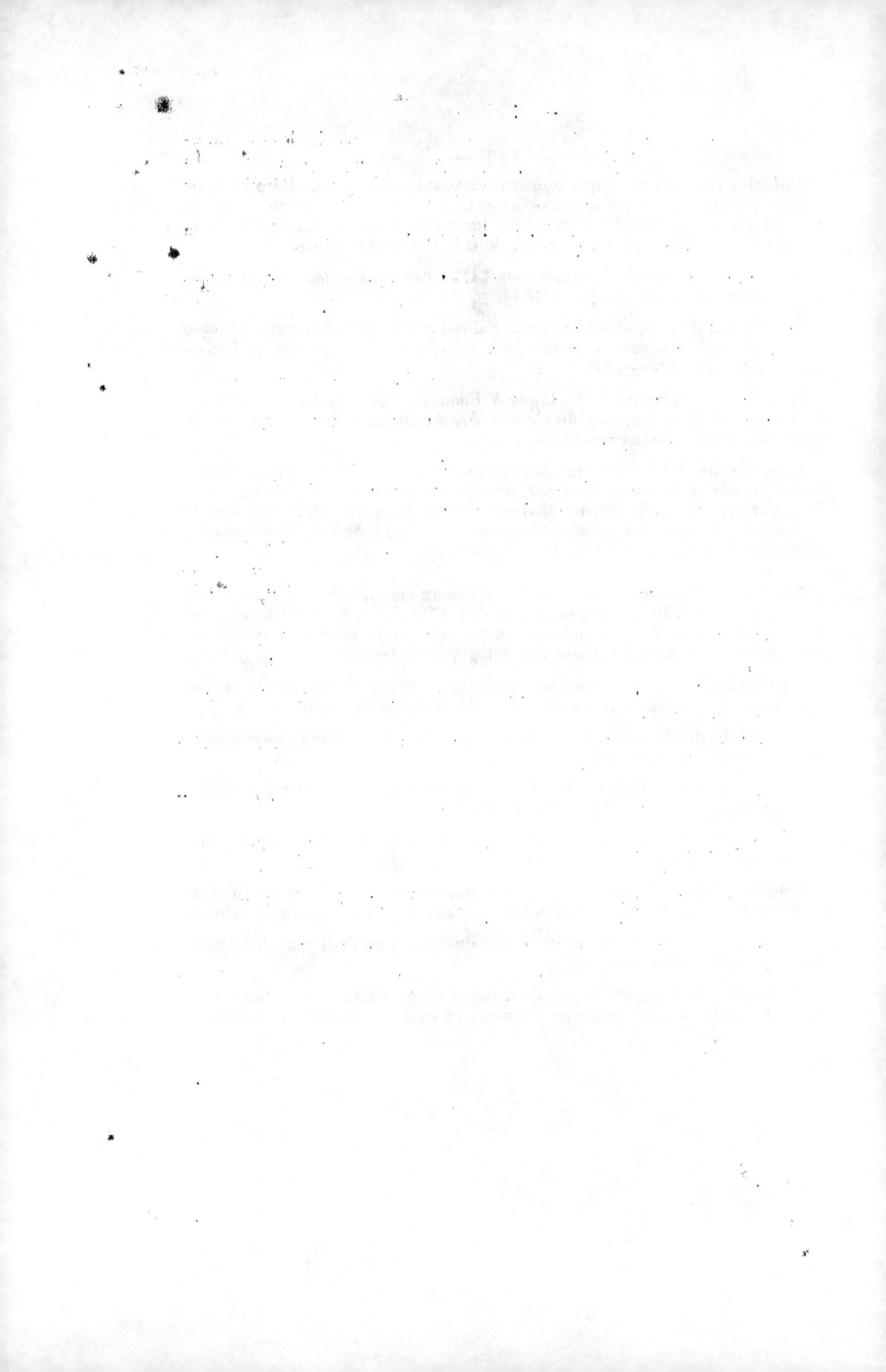

Pages.

Palais épiscopal (le nouveau) 58
Palais de justice (le nouveau) 59
Pensions des deux sexes........................... 63
Personnages remarquables......................... 71
Places publiques 9
Poids et mesures. 70
Pompiers (compagnie de) 64
Poissonnerie................................... 25
Ponts existant dans la ville 18
Population 5
Portes de la ville 7
Poternes...................................... 8
Préfecture 58
Prisons (les deux)............................. 3
Promenades publiques 6
Remparts 6
Rivières qui arrosent Beauvais...................... 4
Routes et chemins vicinaux....................... 2
Rue de Jeanne-Hachette......................... 10
Saint Lucien , 1er évêque de Beauvais.............. 81
Sainte Angadrême 82
Sainte Romaine................................. 81
Salle de spectacle.............................. 60
Salubrité 27
Sciences et arts 71
Sculptures en bois 17
Séminaire de Beauvais 60
Siége de la ville en 1472 88
Situation géographique 1
Sociétés savantes............................... 65
Superficie du territoire.......................... 3
Statistique des communes du canton 139
Tableau de Jeanne-Hachette...... 104
Tapis de pied.................................. 32
Tapisseries curieuses de Saint-Pierre.............. 34
Topographie 2
Tribunaux..................................... 58

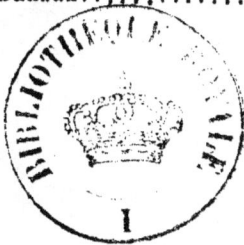

OBSERVATIONS.

Dans un ouvrage comme le nôtre, qui offre tant de variété, il était difficile d'éviter des fautes : nous les mentionnerons dans un *Errata*, lorsque notre travail sera terminé. En attendant, nous indiquons quelques *omissions* faites dans cette première Partie.

Page 24, 5e alinéa, *ajoutez :* Une foire aux laines a lieu tous les ans, le premier samedi du mois de juillet.

Page 55, 4e alinéa, *ajoutez :* Ce 92e évêque est le dernier dont il est parlé dans l'ouvrage de M. l'abbé *Delettre*.

———

Nous publierons successivement les autres Parties de notre Dictionnaire.

La deuxième Partie, qui est sous presse, comprendra les cantons d'*Auneuil, Chaumont, Coudray-Saint-Germer, Formerie, Grandvilliers, Marseille, Méru, Nivillers, Noailles* et *Songeons* (de l'arrondissement de Beauvais).

Nous la ferons suivre de la liste des personnages qui ont présidé jusqu'à ce jour le Tribunal civil de l'arrondissement de Beauvais, et du Tableau des présidens du tribunal de commerce, depuis le 3 mai 1545, époque de sa création.

Les différens Dictionnaires géographiques et topographiques de la France, qui ont été publiés jusqu'à ce jour, renferment des renseignemens plus ou moins exacts. Il arrive fréquemment que, dans les longues nomenclatures des villes et communes, on est surpris de ne pas trouver les localités que l'on y cherche, ou bien, si elles y sont mentionnées, on n'y rencontre, pour ainsi dire, que leurs noms ; les hameaux et les détails statistiques y sont souvent négligés.

Nous pensons que pour arriver à l'exactitude, qui fait le principal mérite d'un Dictionnaire géographique de la France, il faudrait qu'il fût rédigé par partie, c'est-à-dire pour chaque département, par des personnes possédant des connaissances spéciales sur les localités.

Les statistiques sur le département de l'Oise, que M. *Graves* a fait paraître successivement jusqu'en 1843, contiennent sans doute des renseignemens aussi précis qu'intéressans ; mais ces statistiques, infiniment utiles et précieuses comme matériaux historiques, ne peuvent, à raison de leur étendue, convenir à tout le monde, surtout si l'on considère que ce grand travail forme déjà un *volume pour un seul canton.*

C'est pour obvier à cet inconvénient que nous avons pensé à rédiger, pour le département de l'Oise, un Dictionnaire indiquant d'une manière succincte ce qu'il y a de plus remarquable dans les villes, bourgs et communes, et qui offre un intérêt réel.

Dans la coordination des matières qui forment ce Dictionnaire, l'*ordre cantonnal* nous a paru la plus propre à aider les Fonctionnaires, les commerçans, et les étrangers au département, dans les recherches qu'ils pourraient avoir à y faire.

Les divers Emplois que nous avons exercés depuis plus de 40 ans, nous ont mis à même de recueillir tous les renseignemens nécessaires à la rédaction de notre travail, que, nous l'espérons, on considérera comme une heureuse innovation en ce genre.

Toutefois, nous n'avons pas la prétention de croire qu'il sera, malgré nos soins, exempt d'imperfections.

Ce Dictionnaire offrira un véritable intérêt aux Maires des communes, aux Fonctionnaires publics et employés des différens services administratifs ; à ceux des ordres religieux et judiciaires ; aux négocians, commerçans, fabricans, et à tous les industriels.

Les témoignages d'encouragement, qu'ont bien voulu nous donner le premier Magistrat du département, et l'Athénée du Beauvaisis, nous ont décidé à livrer enfin cet Ouvrage à l'impression. Notre unique ambition est qu'on puisse y trouver des preuves de notre désir de nous rendre utile, spécialement à nos compatriotes.

www.ingramcontent.com/pod-product-compliance
Lightning Source LLC
Chambersburg PA
CBHW072041080426
42733CB00010B/1953